Werner Kleine

ALPTRAUM

Kriegserinnerungen

Aufzeichnungen
eines einfachen Soldaten

Bibliografische Information der Deutschen Nationalbibliothek:
Die Deutsche Nationalbibliothek verzeichnet diese Publikation in
der Deutschen Nationalbibliografie; detaillierte bibliografische
Daten sind im Internet über http://dnb.dnb.de abrufbar.

Herausgeber: Peter Neumann
Lektor: Gernot Griebsch
Layout/Satz: Peter Neumann
Umschlaggestaltung: Peter Neumann

Herstellung und Verlag:
BoD – Books on Demand, Norderstedt

ISBN: 9783752859379

Meiner Annette in Dankbarkeit gewidmet

Teil I

Reichsarbeitsdienst
Januar - November 1941
Erinnerungen

Der Ursprung des Arbeitsdienst-Gedankens reicht zurück bis zum Ausgang des 19. Jahrhunderts. Zum ersten Mal in der neueren Geschichte griff Theodor Herzl (Tagebücher, Bd. 1, Eintragungen im Juni 1895, Seite 71 u. ff.) den Gedanken eines pflichtgemäßen Arbeitsdienstes auf. Ihm schwebte ein Arbeitsheer als militärische Organisation in seinem künftigen jüdischen Staatswesen vor.

Die ersten freiwilligen Arbeitsdienste entstanden im Nachkriegsdeutschland der zwanziger Jahre. Bei den Arbeitsdienst-Vereinen meldeten sich Freiwillige der verschiedensten Berufe und Ausbildungsziele. Korpsstudenten und Fabrikarbeiter, Kaufleute und Landarbeiter fanden sich zusammen in dem Bewusstsein von Solidarität. Der Arbeitsdienst half Neuland urbar zu machen, Moore zu entwässern, auf Feldern und Wiesen den Boden zu verbessern, die Ernte einzubringen. 1933 umfasste der freiwillige Arbeitsdienst 240 000 Mann.

Seine Tätigkeit wurde von Bauern und Siedlern begrüßt. Hilfreich stand der freiwillige Arbeitsdienst auch bei Katastrophen zur Verfügung. Hochwasser, Feuer und sonstige Gefahren wurden gebannt. Die Arbeitsdienstlager waren anfangs oft noch primitive Behausungen, die den Anforderungen der Hygiene nicht genügten. Demontierte Fabrikhallen, baufällige Baracken, alte Schafställe, viel zu enge Notherbergen für bis zu 50 junge Männer. Das war die Vergangenheit.

Im Jahr 1933 wurde Konstantin Hierl Reichsarbeitsführer. Der ehemalige Generalstabsoffizier führte die teilweise miteinander konkurrierenden Arbeitsdienst-Verbände zusammen. Am 19. Februar 1934 verkündete er sein Lebensgesetz:

Treue, Gehorsam, Kameradschaft!

Im Juli 1934 wurde Konstantin Hierl zum „Reichskommissar für den Freiwilligen Arbeitsdienst" ernannt und gleichzeitig dem Reichsminister des Innern unterstellt.

Ab 26. Juni wurde jeder junge Mensch zwischen 18 und 25 Jahren per Gesetz verpflichtet, 6 Monate Reichsarbeitsdienst abzuleisten.

Werner Kleine, 18 Jahre

Der Überfall auf die Sowjetunion begann am 22. Juni 1941. Ich habe den Vormarsch vom ersten Tag an mitgemacht.

Meine Einberufung zum Reichsarbeitsdienst erfolgte am 20. Dezember 1940. Im Gestellungsbefehl war zu lesen, die Grundausbildung erfolge in Turosl. Nach längerem Suchen fand ich diesen Ort auf einer ostpreußischen Landkarte, er liegt südlich von Allenstein, aber bereits in Polen.

Wegen einer akuten Stirnhöhlenvereiterung verschob sich meine Abreise um zehn Tage. So blieb ich über Weihnachten und Silvester noch bei meinen Lieben.

Am 1. Januar 1941 verabschiedete ich mich. Der Tag begann mit Händeschütteln. Die Wohnungsnachbarn gaben viele gute Wünsche mit auf den Weg. Frau Hoyer würde mir Plätzchen backen, Frau Lässig wollte schreiben. Frau Malecki schenkte eine Tafel Schokolade. Herr Kohl, hauptamtlicher Amtswalter und Blockwart, versprach den baldigen Endsieg.

„Junge, in wenigen Wochen bist du wieder zu Hause!"

Mein Vater schlich durch die Zimmer und warf mir sorgenvolle Blicke zu. Sein Gesicht sprach Bände. Ich wusste, wie ihm zumute war. Muttel und Uschi zeigten sich gefasst und verständnisvoll, als ich sie bat, mich nicht zur Straßenbahn zu begleiten. Ich sah, wie sie mir vom Fenster aus nachwinkten, bis ich ihrem Blickfeld entschwand.

*

Im Treffpunkt Hauptbahnhof/Wartesaal 2. Klasse wurde ich schon erwartet. Ein braun uniformierter Käppiträger hielt einen Tisch frei.

„Ich bin Truppführer Müller", stellte er sich vor, „und werde Sie zum Einsatzort unsrer RAD-Abteilung bringen."

Minuten später trafen weitere Nachzügler ein, neun oder zehn insgesamt. Lothar Heinich war einer von ihnen. Er würde in meinem Leben noch eine Rolle spielen.

Müller ließ sich Ausweise und Benachrichtigungen vorlegen.

„Denn alles muss ja seine Ordnung haben!"

„Jawohl, Herr Truppführer!"

Müller lächelte nachsichtig und sagte berichtigend:

„Die Anrede 'Herr' vor dem Dienstgrad ist bei der Wehrmacht üblich, nicht aber bei uns im Reichsarbeitsdienst!"

Im Schnellzug nach Allenstein/Ostpreußen waren Plätze für uns schon reserviert.

Die Fahrt verlief in jeder Hinsicht angenehm. Zufällig saß ich neben einer hübschen jungen Dame. Man könnte irgendwie ins Gespräch kommen, da würde die Fahrzeit schneller vergehen, hoffte ich. Irrtum. Gerade hatte der Zug den Bahnhof verlassen, fragte sie den Schaffner nach dem Speisewagen und verschwand.

Draußen flogen Stadt-Land-Fluss-Landschaften vorbei, verschneite Kiefernwälder, schmucke Dörfer. Im überheizten Zugabteil erlaubte der Fensterplatz reizvolle Ausblicke. Meine Nachbarin kehrte nicht zurück. Leider.

„Allenstein!" Ankunft spät in der Nacht. Nach stundenlanger Reise verließen wir den Zug übermüdet. Draußen herrschten eisige Temperaturen.

„Auf dem zugigen Bahnsteig hier", schlotterte Lothar Heinich, „bekomme ich den Kälteschock!"

Wir waren falsch angezogen, viel zu leicht bekleidet. Seidenschal, dünne Strümpfe und Halbschuhe. Alle traten frierend von einem Bein auf das andere.

Die Wehrmachtsbaracke, in der wir übernachteten, verfügte über einen kleinen Ofen. Der erhitzte sich ebenso schnell wie er erkaltete. Wir froren erbärmlich, an Schlaf war nicht zu denken.

Im Freien wäre es noch kälter gewesen, meinte Truppführer Müller. Wie beruhigend.

Am nächsten Morgen froren wir weiter. Zunächst auf einem Bahnsteig, dann im Abteil der Schmalspurbahn, das voll besetzt war von polnischen Landarbeiterinnen. Bevor die kleine Dampflok losprustete, mussten noch Säcke entladen werden, erst Zwiebeln, dann Kartoffeln. Das dauerte seine Zeit. Ab ostpreußischer Grenze

ratterten wir durch endlose Waldgebiete, Dörfer waren nicht zu sehen. Endstation war Turosl.

„Koffer aufnehmen!", befahl Truppführer Müller.

Und schon marschierten wir auf viel zu glatten Ledersohlen
durch den Schnee. „Na hoffentlich nicht stundenlang!", raunzte Lothar Heinich. Wir schusselten über verschneite Waldwege, eine
Rutschbahn ohne Ende? Nein. Nach einem Ausdauer-Marsch sahen
wir am Waldrand zwischen hohen Kiefern grün angestrichene Baracken. „Endlich!"

Auf den Wellblechdächern hatten sich Eiszapfen gebildet, die glit-
zerten und sich im Sonnenlicht brachen.

Truppführer Müller zeigte sich spürbar erleichtert:

„Vor uns liegt das Lager; Männer wir sind am Ziel!"

Barackenlager. Uniformen. Exerzierende Kolonnen. Kommandos: „Stillgestanden!"

Einer, der etwas zu sagen haben musste, rief uns zu:

„Die Neuen melden sich im Büro der Arbeitsverwaltung bei
Feldmeister Maul!"

Dort rief ein Truppführer: „Nachzügler, Beeilung bitte!"

Einberufungsbefehle und Ausweispapiere abgeben. Formulare
ausfüllen und raustreten. Nun das Kommando: "Neuankömmlinge
Aufstellung nehmen, Marschordnung bilden, und ab in die Kleider-
stube, Klamotten fassen!"

Gemeint waren Uniformen, Stiefel, Stahlhelme, Fußlappen, Unterwäsche, Käppis und blitzblanke Spaten zum Exerzieren.

Nach der Einkleidung ließ uns Abteilungsführer Oberstfeldmeister Hitzerodt in Reih und Glied antreten. Der Chef der Abteilung
mochte noch keine vierzig Jahr alt sein, kam uns Achtzehnjährigen
aber alt vor, uralt.

Hitzerodts schlanke Gestalt straffte sich unter der braunen Uniform. Mit brüchiger Raucherstimme verkündete er:

"Arbeitsmänner! Die Abteilung steht vor kriegswichtigen Einsätzen! Kameraden, von diesem Moment an werdet ihr die preußi-

schen Tugenden in ihrer umfassenden Bedeutung erfüllen: Disziplin, Pflichttreue, Sparsamkeit und Bescheidenheit!

Der Dienst erfordert ein hohes Maß an Hingabebereitschaft und Selbstgenügsamkeit, fern von allen städtischen Unterhaltungsmöglichkeiten. Künftig habt ihr auf Bequemlichkeiten zu verzichten! Euch erwartet eine harte Grundausbildung bei menschlicher Behandlung! Wegtreten!"

Da die Neuen nach Körpergröße eingegliedert wurden, kam ich in den 1. Zug, unter das Kommando von Feldmeister Waldheim. Mein direkter Vorgesetzter war Haupttruppführer Gruber.

Feldmeister Schneider und Unterfeldmeister Hirsch befehligten den zweiten und dritten Zug. In Ermangelung hauptamtlichen Stammpersonals waren die Truppführer dort Obervormänner.

Während der ersten Woche litt ich stark unter Heimweh. Mich einzuleben in die Eintönigkeit einer reinen Männergesellschaft fiel mir schwer. Sich anzupasssen war einfacher, weil alle Stubenkameraden aufeinander angewiesen waren.

Herbert Debald hatte einen festen, ruhigen Blick und klassische, fast griechische Gesichtszüge. Ein wenig unbeholfen wirkte er, doch mit dem gewinnenden Lächeln gleich auf den ersten Blick sympathisch. Herbert kam aus Berlin.

Hans Knaubel aus Chemnitz, stämmig, robust, mit kurz rasiertem Haar, war raubeinig und kein Zauderer. Der bullige Typ gab vom ersten Moment den Ton an. Brüllende Ausbilder beeindruckten ihn nicht, er ertrug sie mit stoischer Ruhe.

Franz Winter mit dem fahlen Rauchergesicht stammte aus einem Dorf nahe Hannover und wirkte im Gespräch etwas gehemmt. In praktischen Dingen wusste er sehr gut Bescheid.

„Da macht mir keiner so leicht was vor."

Hardy Blume, ein in sich gekehrter Hallenser, verhielt sich abwartend, ließ sich anfangs nicht einordnen. Hardys Welt war das Gedruckte. Seine Mutter schickte stapelweise Zeitungen, Magazine und Rätselhefte, alles, was zu bekommen war. Jede freie Minute beschäftigte er sich damit. Später verriet er: „Ich möchte Journalist werden, am liebsten in Halle!"Ich gab ihm den Spitznamen „Lektor".

Joachim Dietrich sprach mit leicht berlinerischem Tonfall, wirkte etwas arrogant, zeigte sich betont zurückhaltend.

Volker Hagen, klein und schmächtig, trug das schwarze Haar kurz. Ein einsilbiger Kamerad, von Beruf Buchhalter, ein unbeschriebenes Blatt. Ach ja, er kam aus Halle.

Hans Pieper verhielt sich zu unterwürfig, nuschelte ein furchtbares Straßensächsisch, konnte sich mühelos damit allenfalls bei Landsleuten aus der Chemnitzer Gegend verständlich machen. Joachim nannte Piepers sächsisches Idiom „absolut übersetzungsbedürftig".

„Versuch`s doch mal auf hochdeutsch!", riet er spöttisch.

Pieper war als einziger der Abteilung im Besitz eines Führerscheins, wurde sofort Cheffahrer, blieb dadurch vom ersten Tag an weitgehend vom ordinären Ausbildungsdienst verschont.

Die Lagerordnung war streng. Insgesamt blieb wenig Freiraum; nahezu alles war vorgeschrieben. Die Ausbilder genossen ihre Macht. Punkt sechs Uhr trillerte die Pfeife des Diensthabenden, dann ertönte aus dem Lautsprecher die harte Stimme: „Abteilung aufstehen!"

Manche blinzelten noch verschlafen, andere wirkten hellwach, manche konnten schon witzig sein, andere waren noch müde. Nach ein paar Sekunden zwischen Erstaunen und Erinnerungen erkannte ich die Lage und wusste, wo ich mich befand: in einer Baracke beim Reichsarbeitsdienst.

Schon schreckte der lang gezogene Ruf „Kaffeeholer raustreten!"

Wettlauf mit der Zeit. Eiltempo ist angesagt. Raus aus der Stube. Vorbei an Pritschen und Hockern. Draußen: Schneegestöber. Mit der großen Blechkanne losrennen zur Küche. Schlangestehen und warten. Brote, Aufstrich und Ersatzkaffee in Empfang nehmen und im Eiltempo zurücklaufen. Die Hände klamm, die Ohren hellrot angelaufen - Reaktion des eiskalten Windes.

Aus dem Waschraum der Nebenbaracke schallten kräftige Männerstimmen, manchmal ertönte auch Gelächter.

Man nahm sich eine Blechschüssel und wusch sich mit eiskaltem Wasser.

„Haftbedingungen in Deutschland sind besser!", vermutete Herbert Debald.

Der Bettenbau! Das heißt korrekt jedes Fältchen glatt ziehen. Dann blitzschnell mit dem Reisigbesen alle Ecken auskehren und auf den Befehl „Abteilung raustreten!" pünktlich in Reih und Glied mit den Stubenkameraden zum Dienstbeginn antreten.

„Arbeitsmänner! Spaten über, Spaten ab!"

Die Ausbilder kannten keine Nachsicht. Haupttruppführer Gruber war der Schlimmste, wippte, wenn er jemanden erniedrigen konnte, genussvoll in den Knien, schwang mit dem Oberkörper immer wieder nach vorn, der Mann war gespannt wie ein Flitzbogen:

„Hinlegen, auf marsch, marsch, hinlegen!"

Jede Stunde strammstehen. Exerzieren bei eisiger Kälte.

„Spaten über!" selbst wenn klamme Finger nicht mehr gehorchten. Der Haupttruppführer hatte uns fest im Griff.

Während der ersten vier Wochen durften wir uns nur im Laufschritt bewegen. Auch im Dunkeln, auch zum Donnerbalken. Der stand im Freien, war nur überdacht. Bei 20 Grad minus und eisigem Wind die Hosen runterzulassen, dazu gehörte Überwindung, das löste den totalen Kälteschock aus. Die Ohren pochten, dich überkam das große Klappern. Auf dem langen Baumstamm konnten nebeneinander gleichzeitig dreißig Mann hocken. Als Rückenlehnen dienten dünne Birkenhölzer, an denen sich Eiszapfen bildeten. Sie verhinderten gewagte Balanceakte und schützten vor Abstürzen in die Grube.

Die Temperaturen sorgten für Ungemach. Im Inneren der Baracken war es tagsüber ebenso kalt wie draußen. Und 15 Grad unter Null bedeuteten, dass wir Arbeitsmänner die Mäntel anbehalten durften, wenn wir mittags die Stuben betraten. Eigentlich eine Selbstverständlichkeit.

Geheizt wurde erst abends. Nachts fand sich immer jemand, der Holzscheite nachlegte.

„Frieren gehört zum Leben im Felde", seufzte Joachim Dietrich.

Feldmeister Waldheim war etwas kurz geraten, bemerkenswert an ihm war sein federnder Gang. Waldheim wurde als verschlossener, ruhiger und gelassener Mensch beurteilt, der es genoss, Untergebene zu demütigen. Bevorzugte Opfer des Feldmeisters waren Abiturienten und kaufmännische Angestellte. Waldheim, der das Wort Abiturienten nicht korrekt aussprechen konnte oder wollte, begann seinen Dienst täglich mit dem Befehl: „Abturenten und Bürohengste flitzen rechts raus und sind in Windeseile auf dem Weg zur Latrine!" Das hieß, sie würden dort putzen und Besenarbeit leisten. Immer dabei: Der angehende Jurastudent Joachim Dietrich. Denn er hatte sich zu weit vorgewagt und dem Feldmeister sein Motto erklärt.

„Sehen, urteilen, handeln!"

Waldheim hatte erbost geschrien:

„Sie Würstchen, über Ihr Handeln entscheiden hier andere!"

Auch tagsüber war es bitterkalt, stets blies ein eisiger Wind. Grundausbildung bedeutete knochenharten Drill vom ersten Tag an bis zum letzten.

Im Unterricht lernten wir, dass der Arbeitsdienst auf eine Idee zurückzuführen sei, die im Ersten Weltkrieg aufkam, sozusagen ein Kind der Front war und während der materiellen und geistigen Not der Nachkriegszeit in den zwanziger Jahren realisiert wurde. Ihr geistiger Antrieb sei gewesen, sich angesichts der bitteren Notlage nicht von Kleinmütigkeit und Resignation niederdrücken zu lassen, sondern vom Willen des Helfenwollens für die Gesamtheit beseelt zu sein.

Herbert Debald nahm mich mit seiner warmherzigen Ausstrahlung von Tag zu Tag mehr gefangen. Ein Mensch mit gütigen Augen.

Feingliedrig und schlaksig, in Haltung und Gang völlig unmilitärisch, wirkte er wie ein verkleideter Zivilist.

Lothar Heinich blieb schwer einzuschätzen, undurchsichtig. Seine Augen verrieten allenfalls Gleichgültigkeit. Der Mann zeigte sich grundsätzlich uninteressiert, demonstrierte das durch ausdruckslose Blicke. Nein, die Gedanken und Gefühle von Lothars pausbäckigem, fast feistem Gesicht abzulesen, war unmöglich.

Kurt Friedrich kannte ich schon seit meiner Kindheit. Vier Jahre waren wir Klassenkameraden in der 54. Volksschule gewesen.

Nach Dienstende blieben uns ein paar Stunden für die Kantine. Sie befand sich in der gleichen Baracke wie die Schreibstube. In der daneben stehenden Führerbaracke wohnten alle hauptamtlichen Dienstgrade. Unterschiede zwischen Mittleren und Höheren Laufbahnen existierten dabei nicht.

Bis 21 Uhr durften die Abende in der Kantine verbracht werden. Der kleine Blechofen neben den langen Holztischen konnte den großen Raum nur mäßig erwärmen. Die Atmosphäre wirkte ernüchternd, Stimmung wollte nicht aufkommen. Nur nicht bei Knaubel anecken, der hier das große Wort führte. Sobald das Bier floss, mit zunehmendem Konsum, gewissermaßen von Pils zu Pils, stieg seine Unberechenbarkeit. Knaubel zu widersprechen wollte gut überlegt werden, der Mann geriet in Wut, verlor schnell die Beherrschung, wurde gefährlich. Ein Kamerad, der ihn Arschloch genannt hatte, bezahlte das mit einer Schädelprellung, Platzwunden am Auge und Blutergüssen im Gesicht.

„Lass dich auf keine Diskussionen mit ihm ein, geh Rangeleien aus dem Weg!", riet mir Hardy.

Doch der Vorfall tat Knaubels Beliebtheit bei den Vorgesetzten keinen Abbruch. Sie schätzten sein Durchsetzungsvermögen und erkannten darin Führungseigenschaften.

In der Kantine erfuhr man etwas über Vorgesetzte und den Dienstbetrieb. Die Beurteilungen fielen - je nach Alkoholquantum -

sehr unterschiedlich aus. Einige Truppführer wären genüssliche Knochenschinder. Namen wurden nicht genannt.

„Was sagt ihr zum Chef und den höheren Rängen?"

„Opa Hitzerodt ist prima, lässt nichts auf seine Leute kommen!"

Feldmeister Schneider tritt zackig auf und droht ganz schnell Bestrafungen an. Unterfeldmeister Hirsch ist maßlos arrogant. Feldmeister Waldheim gibt sich leutselig und macht gern Späße auf Kosten seiner Untergebenen. Über ihn gingen die Meinungen auseinander. Unnahbar für die meisten, war er für andere ein netter Kerl. Jemand verstieg sich zu der Feststellung, der Feldmeister sei schwul. Einigkeit herrschte über Haupttruppführer Gruber. Berühmt wären seine Brüllorgien, in denen vorzugsweise die Vokabeln „Arschlöcher" und „gequirlte Scheiße" vorkämen. Dem Wiener ging man besser aus dem Wege, hieß es allgemein. Für uns unmöglich, denn wir hatten den Österreicher täglich vor der Nase. Gruber war unser direkter Vorgesetzter.

„Ein widerlicher Mensch", kommentierte das Herbert.

Truppführer Specht erzähle gern Witze, sei humorvoll und beliebt. Leider hatten wir nichts mit ihm zu tun.

Im Unterricht mussten zuerst die Dienstgrade gelernt werden:

„Dietrich, die Dienstgrade, schießen Sie los!"

Joachim schnellte hoch:

„Arbeitsmann. Untere Führer: Vormann, Obervormann, Truppführer, Obertruppführer, Haupttruppführer, Unterfeldmeister."

„Die Rangfolge der Mittleren Führer?"

„Feldmeister, Oberfeldmeister und Oberstfeldmeister entsprechen den Offiziersrängen der Wehrmacht: Leutnant, Oberleutnant, Hauptmann!"

„Gut, Dietrich, setzen!"

Franz Winter erkannte meine Hilflosigkeit sofort, hatte immer ein Herz für mich. Das begann, als ich an meinen Stiefeln herumfummelte. Franz zeigte mir, wie sich Hochglanz erzeugen ließ. Machte mir vor, wie Fußlappen zu wickeln sind.

„Pass auf und mach das lieber zweimal, sonst läufst du dir Blasen."

Franz, mein guter Geist, war immer für mich da und rechtzeitig zur Stelle.

„Deine Mutter hat dich zu sehr verwöhnt, dir womöglich noch die Schuhe geputzt", staunte er, „das kann doch nicht wahr sein."

„Stimmt, meine Mutter tat alles für mich!"

Franz nickte genervt. Er war bis zur Aufopferung eine Seele von Mensch. Putzte sorgfältig, beinahe hingebungsvoll meine Stiefel. Tag für Tag.

„Spinde gibt es nicht. Vor jedem Bett steht ein Hocker. Auf den müssen alle Sachen genau nach Vorschrift gebaut werden."

Franz zeigte mir, wie Uniformmantel, Jacke, Hose, Unterwäsche und Käppi kunstvoll auf eine winzige Fläche drapiert werden mussten. Vom Koppel umringt, das Schloss erkennbar nach vorn.

„Die Stiefel kommen unter den Stuhl, Spitzen zeigen Richtung Gangmitte!" Franz bewahrte mich vor Bestrafungen. Dafür überließ ich ihm einen Teil meiner Zigaretten. Als einen Versuch, mich regelmäßig zu revanchieren und dankbar zu erweisen.

In abwechselnder Reihenfolge war jeder Arbeitsmann eine Woche lang verantwortlich für die Sauberkeit der Unterkunft. Auch für die Heizung. Eine gefürchtete Zeit, die für manchen zum Albtraum wurde. Mein Stubendienst fiel in die zweite Ausbildungswoche. Für den kleinen eisernen Ofen musste Holz gehackt werden. Franz sah, wie ich mich abmühte.

„Sieht so aus, als habest du noch nie ein Beil in die Hand genommen?"

„Stimmt!"

„Na dann gib mal her!"

Anfang März meldete ich mich krank. Der Truppenarzt diagnostizierte eine Stirnhöhlenvereiterung.

„Sie fahren morgen nach Allenstein", verkündete er, „im Lazarett kann nach gründlicher Untersuchung eine exaktere Diagnose gestellt werden."

Fahrgäste waren nicht vorgesehen, der Zug transportierte Kohle. Brav und stumm saß ich acht Stunden lang neben dem Lokführer.

Endlich das verdunkelte Allenstein.

Die mir vorgeschriebene Pension befand sich in Bahnhofsnähe. Zu meinem Leidwesen befand sich in ihr kein einziges weibliches Wesen, nur Männer, nur Soldaten, nichts als Soldaten. Aber ich schlief in einem richtigen weichen Bett wie zu Hause und genoss das sehr.

Die Straßenbahn war überfüllt, das Lazarett zwei Haltestellen entfernt. In den Korridoren roch es nach Chloroform, intensiv. Das Wartezimmer war gefliest, ein paar weiße Kittel hingen schlapp am Haken. Ich saß drei Stunden ab, wurde untersucht und wie erwartet punktiert. Der HNO-Arzt war sehr nett zu mir:

„Bleiben Sie mal heute noch in Allenstein" sagte er freundlich lächelnd. Abwechslung bieten Kinos. Ich verschreibe Ihnen zwei Wochen Schonung. Bericht und Tabletten bekommen Sie gleich mit!"

„Danke, Herr Assistenzarzt!"

*

Vor der Führerbaracke ging das Attest von Hand zu Hand. Haupttruppführer Gruber las es besonders aufmerksam.

„Kleine, Sie brauchen zur Unterstützung Ihrer Genesung Erholung?", fragte er ironisch. „Kein Problem, für zwei Wochen mache ich Sie zum Postholer", fügte er gönnerhaft hinzu.

Tatsächlich schob ich nun eine ruhige Kugel. Weil der Zug zur Poststelle nur früh und abends fuhr, saß ich tagsüber in einem polnischen Bauerndorf mit löchrigen Straßen, einer Kneipe, einer Bäckerei, zwei Kramerläden und der - gemessen an der Einwohnerzahl - viel zu großen Kirche. In Polen schien jede armselige Ortschaft zu wetteifern, eine noch pompösere Kirche zu bauen als die

Nachbargemeinde. Schwer zu verstehen, weswegen katholische Gotteshäuser in Polen so riesige Ausmaße haben mussten.

Innerhalb von 24 Stunden verkehrten auf dieser Strecke nur zwei Züge. Einer brachte mich 6 Uhr hin, der andere nahm mich, mit einem oder zwei Säcken Abteilungspost, um 18 Uhr wieder zurück.

In den Stunden dazwischen galt es die Zeit totzuschlagen. Hitze und Langeweile waren oft unerträglich. Stundenlang hockte ich im Wirtshaus, durchstreifte Feldwege, lief auf Schotter vorbei an Häusern in einfacher Bauweise aus Lehm und Holz. Gehöfte ehemaliger Großbauern waren massive Stein- und Ziegelbauten.

Die meiste Zeit verbrachte ich auf dem Dorfplatz. Hohe Bäume spendeten Schatten, und von den Bänken vor dem Dorfteich bot der Blick auf die Kirche ein schönes Bild der Ruhe.

In dem Kaff vorsichtig umzugehen mit schönen Jüdinnen, die ein furchtbares Kauderwelsch sprächen, war mir mit auf den Weg gegeben worden. Und wirklich. Attraktive Mädchen waren die einzige Abwechslung, die das Dorf zu bieten hatte. Während der stundenlangen Wartezeit war es anfangs unmöglich, ein paar Worte mit ihnen zu wechseln. Scheu huschten sie an mir vorbei. Da ich früh ankam und spät abgeholt wurde, ergo den ganzen Tag im Dorf verbrachte, ohne etwas zu tun, hielt man mich für „ganz und gar meschugge", für verrückt.

Dabei war mir ihre Sprache von den Pelzhändlern am Leipziger Brühl seit meiner Kindheit bekannt. Die Dorfbewohner sprachen jiddisch. Nach und nach fassten einige der Mädchen ein wenig Zutrauen, aber nur zwei ließen sich ansprechen und blieben für ein paar Minuten bei mir stehen.

Ende Januar kamen Gerüchte über eine Rückverlegung der Abteilung nach Deutschland auf. Das Lager würde nach Abschluss der Grundausbildung aufgelöst.

Am 31. kam der Befehl zum Packen. Über Nacht war Neuschnee gefallen. Befehle waren nur selten vorher so diensteifrig, so fröhlich befolgt worden:

„Geräte abgeben, Koffer mit Zivilsachen in Empfang nehmen!"

„Wurde Zeit, dass wir hier wegkommen!", krähte ein Arbeitsmann.

„Weg, nur weg hier, raus aus der Scheiße, den Kasernenhofdrill habe ich langmütig ertragen", rief ein anderer.

„Ausbildung besteht in erster Linie aus Knochenarbeit. Das ist ganz normal", rief Knaubel und verzog sein kantiges Gesicht.

Punkt 10 Uhr war es dann endlich so weit.

„Abteilung mit Marschgepäck antreten! Abteilung, marsch!"

Aber wohin?

Ein letzter Blick auf die Baracken, auf das Nachkommando, das noch für ein paar Tage für Aufräumungs- und Verladearbeiten zurückbleiben musste.

Die Verladestation erreichten wir nach knapp drei Stunden über tief verschneite Waldwege. Die letzte halbe Stunde auf freier Ebene. Bei klirrender Kälte wütete ein Schneesturm so heftig, dass der Vordermann kaum zu erkennen war. Und 20 Kilo Marschgepäck drückten auf den Schultern.

Im Sonderzug lösten die geheizten Zugabteile Jubel aus.

„Jungs, hier ist es gemütlich wie bei Muttern", rief Winter begeistert. Debald klopfte sich erleichtert den Schnee ab:

„Kameraden, ab jetzt kann alles nur besser werden!"

„Wohin fahren wir?", fragte Joachim Dietrich.

„Nach Paris, na was denkst du denn, das ist klar!", rief jemand.

„Quatsch, nach Schlesien! Das Stammlager unsrer Abteilung befindet sich in Pritisch bei Landsberg an der Warthe", mischte sich Unterfeldmeister Hirsch ein, ausgesprochen ungnädig.

Die angenehmen Stunden einer langen Reise verstrichen viel zu schnell.

*

In Pritsch bedeckte Raureif die Bäume, eine winterliche Landschaft strömte Ruhe aus. Ruhe und Frieden. Die großen Bauerngehöfte lagen außerhalb des Ortes. Wir entdeckten ein hübsches schlesisches Dorf mit einem schönen Marktplatz und sauberen Straßen. Über stiefelknallendes Kopfsteinpflaster marschierten wir an Häusern einfacher Bauart vorbei zum RAD-Stammlager, das sich am Ortsrand befand. Eine Umzäunung ließ darauf schließen, dass hier keine Zivilisten wohnten. Das Lager bestand aus Baracken, wie wir sie kannten. Die übliche Anordnung wies auf Kasernierung hin. Auf dem mit Schnee bedeckten Exerzierplatz wiesen der Fahnenmast und eine Eskaladierwand auf die bevorstehende soldatische Ausbildung hin, die uns erwartete.

Jeder Zug verfügte über eigene, gut ausgestattete Aufenthalts- und Schlafräume. Die sauberen Truppstuben lösten Freude aus. Nach dem primitiven Barackenleben in Polen erwarteten uns hier hygienische Verhältnisse zum Genießen.

„Mensch, Werner, guck mal, weiß gekachelte Wasch- und Toilettenräume!", staunte Hardy. Alle waren begeistert.

Oberstfeldmeister Hitzerodt ließ die Abteilung antreten, um mit heiserer Stimme zu verkünden:

„Arbeitsmänner, die Ausbildung an der Waffe dient der Erziehung zum selbstbewussten einsatzbereiten Menschen. Beschimpfungen durch Vorgesetzte, die euer Anstands- und Ehrgefühl verletzen, haben zu unterbleiben, werden nicht geduldet, sind mir notfalls beschwerderechtlich zu melden. Arbeitsmänner! Ich erwarte militärische Disziplin!"

Exerzieren war uns schon in Polen eingetrichtert worden, hinzu kamen Waffenunterricht, Ausbildung am Karabiner 98 k, LMG (leichten Maschinengewehr), Schießübungen und Handgranatenwurf.

Auch in Pritsch begann nun trotz eisiger Kälte jeder Tag mit dem Befehlsgeschrei: „Raustreten zum Frühsport!" Feldmeister Waldheim versuchte das poetisch zu formulieren:

„Die Übungen vor Dienstbeginn sollen euch ermuntern, Frische geben und Schwung für das Tagwerk verleihen!"

Die Abteilung

Nach fünfzehnminütigem Laufen und anschließender Gymnastik zurück in die Baracken, im Eiltempo umkleiden, warten, bis eine helle Kommandostimme befiehlt:

„Abteilung raustreten!"

Exerzieren. Wir kannten das. Es lief hier so ab wie im Waldgebiet von Turosl. Hinzu kam, dass Vorgesetzte wie Feldmeister Waldheim und Haupttruppführer Gruber ihre Macken zeigten. Sonderbare Verhaltensweisen, deren Motive sich nicht ergründen ließen. Vor dem Frühstück fragte Gruber: „Zähne geputzt? Strahlend weiße Zahnreihen möchte ich sehen!"

„Jawohl, Haupttruppführer!"

Vor dem Mittagsessen hieß es: „Fingernagel-Appell! Handrücken vorstrecken! Ich sehe mir jetzt eure Fingernägel an, und wehe, wenn ich Schmutzränder bemerke!"

Feldmeister Waldheim tauchte verdächtig oft in den Duschräumen auf. „Um die Abhärtung mit kaltem Wasser zu kontrollieren." Angeblich.

„Der ist schwul", glaubte Herbert.

23

Werner Kleine mit Spaten

Die Nachmittage gehörten dem Sport. Feste Bestandteile der Ausbildung waren Hindernisläufe als Mut- und Gewandtheitsübungen, Laufwettbewerbe, Handgranatenweitwurf und Boxkämpfe.

Für eine Grundausbildung im Boxen war das Notwendige vorhanden:

Ein Boxring und Trainings- und Geräteräume, in denen Sandsäcke und Punchingbälle hingen. Hardy war Rechtsausleger. Wir verbrachten so manche Stunde im Boxring.

Oberstfeldmeister Hitzerodt war Reichsarbeitsdienstführer mit Leib und Seele. Das kam bei seinen wöchentlichen Unterrichtsstunden klar zum Ausdruck. Begeistert berichtete er uns:

„Bereits während es Feldzuges in Polen wurden einige hundert RAD-Abteilungen in Ostpreußen als Baueinheiten an der Front eingesetzt, darunter leicht motorisierte Straßenbaubataillone, die zusammen mit motorisierten Einheiten der kämpfenden Truppe zum Einsatz kamen."

Der Abteilungschef straffte seinen Oberkörper:

„Jeder Deutsche ist aufgerufen zu Gehorsam, Wehrhaftigkeit und Nationalstolz!" Hochgestimmt fügte er hinzu: „Wir Deutsche werden kämpfen bis zum letzten Hauch! Kämpfen und siegen!"

Herbert Debald - wie immer in der hintersten Sitzreihe - hob gequält die Augenbrauen und flüsterte: „Mein Gott, der faselt schon wieder vom Sieg."

Arbeitsmänner mit Agrarkenntnissen wurden in die Landwirtschaft abgestellt, um ortsansässigen Bauern Hilfe zu leisten. Auf unseren Trupp traf das nicht zu.

Den Impfungen konnte sich niemand entziehen. Anschließend sollten wir „preußisches Männertum" eingeimpft bekommen. Die Ausbilder machten sich einen Spaß daraus, uns über die Eskaladierwand zu jagen:

„Hoch mit euch und schnell drüber, ihr lahmen Enten, damit sich der Impfstoff gleichmäßig im Körper verteilt!", höhnte Feldmeister Waldheim.

Regelmäßig folgte den Impfungen ein Marsch über zehn Kilometer.

„Ein Lied!", schrie Truppführer Specht, „wir singen die dunkle Nacht!"

„Zwei, drei!", befahl Waldheim. „Die dunkle Nacht ist nun vorbei, und herrlich beginnt es zu tagen, Kamerad wach auf, die Arbeit macht frei, frischauf, wir wollen es wagen. Braun wie die Erde ist unser Kleid, braune Soldaten in kampfschwerer Zeit!"

Während der Gewaltmärsche dachte ich oft an Ursula Hoyer. Ich war unglücklich. Meine erste Liebe hatte sich nicht erfüllt. Zum Abschied hatte ich ihr 21 rote Rosen geschickt. Eine für jedes Lebensjahr. Sie reagierte nicht. Jähes Erwachen aus erotischen Tagträumen.

Feldmeister Schneider wies im Unterricht auf die Unterschiede zur Wehrmacht hin:

„Im Reichsarbeitsdienst gibt es keine Strafbataillone. In der Dienststrafordnung ist nicht nur ein Strafrecht, sondern auch eine

Beschwerdepflicht verankert. Es gibt keine Anrede mit 'Herr'. Der Untergebene redet den Vorgesetzten einfach mit dem Dienstgrad an. Bedenken Sie, dass bei der Wehrmacht die Anrede in der 3. Person Vorschrift ist."

Ausgang gab es nur sonnabends und sonntags. Leider. An Bastelabenden innerhalb des Barackenlagers nahm ich nicht teil. Mein Interesse galt Musikdarbietungen, auch politischen Vorträgen.

Im Reichsarbeitsdienst war Freizeit gleichzusetzen mit Sport. Angeboten wurden Lehrgänge für Rettungsschwimmen. Unterricht über die Grundschule des Boxens. Es gab Fußballspiele, Leichtathletik- und Turnwettkämpfe.

Ich war überall mit dabei. Geboxt hatte ich in einer Betriebskampfstaffel. Mehrfach. Nach einem Nierenschlag allerdings auch mit anschließendem Aufenthalt im Leipziger Elisabeth-Krankenhaus.

Für Herbert waren die Monate im Reichsarbeitsdienst „die schlimmste Zeit meines Lebens". Seine Unsportlichkeit machte ihn zum Gespött der Ausbilder. Der arme Kerl traf keinen Ball, war bei Laufwettbewerben fast zwangsläufig Letzter. Die Strapazen machten ihn fertig. Er zählte die Stunden, litt körperliche und seelische Qualen.

Feldmeister Waldheim riet ihm, ein etwa vorhandenes Gefühl körperlicher Minderwertigkeit zu überwinden und keinen Tag vorübergehen zu lassen, ohne an sich zu arbeiten.

„Debald, das bringt Erfolg!"

„Meine Freude am Leben ist schwarz, allenfalls noch grau! Exerzieren, strammstehen, täglich nichts anderes!", stöhnte er.

Ich versuchte zu trösten: „Am 30. Juni ist unsre Zeit vorbei!"

Herbert schüttelte zweifelnd den Kopf.

„Wer weiß, was bis dahin noch passiert!"

Die Rückkehr der RAD-Abteilung verhalf einem Lebensmittelladen und vier Kneipen zu höheren Umsätzen. Andererseits bot Pritisch seinen Arbeitsdienstmännern nur wenig Abwechslung.

„Hier ist der Hund verreckt", mokierte sich Hardy.

Joachim pflichtete ihm bei: „Nix los in dem Kaff!"

Das kleine Kaffeehaus mit schlechter Aussicht - man blickte auf die Gleisanlagen des Bahnhofs - war ständig überfüllt. Wurde die Tür geöffnet, löste sich eine Warteschlange auf.

An Wochenenden wurden die Stühle im Nu von Arbeitsmännern gestürmt. Einige Dorfschönheiten fanden sich mit den ersten Besuchern ein, alle festlich gekleidet in gedeckte Farben. An den kleinen runden Tischen hockten sie eng zusammengerückt, verspeisten Torte oder löffelten in ihren Eisbechern herum. Winkte man ihnen zu, löste das verlegenes Kichern aus.

Doch der Jungmädchencharme wirkte magnetisch, man konnte sich ihm nicht entziehen.

„In Berlin sind die Mädchen nicht so albern", behauptete Joachim.

„Auch Hallenserinnen sind abgeklärter", pflichtete Hardy ihm bei.

Von Landsberg bekam ich, abgesehen vom kleinen Café, kaum mehr zu sehen als das Wartezimmer und den Behandlungsraum des Hals-Nasen-Ohren-Arztes. Der glatzköpfige ältere Herr untersuchte mich gründlich.

„Punktieren halte ich für überflüssig", sagte er freundlich, tauchte zwei mit Watte umwickelte Stäbchen in eine Flüssigkeit und steckte sie in meine Nasenlöcher.

„Das machen wir zehn Minuten und morgen noch mal. Dazu verschreibe ich Tropfen, dann müssten Sie schmerzfrei sein. Der Dienst härtet ab. Erkältungen treten nicht mehr auf. Ihre Beschwerden verschwinden automatisch." Ich verabschiedete mich erleichtert.

Hans Knaubel, mit herrischem Auftreten und athletischem Körperbau zum Befehlen geboren, wurde folgerichtig nach Abschluss der Grundausbildung zum Vormann befördert.

Schlusspunkt unserer Ausbildung war eine Abschiedsfeier im Gasthof, zu dem der Bauernverband eingeladen hatte. Der Bürgermeister erklärte:

„Diese kleine Feier soll ein besonderer Höhepunkt werden, ein 'Dorfgemeinschaftsabend', bei dem sich Alt und Jung zu froher Stunde zusammenfindet, um das Band zwischen den Bewohnern von Pritisch und den Männern des Reichsarbeitsdienstes fester zu knüpfen."

Es folgte der Dank des örtlichen Bauernführers für die landwirtschaftlichen Hilfeleistungen während der vergangenen Wochen. Ein Chor des Bundes Deutscher Mädchen (BDM) intonierte deutsches Liedgut.

Später, zu Bier und Würstchen, spielte der Dorflehrer auf einem Schifferklavier den Schlager „Rosamunde, schenk mir dein Herz und dein Ja!"

„Wie gut, dass Tanzverbot herrscht", meinte Joachim, „hier hätte man heute die Qual der Wahl."

„Eine Damen-Qual."

Lothar Heinich war etwas ganz Besonderes, ein achtzehnjähriger Ehemann mit Kind. Dass seine Frau zum Abschied aus Leipzig kommen durfte, erregte Besuchsneid.

Auf der Bildfläche erschien eine blutjunge attraktive Frau, die alle Blicke auf sich zog. Blondes, offen getragenes langes Haar, tiefer Ausschnitt, kurzer Rock, gut geformte Beine - wer so aufgemacht vor kasernierte Soldaten tritt, wirkt aufreizend und erzielt ungeteilte Aufmerksamkeit.

Aus unserm Trupp gehörte Volker Hagen zu den Glückspilzen, die zur Bewachung des Lagers in Pritisch zurückbleiben durften, bis zum Ende ihrer Dienstzeit.

Barackenlager Pipinowo

Bahnhof Pritisch. 30. März 1941: Die RAD-Abteilung verlud vor zahlreichen Schaulustigen zehn Baracken und 250 Fahrräder in unüberdachte Waggons. Anschließend hängten Bahnbeamte fünf Güterwagen für den Transport der Mannschaften an.

„Wollen die uns etwa in Viehwagen verfrachten?", fragte Herbert ungläubig.

„Siehste doch", knurrte Knaubel, „Mann, hab dich nicht so!"

Ich tastete mich durch das Zwielicht und suchte mir auf dem mit Stroh bedeckten Boden einen Platz in der Mitte. Matratzen, die wir erwartet hatten, gab es keine, genauso wenig Decken. Vor einem winzigen eisernen Öfchen lagerten Holzscheite. Der Rauch wurde durch ein schmales Ofenrohr durch eine Fensterluke ins Freie abgeleitet. Luft und Licht strömten ausgiebig durch die geöffnete Schiebetür.

Der Güterzug traf, eingerechnet der Standzeiten, zwanzig Stunden später in Ostrolenka ein. Nachdem die Baracken in Einzelteilen auf LKWs verladen worden waren, bekam jeder Arbeitsmann ein Fahrrad ausgehändigt.

„Zum Zielort sind es ungefähr hundert Kilometer!", erklärte Haupttruppführer Gruber.

„Auf geht's, Männer, gute Fahrt!"

100 Kilometer Fahrradtour mit Marschgepäck, Gasmaske und umgehängtem Gewehr. Irgendwo in den riesigen Wäldern geriet ich unter die Nachzügler, blieb liegen und gab auf. Nach angemessener Wartezeit von einem Lkw aufgelesen, traf ich verspätet – und mit spöttischem Hallo begrüßt - bei meinen Kameraden ein.

Unsere Abteilung kampierte auf einer Lichtung. Die Gegend war dicht mit Nadelwald bewachsen. Leichter Harzgeruch lag in der Luft.

„Lastwagen entladen, Zelte aufbauen, Decken verteilen, Beeilung, Beeilung!", bellte Haupttruppführer Gruber.

„Handwerker vortreten!", schrie Truppführer Specht, „Baracken abladen und an den vorgesehenen Stellen zusammensetzen und aufbauen!"

Zwei Nächte schliefen wir in Zelten auf eiskaltem Boden, dann - innerhalb von 60 Stunden - war der Barackenaufbau vollendet.

Aufbau der Baracken

Zur Einweihung war die Abteilung vollzählig angetreten: „Oberstfeldmeister, ich melde Ihnen, die Aufstellung des Barackenlagers ist komplett!" Feldmeister Schneider klappte schwungvoll die Hacken zusammen.

„Danke", antwortete der Chef knapp, schob noch ein lobendes „gut gemacht!" nach.

„Jawohl, Oberstfeldmeister!"

„Unser Dorf ist die Verwandlung der Unterkünfte in einen militärischen Stützpunkt", rief Hitzerodt fröhlich, „und ich habe auch schon einen Namen dafür gefunden: Pipinowo."

Lothar Heinich beeindruckte die Abteilungsführung durch sein ungewöhnliches Organisationstalent. Aus den umliegenden Dörfern beschaffte er massenhaft Eier. Bald folgten Hühner, Ziegen und Schafe. Wie er das machte, blieb sein Geheimnis. Auf diese Weise avancierte Lothar schnell zur rechten Hand des Küchenchefs. Auch die Verpflegungsbullen erkannten sein Talent.

Ausgenommen Obertruppführer Hansen, der als trinkfestes Arbeitstier galt, ließ sich beim Frühappell kein höherer Dienstgrad mehr sehen. Feldmeister, Unterfeldmeister und Obertruppführer blieben tagelang von der Bildfläche verschwunden.

Es wurde heftig gelästert: „Die meisten von denen sind immer unterwegs, die schieben sich gegenseitig Heimaturlaub zu."

Höhere Dienstgrade, die dienstlich in Pipinowo bleiben mussten, trösteten sich mit Alkohol. Nächtliche Gelage häuften sich. Das Gegröle, Gerülpse und Gelächter aus der Führerbaracke war noch im letzten Winkel des Lagers zu hören, schlafraubend und unerträglich.

Für den gemeinen Arbeitsmann wurde Eierlikör angeboten. Immer häufiger kam es zu Besäufnissen. Gleichzeitig wurde die Verpflegung rationiert. Weil das Schlitzohr Lothar Heinich Luxusgüter und Alkoholika höheren Vorgesetzten zuschob und Tauschgeschäfte mit polnischen Bauern machte. Heinich wurde zum Vormann befördert und übernahm die Bewirtschaftung der Kantine. Kein Wunder.

Angefangen beim APL-Truppführer bis zu den einfachen Arbeitsdienstmännern hinunter lebten alle überwiegend nur noch von Brot, Kunsthonig, Heidelbeeren und Ersatzkaffee.

Herbert Debald hatte inzwischen seine Kontakte zum Verpflegungs-Unterfeldmeister vertieft und durfte immer öfter als Küchenhilfe einspringen.

„Lohn meiner Überlebensstrategie, nur so kann ich dem sturen Dienstbetrieb samt blöden Vorgesetzten für ein paar Stunden entkommen", vertraute er mir an. „Ich bin erleichtert, Werner, irgendwie muss ich über die Runden kommen!"

Herbert war ein sympathischer Mensch, einer zum Gernhaben. Er war stolz auf seinen Studienplatz an der Theaterhochschule Berlin und wollte Schauspieler werden, wie sein prominenter Onkel Ralf Arthur Roberts.

Herbert besaß eine Kostbarkeit, ein winziges Kofferradio. Nachts schirmten wir uns ab; kontrollierten, ob die Kameraden schliefen und hörten dann Radio London. Dieses nächtliche Geheimnis verband uns eng.

Ende Mai bekam Lothar Heinich Urlaub. Die Nachricht schlug ein wie eine Bombe: „Das ist der Lohn für seine Schiebereien", ärgerte sich Hardy. Obertruppführer Grubers sachliche Begründung lautete anders:

„Verheirateten steht Heimaturlaub zu!"

Fünf Wochen später sahen wir ihn wieder, den Lothar Heinich. Als Arrestanten. Degradiert und verurteilt zu vierwöchiger Strafe wegen Überschreitung gewährter Urlaubszeit. Manchmal, wenn ich mich unbeobachtet fühlte, suchte ich seine Zelle auf und steckte ihm Zigaretten zu und ein paar Tafeln Schokolade.

Zwischen den Wäldern und auf den Wiesen um Pipinowo blühten die Heidelbeeren kilometerweit. Nie wieder habe ich sie in dieser Dichte und Größe gesehen. Wir haben sie heftig besungen:

Was gibt es heut zum Abendbrot? Heidelbeeren!

Doch Gewohnheit ist das Ende alles Schönen.

Das Leben in Pipinowo war eine einzige Schinderei. Tag und Nacht, auch an Sonn- und Feiertagen kamen Eisenbahnzüge, die sofort entladen werden mussten. Nächtliche Albträume von schwerer Arbeit auf Schmalspurgleisen. Vom Warten auf Züge mit Munition und 200-Liter-Benzinfässern. Dickleibige Panzergranaten kamen im Abstand von 4 bis 6 Stunden: Tag und Nacht, das hieß: In Uniform schlafen und auf die Dampfpfiffe stampfender Lokomotiven warten. Aufstehen. Antreten zur Kuliarbeit. Arbeitsreihen bilden. Benzinfässer abladen und auf geschälten Baumstämmen in die Wälder rollen. 20-Liter-Kanister, Granaten oder Munitionskästen in den Wald schleppen, aufstapeln und mit Zweigen gegen Flugbeobachtung tarnen.

„Wir schuften hier wie chinesische Kulis!", fluchte Winter.

Hans Zobel stammte aus Halle (Saale). Als Arbeiter einer Zuckerfabrik schulterte er Zweizentnersäcke so locker wie Gewehrkolben. Das machte ihm nichts aus. Der hünenhafte Kerl war ein guter Kamerad, einer der mir half, der einsprang, bevor ich zusammenbrach.

Ab Mai mussten Schützengräben ausgehoben werden. Die Tagesleistung wurde vorgegeben; sie richtete sich nach der Beschaffenheit des Bodens. Dass ich mein Pensum täglich erfüllte, verdankte ich allein der Hilfe meines Kameraden Hans Zobel.

Um der schweren körperlichen Arbeit zu entgehen, gab es nur eine Möglichkeit: Ich musste befördert werden. Als Vormann wurde man zu einer Aufsicht führenden Person, brauchte weder zu schleppen noch zu schippen.

„Unterfeldmeister Hirsch sucht Schachpartner, wäre das was für Sie?", fragte Obertruppführer Gruber. Ich witterte eine Chance und meldete mich sofort.

Mein Vetter Heinz Wolf, dem Spiel von Kindesbeinen an leidenschaftlich verfallen - sein Leben wurde später von Schachfiguren dominiert - , hatte mir, dem mittelmäßigen Spieler, ein paar knifflige Eröffnungen beigebracht. Auf die wollte ich nun setzen.

Gegen Hirsch zu gewinnen war weder einfach noch anfangs geplant. Über das Schachspiel, wenn man sich stundenlang gegenüber sitzt, vertiefen sich persönliche Kontakte. Man spricht dann schon mal über sein Privatleben. Nach verlorenen Partien schlug ich knallend die Hacken zusammen und gratulierte: „Glückwunsch zum Sieg, Unterfeldmeister!" Mein zackiges Auftreten imponierte ihm.

Sein Interesse an mir wuchs. Nach zwei Wochen schlug er mich zur Beförderung vor. Am 10. Mai wurde ich Vormann.

Tags darauf, ich wollte in der Schreibstube meine neuen Rangabzeichen abholen, war das schwarze Brett von Kameraden umlagert. Ein mit Reißzwecken befestigter Aushang enthielt den Satz:

„Rudolf Heß, der Stellvertreter des Führers, ist am 10. Mai 1941 im Zustand geistiger Verwirrung nach Schottland geflogen und dort gefangengesetzt worden."

Werner Kleine mit Stahlhelm und Gewehr

Mein Leben veränderte sich in angenehmer Weise. Nun musste ich nicht mehr Lasten schleppen, durfte meine wie Kulis schuftenden Kameraden beaufsichtigen, sollte aufpassen, dass die Zeitvorgaben erfüllt wurden. Beim Exerzieren stand ich nun nicht mehr in Reih und Glied, sondern vor den Kameraden und gab Befehle.

Zu meinen Aufgaben gehörte die Portionierung der abendlichen Lebensmittelrationen. Das wurde zum ständigen Ärgernis, weil für Verpflegung Verantwortliche die Lebensmittel und Marketenderware weitgehend unter sich aufteilten und sich durch Tausch von Lebensmitteln bereicherten. Auch Nahrungsmittel und Alkohol gegen Sex, behaupteten böse Zungen. Nachts wären in der Führerbaracke polnische Mädchen gesehen worden. Plötzlich aufgetaucht.

Angeblich.

Für uns gab es nach wie vor hauptsächlich Margarine und Kunsthonig. Seltener Eier, die nach oft stundenlangen Fußmärschen in polnischen Dörfern requiriert wurden. Kommissbrote mussten von Wehrmachtsangehörigen erbettelt oder gegen Zigaretten getauscht werden.

Viele Kameraden murrten nur, andere überlegten, etwas gegen die Abteilungsführung zu unternehmen. Doch die meisten dachten wie der Berliner Radke: „Ick sag nischt. Ick halt mir da raus."

Nach oben schien aber doch etwas durchgesickert zu sein.

Am 15. Juni bekam die Abteilung einen neuen Chef. Auf den ersten Blick wirkte er sympathisch.

„Ich bin der Oberstfeldmeister Eduard Reiche", stellte er sich vor, „Nachfolger ihres bisherigen Abteilungschefs, der für höhere Aufgaben abberufen wurde."

Oberstfeldmeister Hitzerodt trat neben ihn, reckte sich, lächelte gequält, hob das Haupt und schob das Kinn vor, als empfinge er eine Ehrenurkunde.

Mit „Dank und Anerkennung für seine hervorragende Leistung" verabschiedet, durfte er davon ausgehen, dass ihm keiner seiner Arbeitsmänner eine Träne nachweinen würde.

Zwei Wochen später quittierte Oberstfeldmeister Reiche Joachim Dietrichs Hinweis, das Essen sei jetzt reichhaltiger und die

Portionen größer geworden, mit abweisender Miene: „Das bilden Sie sich gewiss nur ein."

Keine drei Wochen später funktionierten die alten Seilschaften wieder an Reiche vorbei, und wir mussten uns damit abfinden.

Der Arbeitsmann Karl-Otto Hennig wurde auf einer Waldlichtung von seinem Trupp beim Onanieren beobachtet. Augenscheinlich genossen es diese Männer, Zeuge einer Selbstbefriedigung zu sein.

Sofort wurde diese Ungeheuerlichkeit dem Diensthabenden gemeldet. Unterfeldmeister Hirsch ließ die Abteilung Aufstellung nehmen.

„Soll Hennig etwa bestraft werden?", wunderte sich Lothar.

„Davon ist auszugehen!", vermutete Joachim.

„Das Ferkel vortreten!"

„Jawohl, Unterfeldmeister!"

„Hennig, schämen Sie sich?"

„Jawohl, Unterfeldmeister!"

„Hennig, rufen Sie laut: ich bin ein Wichser und schäme mich!"

„Jawohl, ich bin ein Wichser!"

„Lauter!"

„Ich bin ein Wichser und schäme mich!"

„Noch lauter!"

„Ich bin ein Wichser und schäme mich!"

Höhnisches Gelächter dröhnte.

„Abteilung wegtreten!"

Der Gipfel von Heuchelei, ein Triumph der Verlogenheit. Alle taten „es", die meistens schon als kleiner Junge. Niemand wusste so gut wie man selber, dass jeder es bisweilen dringend braucht. Manche würden gerne zusehen, wie ein Mann Hand an sich legt, ob er es mild tut oder wild, ob er es in die Länge zieht oder schnell zum Ziel kommt. Jeder im Kameradenkreis lebte in Angst, dabei beobachtet zu werden. Dass man das letzte Zipfelchen Intimität aufgibt und etwas zeigt, was einem alleine gehört.

In der Nacht vom 20. auf den 21. Juni 1941 feierten wir auf einer Waldlichtung mit Infanteristen der benachbarten Fahrradkompanie einen denkwürdigen Kameradschaftsabend. Es war lange hell, erst gegen Mitternacht brach die Dunkelheit herein. Wir hockten an roh gezimmerten Tischen, das Bier schäumte und strömte literweise; ein Fass nach dem anderen wurde angestochen.

Bei angenehmen Sommertemperaturen wurden aus vollen Kehlen Soldatenlieder gesungen. Niemand vermochte zu ahnen, dass dreißig Stunden später, im Morgengrauen des 22. Juni, der Russlandfeldzug beginnen würde. Einige unsrer fröhlichen Infanteristen würden diesen Tag nicht überleben.

Am 22. Juni, Punkt 6 Uhr, kam der Marschbefehl: „Abteilung, fertig machen zum Einsatz!" Das hieß packen.

Um 7 Uhr traten wir feldmarschmäßig ausgerüstet an. Feldmeister Schneider, der Stellvertreter des Abteilungsführers, verlas einen Führerbefehl. Er begann mit den Worten: „Soldaten der Ostfront!"

Der Ostfront? Also doch! Die meisten von uns hatten es geahnt, aber keiner so recht glauben wollen. Geahnt, aber nicht darüber gesprochen beim Schleppen und Stapeln von Granaten, beim Rollen unzähliger Benzinfässer, beim Aufbau und Tarnen riesiger Munitions- und Treibstofflager in den polnischen Wäldern.

Der Gedanke, das russische Riesenreich erobern zu wollen, war zu unheimlich. Mit Hitlers Befehl zum Krieg gegen die Sowjetunion wurde er zur Tatsache.

22 Juni 1941

Unsere RAD-Abteilung wurde auf LKWs der Wehrmacht verladen. Die Abfahrt verzögerte sich um zehn Minuten, weil ein Koch fehlte. Der musste erst aus dem warmen Bett seiner polnischen Küchenhilfe geholt, dann vor versammelter Mannschaft zur Sau gemacht und schließlich dem Gelächter der RAD-Abteilung preisgegeben werden, die in Reih und Glied angetreten seiner harrte.

Auf den voll gepfropften LKWs standen wir hautnah Mann an Mann. Über holprige Straßen durch einsame Dörfer, in denen sich kaum jemand blicken ließ. Allenfalls ein paar watschelnde Enten. Pferde zogen Baumstämme durchs Gelände.

Während der Fahrt nach Bialystok begleitete uns das Dröhnen schwerer Artilleriegeschütze. Stundenlanges Krachen ohne Unterbrechung: Abschüsse und dumpfe Einschläge. Deutsche Sturzkampfbomber donnerten in Richtung Osten. Kurz vor Brest-Litowsk wurden wir am Ufer des Bug von Schlauchbooten aufgenommen und über den Fluss gebracht. Benzingeruch stieg auf. Wir schwammen auf einer dunkelbraunen Brühe, auf der hin und wieder Ölfilm zu erkennen war.

Die Stadt war noch umkämpft. In der Nähe knatterte Gewehrfeuer. Ein Artilleriebeobachter erklärte hastig:

„Die meisten Brücken blieben unzerstört, weil sie blitzschnell erobert wurden. Im Zentrum fallen noch Schüsse, aber unsre Panzer rollen und rollen und ziehen ungefährdet weiter!"

Seine Gesichtszüge entspannten sich etwas, zeigten aber eine leichte Verwunderung:

„Auch die Zitadelle, glaubten wir, würde rasch fallen, denn in dem ungeheuren Feuerhagel der Artillerie konnte kein Stein auf dem anderen geblieben sein. Doch die fürchterlichen Einschläge haben die Festung bisher nicht zerstört."

„Die Besatzung wehrt sich und fügt uns hohe Verluste zu", berichtete ein anderer Stahlhelmträger, „unseren anstürmenden Infanteristen schlug mörderisches Feuer entgegen."

Noch während wir ihm zuhörten, tauchten Sturzkampfflieger auf. Die Ju 87 flogen unter nervenzerfetzendem Geheul Angriffe auf die Zitadelle. Aus sicherer Entfernung beobachteten wir, wie sie ihre 1.800-kg-Bomben abluden. Emporschießende Explosionswolken zeigten Volltreffer an. Die total erschöpfte Besatzung ergab sich erst nach achttägigem Bombardement. Im Klartext hieß das: „Festung erobert!"

Erster Einsatzort für unsere RAD-Abteilung war das Bahnhofsgelände. Der Ausführungsbefehl lautete: „Bewachung der Gleisanlagen!"

„Die wurden gerade erst vor vier Stunden von deutschen Truppen erobert", wusste Obertruppführer Gruber.

Unter dem Grollen des Geschützdonners ließ Oberstfeldmeister Reiche die Abteilung antreten. Der Abteilungschef setzte ein entschlossenes, ernstes Gesicht auf, schob das Kinn vor und rief mit schneidender Stimme:

„Kameraden, wir haben den Spaten gegen das Gewehr getauscht! Ziel des Feldzuges ist die Gewinnung neuen Lebensraumes. Russland soll Siedlungsland werden, uns die Ausnutzung der Rohstoffe ermöglichen. Arbeitsmänner, wir folgen der kämpfenden Truppe auf den Fuß. Kampfeinsätze mit der Waffe können nicht ausgeschlossen werden!"

Reiche hielt kurz inne, setzte seine Ansprache dann mit ruhiger Stimme fort:

„Alle Dienstgrade teilen ihre Leute sofort zur Bewachung von Güterwagen ein. Deren Ladungen sind militärisch zu sichern. Künftig werden wir im Straßenbau eingesetzt. Zu unseren Aufgaben gehört die Bewachung sowjetischer Kriegsgefangener. Nicht zuletzt auch der Schutz wichtiger Gebäude und Anlagen!"

Ein herrlicher Tag, strahlend blauer Himmel. Wir kampierten am Waldrand mit Blick auf die glaslosen Fenster des Bahnhofsgebäudes. Über dem Eingangsportal bröckelte die Stuckfassade ab. Im Wartesaal gackerten körnersuchende Hühner. Verstopfte Toiletten verbreiteten üble Gerüche. Mein Trupp bewachte Waggons, die aus Deutschland kamen und mit Volksempfängern beladen waren. Bestimmungsort: die sowjetische Hauptstadt Moskau.

Die ersten Russen, die ich sah, waren tote. Lagen mit starren Blicken und zerfetzten Körpern in Blutlachen vor einem Schienenhäuschen, die Arme wie hilflos ausgebreitet. Der Anblick dieser leeren Augen prägt sich ein.

Ein paar hundert Meter weiter feuerte deutsche Artillerie auf sowjetische Stellungen. Schaulustige Jugendliche versuchten sich den Geschützen zu nähern, wurden aber unter Drohgebärden verjagt.

Im Aufblitzen der Mündungsfeuer warteten sowjetische Offiziere in langen Reihen auf ihre Verhöre.

„Ab übermorgen werden wir Nachschubgüter auf russische Breitspurgleise umladen", verriet Unterfeldmeister Hirsch.

So kam es. Auf einer langen Rampe mussten Kisten, Kasten und Behälter mit Munition, Treibstoff und Lebensmitteln von Hand zu Hand aus Güterwagen entladen werden. Den Vormännern blieb die Schlepperei erspart.

Unsere Behausungen, Baracken aus rostigem Wellblech oder rissigem Beton, versteckt unter Tarnnetzen, säumten die Gleisanlagen. Abend für Abend wurden sie durchsucht. Ausnahmslos.

Verstecke waren schnell gefunden. Entdeckt wurden Alkoholvorräte, Zigaretten gleich stangenweise und zahlreiche Kartons mit Blockschokolade.

Oberstfeldmeister Reiche ließ die Abteilung antreten und hatte einen Auftritt:

„Kommt zur Vernunft, Leute! Ich warne unmissverständlich! Sollten weitere Diebstähle vorkommen, drohen härteste Strafen. In Wiederholungsfällen standrechtliche Erschießungen!"

Der 30. Juni hätte der Tag unsrer Entlassung sein müssen. Daran wagte niemand zu denken. An diesem Tag lagen genau sechs Monate Reichsarbeitsdienst hinter uns. Auf dem Vormarsch im Osten konnte das natürlich kein Thema sein. Doch eines sehnsüchtigen Gedankens war es wert zu diesem Zeitpunkt.

Am 5. Juli wurden wir abgelöst und auf LKWs „verfrachtet". Wagen an Wagen führte der Transport vorüber an zerschossenen Dörfern und ausgebrannten Häusern. Verschont geblieben waren allein die Kirchen. Meine Schwester hatte Geburtstag. 14 Jahre alt ist Uschi heute geworden, wie die Zeit vergeht, dachte ich.

Zehn oder fünfzehn Kilometer vor Baranovici sahen wir große Kuhherden. Sie waren vermutlich von deutschen Heereseinheiten requiriert worden. Hier begegneten uns auch erste Flüchtlinge. Kleine Panjewagen, von zottigen Steppenpferden gezogen, waren mit Töpfen und Kleidungsstücken behängt. Frauen hockten, ihre Habseligkeiten in Decken und Teppichen zusammengeschnürt, auf heillos überladenen Fuhrwerken. Alte und Kranke auf Kissen und Matratzen. Frauen zu Fuß schleppten Hausrat und Werkzeuge. Auf den Rücken der Zugpferde saßen Kinder. Auch Hundegespanne waren zu sehen.

Mit Blick auf das Elend fragte Joachim: „Wo wollen die eigentlich hin?"

„Ihr Leben retten, und ihr Hab und Gut", antwortete ich.

„Im Krieg geraten auch unschuldige Frauen und Kinder unter Beschuss", mischte sich Hardy ein, „er verursacht Elend, Leid und Tod."

„Das ist mir zu defätistisch", widersprach Joachim.

„Zwischen Zivilem und Militärischem gibt es im Krieg keine Grenze", bemerkte ich.

Die Eroberung der größeren Städte spielte sich stets nach dem gleichen Schema ab. Erst bombardierte die Luftwaffe die mit Flüchtlingen überlaufenen Straßen, dann kämpften Infanteristen um jedes Haus und meistens ohne Rücksicht auf die Zivilbevölkerung. Die Menschen in der Sowjetunion erlebten den Vormarsch als Hölle. Dass hinter der Front die teuflischen Trupps des Sicherheitsdienstes der SS und der Sicherheitspolizei wüteten, blieb mir wie vielen anderen bis Kriegsende unbekannt.

Unmittelbar hinter der kämpfenden Truppe erreichten wir die ersten Straßenzeilen von Baranovici. Einige Gebäude brannten lichterloh, andere waren bereits Ruinen. Auch Straßenbahnen und Busse, zerschossen, leer, reglos, erstarrt.

Auf Plätzen der Innenstadt lagerten biwakierende deutsche Infanterieeinheiten. Unsere Abteilung wurde auf einen schmucklosen Wohnblock im Süden der Stadt verteilt. Bröckelnder Putz, lecke Dachrinnen, die Farbe undefinierbar. Die Zimmergemeinschaft bestand aus Hardy, Joachim und mir; wir breiteten unsere Decken auf dem Fußboden aus und machten es uns, so gut das möglich war, bequem.

Nach Mitternacht brach die totale Dunkelheit aus. Die zerstörte Stadt war erfüllt von beängstigenden Geräuschen: Vereinzelten Feuerstößen, fernen, gewitterähnlichen Blitzen, begleitet vom Grollen der Geschütze.

„Verfluchte Wanzen!" Winters Aufschrei riss uns aus dem Schlaf. „Das hält keine Sau aus!", rief Hardy. Das Ungeziefer kroch aus tausend Löchern. Und fiel erbarmungslos über uns her. Ich sprang auf und rannte ins Freie. Andere folgten rasch nach. Kameraden, die zunächst nichts gemerkt hatten, mussten aus dem Tiefschlaf geholt werden. Fluchtartig wurden die verseuchten Wohnungen verlassen.

„Meine Klamotten sind hin, die kannst du nur noch verbrennen", schimpfte Winter.

Einige rannten erst ins Freie, als sowjetische Luftangriffe begannen und Bomben fielen. Wieder und immer wieder bebte die Erde. Der ohrenbetäubende Lärm detonierender Geschosse dröhnte durch die Stadt. In der Finsternis ließ sich nichts erkennen. Überall quoll dichter Rauch empor. Aufsteigende Leuchtspurraketen erhellten den Himmel nur für Sekunden.

„Gespenstisch", murmelte Hardy. Die Bomben fielen in einiger Entfernung, Einschläge feindlicher Artilleriegeschosse lagen näher. Eine Druckwelle zerstörte Fensterscheiben. Wo man hinsah, ging Glas zu Bruch. Überall.

Einweisung in eine russische Kaserne. Ein Geruch von Schweiß und Urin durchzog die Flure. Auch in den Räumen der heruntergekommenen Gebäude stank es entsetzlich. Es wimmelte von Fliegen.

In den leeren Betten, von denen es genügend gab, hatten vor kurzem noch andere Soldaten gelegen, kaum 19, 20 Jahre, wie wir. Die kommen nicht mehr zurück, dachte ich. Manche liegen jetzt schon irgendwo verscharrt in den Weiten des Ostens.

„Mein Gott, wo hat man uns hingesteckt, was für ein Dreck, was für ein Gestank!", schauderte Karl-Otto Hennig. Der Geruch kam von allem, was Menschen auf ihrer Flucht in der Kaserne zurücklassen: vermoderte Uniformen, Stiefel, Säcke mit Müll, Exkremente.

Zunächst, und auch am nächsten Tag, gab es keine Verwendung für uns.

„Die suchen noch nach Aufgaben für Arbeitsmänner", stellte Joachim fest.

„Macht nichts", meinte Franz, „sei doch froh." Aber Freude darüber wollte nicht aufkommen.

Hennig musste wieder den speziell auf ihn gemünzten Spott ertragen. Knaubel, zwei Tage zuvor zum Obervormann befördert, fragte hintergründig grinsend:

„Alles in Ordnung, Karl-Otto?"

„Ja, alles in Ordnung!"

„Gut so. Und mach dir keine Sorgen, ein ungestörtes Eckchen findest du überall, auch hier."

Alle wussten, was gemeint war.

„Knaubel, lass ihn ihn Ruhe", sagte Hardy verärgert.

„Sei doch nicht immer so boshaft", fügte Herbert hinzu.

An diesen zwei Tagen verzeichnete die Infanterie nur geringe Geländegewinne. Die Kämpfe ebbten nicht ab. Mal rückten deutsche Truppen vor, dann wieder sowjetische. Geschossen wurde Tag und Nacht. Unterfeldmeister Hirsch schwärmte von der „Königin der Waffen". Sprach respektvoll von den hohen Anforderungen an

Mensch und Material. In Baranovici galt ab neun Uhr abends Sperrstunde. Kein Licht brannte. Im Stadtgebiet fielen nachts noch immer Schüsse. Die Bewohner zitterten um ihr Leben. Wenn russische Flugzeuge kamen, blieben sie, wo sie waren. Am Tage versteckten sie sich in zerstörten Häusern, deren Keller zumeist intakt geblieben waren.

Bei Reparaturarbeiten an einer Brücke gab es erste Kontakte zur Zivilbevölkerung. Im Gegensatz zur ablehnenden Haltung der Polen begegnete man uns hier nicht ausgesprochen feindlich. Die Weißrussen verhielten sich zurückhaltend, eher abwartend. Wir staunten, wie viele sich mit uns verständigen konnten.

„Deutsch haben wir in der Schule gelernt", erklärten zwei Frauen nicht ohne Stolz. Erstaunlich gut, wie wir fanden.

Minsk erreichten wir unter Geschützdonner, nachdem die Vororte von den Verteidigern aufgegeben worden waren. Das Zentrum der Stadt wurde innerhalb weniger Stunden von Ju 87-Bombern in Schutt und Asche verwandelt. Wir zogen durch eine brennende Landschaft von Ruinen, vorüber an zerschossenen und verbrannten Mauern. Gefallene Soldaten und Zivilisten lagen in den Trümmern, wahrscheinlich zu Hunderten. Flächendeckende Brandbombenabwürfe hatten von den Häusern nur die Kaminsteine stehen lassen; wie Gerippe ragten sie in den Himmel. Unheimlich und anklagend.

Größere Plätze mussten wegen Minengefahr vorsichtig umgangen werden. Ein kleines Viertel blieb fast unversehrt. Enge Gässchen und Toreinfahrten führten in schäbige Hinterhöfe. Die Straßen lagen in tiefem Schatten, weil die Sonne durch schwarzen Qualm verdunkelt wurde. Der Brandgeruch kroch in die Lungen, benebelte die Köpfe.

„Flach atmen und weiter, Leute!" keuchte Waldheim, „wir müssen hier durch!"

Vorbei an ausgeglühten oder im Schwelbrand rauchenden Trümmern. Überall roch es nach einem Gemisch von Brand und Leichen.

An Sammelplätzen strömten sowjetische Gefangene zusammen. Heruntergekommen und übermüdet, kamen sie aus Kellern, Erdlöchern oder Kanalisationsschächten hervor. Unter ihnen Verwundete mit blutdurchtränkten Verbänden.

Kaserne in Minsk

Auch in Minsk fand man wieder nur eine total verdreckte Kaserne als Unterkunft für uns. Wieder stank es aus allen Ecken, stank es nach allem, was nur stinken kann. Die sowjetischen Toilettenverhältnisse waren einfach unbeschreiblich. Diesmal wurden Weißrussinnen zur Säuberung heran gekarrt. Frauen mit ausgemergelten Gesichtern, die uns beschimpften. Einige sträubten sich und schrien, weil sie glaubten, erschossen zu werden.

Die ruhigen Stunden reichten für ein paar Feldpostbriefe. Ich schrieb nach Leipzig, das Ausmaß der Zerstörungen von Minsk sei unvorstellbar. Die Stadt bestünde nur noch aus Trümmern. Häuserruinen ohne Fenster, ohne Türen, ohne Dächer. Dabei stehe zu vermuten, dass da noch Menschen wohnten. Die lebten in einer Welt, wie sie schlimmer nicht vorstellbar sei. Während dieser Tage kursierten in der Kaserne Gerüchte über einen bevorstehenden Einsatz.

Am 8.Juli kündigte Oberstfeldmeister Reiche seiner Abteilung eine wichtige Mitteilung an und stieg auf ein kleines hölzernes Podest. Beflissen reichte ihm Unterfeldmeister Hirsch das Mikrofon:

„Bildet einen Kreis und hockt euch nieder", befahl er moderat.

„In der soeben beendeten Doppelschlacht Bialystok - Minsk sind in diesen Tagen rund 300 000 Mann sowjetischer Truppen gefangengenommen worden. Sie kampieren im Freien und müssen bewacht werden. Selbstverständlich auch von Einheiten des Reichsarbeitsdienstes. Unser Einsatzort befindet sich südöstlich der Stadt Bobruisk. Uns stehen anstrengende Märsche bevor. Alles klar, Arbeitsmänner?"

„Jawohl, Oberstfeldmeister!"

In den frühen Morgenstunden verließen wir in loser Marschordnung die inzwischen von streunenden Hunden umlagerten schmutzigen Kasernenblöcke.

Die Tage verliefen eintönig. Die Sonne stach, keine Wolke schwebte am hellblauen Himmel, und die Quecksilbersäule hatte schon wieder die 30-Grad-Marke überschritten. Ein paar Katen entlang der Sandstraßen, ein paar weitere an den schmalen Abzweigungen. Stille Wege, die sich nach wenigen Metern in Wiesen und Feldern verloren. Immer wieder Dörfer, aus denen ihre Bewohner geflohen waren. Zurückgebliebene alte und kranke Menschen erschraken beim Anblick brauner Uniformen und warfen uns angstvolle Blicke zu. Ihrem Schicksal überlassene Hunde kläfften erwartungsvoll. Frauen huschten scheu an uns vorbei, die Kopftücher ins Gesicht gezogen.

„Warum suchen die so überstürzt das Weite"?, fragte Hardy.

„Aus Angst vor uns", meinte Franz.

„Junge Mädchen sind nie zu sehen", wunderte sich Karl-Otto.

„Weil die Russinnen ihre Töchter vor uns versteckt halten", meinte Hardy.

„Karl-Otto, seit wann interessierst du dich für die Weiber?", fragte Franz. Gelächter. Aufgeschlossen für Späße waren wir immer.

Auf verlassenen Höfen gackerten Hühner, irgendwo. Eier wurden nicht gefunden. Eines Abends wagten sich ein paar Kinder in unsere Nähe, um verstohlen einen Blick auf die Zelte zu werfen.

Hinter Rudensk drückte die schwüle Hitze schwer auf das satte Grün der vor uns liegenden Ebene. Unterfeldmeister Waldheim trommelte alle Handwerker zusammen.

„Leute, wir müssen hier umfangreiche Getreidespeicher umzäunen und zu ihrer Sicherung Wachtpostenstellungen bauen. Zehn Stunden stehen uns zur Verfügung, sputet euch!"

Auch mich erwischte es diesmal. Gruber führte meinen Trupp an einen Bach, der etwa vier Meter breit war.

„Kleine, über diese Pfütze wird ein Steg gebaut. Suchen Sie sich Leute, die mit Holz umgehen können."

„Aber das geht nicht ohne Statik, Haupttruppführer", wagte ich einzuwenden.

„Mann, blasen Sie sich nicht auf! Sie sollen einen Steg bauen und keine Brücke über die Niagarafälle. Also reden Sie keinen Quatsch!"

Schweigen. Betretene Gesichter. Nur Franz war Feuer und Flamme. "Ich mache das, Werner! Kein Problem!

Und Franz spuckte nicht nur große Töne, sondern in die Hände und übernahm die Regie und hielt den Termin ein. Ich hatte keine Ahnung und stand in der Verantwortung. Bei der Abnahme stand mir Franz zur Seite.

Sein Werk wurde ein Vorzeigemuster, war stabil und ansehnlich. Auch der kritische Unterfeldmeister Waldheim war des Lobes voll. Zweifel blieben. Insgeheim befürchtete ich, dass der prächtige Steg bei höherer Belastung zusammenbrechen würde.

Über Osipovici kreisten deutsche Aufklärer. Die Kirchen, das ließ sich aus der Entfernung gut erkennen, hatten bisher alle Bombardements überstanden. Auch Tatarka wurde weiträumig von uns umgangen. Danach kamen trostlose Mini-Dörfer, die gerade mal aus neun, zehn Häusern bestanden.

„Kaffs, heruntergekommen, ohne Zukunft", urteilte Joachim.

Meine Erinnerungen an den Juli: Der kämpfenden Truppe zu folgen bedeutete: Tagesmärsche bis zur totalen Erschöpfung. Endlos waren die Stunden des Vormarsches. Sich schwer beladen in glühender Hitze zu Fuß auf tiefen Sandwegen fortzubewegen war quälend. Über den ausgetrockneten Boden fegte ein Wind, der im Nu sämtliche Poren des Körpers mit Sand verstopfte, sich zwischen die Zähne fraß, die Augen verklebte und den Mund austrocknete. Wir schleppten uns mühsam weiter. Strapazen, die man nicht vergisst.

Vormarsch! Das hieß täglich 25 oder 30 Kilometer marschieren, schwer beladen entlang an zerschmetterten und ausgebrannten sowjetischen Panzern.

„Vorwärts, Männer! Durchhalten, gleich haben wir es geschafft. Im nächsten Dorf wird übernachtet!"

Weiter also! Der ganze Körper war nass, über das Gesicht flossen breite Bäche, nicht nur Schweiß, manchmal auch Tränen hilfloser Wut. Tränen der Verzweiflung und des Schmerzes, die diese ungeheuren Anstrengungen auslösten. Kein anderer Mensch wird sich vorstellen können, was wir durchstehen mussten. Wie gut, dachte ich, dass zu Hause niemand eine Ahnung davon hat.

„Schnauze voll, macht endlich Pause", schimpften die Kameraden.

„Dass mir keiner schlappmacht, vor uns liegen allenfalls noch lächerliche zwei oder drei Kilometer!", beschwichtigte Unterfeldmeister Hirsch. Doch nach zehnstündigem Marsch in den Beinen nahm ihm das keiner mehr ab. Das kannte man schon, das hörten wir fast jeden Tag.

Wir hielten zusammen als eine verschworene Gemeinschaft. Mein Trupp bildete die erste Reihe des 1. Zuges. Neben mir marschierten Joachim, Hardy und Franz. Dahinter Herbert, Karl-Otto und Kurt, dann kam Lothar mit Kameraden des 2. Trupps.

Unsere Kameradschaft funktionierte vorbildlich. Wenn Herbert am Ende seiner Kräfte war, behielt er nur sein Gewehr. Das Marschgepäck wurde nach hinten durchgereicht. Dann trat Zuckerträger Hans Zobel in Aktion. Mildherzig lächelnd schulterte das Kraftpaket Herberts Tornister. Wortlos.

„Hans Pieper sitzt im Pkw auf seinem fetten Arsch und darf den Alten herumkutschieren. Mensch, hat der ein Schwein!", ärgerte sich Lothar.

„Nur kein Neid, denk an Pipinowo, was hattest du da für einen sonnigen Lenz", frotzelte ich.

Doch nicht nur Pieper, wir alle konnten von Glück reden, im Reichsarbeitsdienst hinter der Front eingesetzt zu werden.

Denn die vor uns kämpfende Infanterie war tausendmal mehr Gefahren ausgesetzt. Das ließ sich nicht vergleichen. Wer Infanteristen als „Sandlatscher" verspottete, hatte überhaupt nichts begriffen. Die langen Reihen von Gräbern mit den einfachen Holzkreuzen erinnerten auf Schritt und Tritt daran, dass im Leben eines Frontsoldaten jede Sekunde seine letzte sein kann.

Als wir Bobruisk erreichten, war die Stadt eingehüllt in Rauchschwaden. Deutsche Luftangriffe, Explosionen und hohe Flammen ließen sich aus kilometerweiter Entfernung beobachten.

„Dort wird noch gekämpft", vermutete Unterfeldmeister Waldheim. „Die Straße nach Gomel erreichen wir schneller, wenn wir Bobruisk umgehen, denn die Piste führt weiter nach Kiew", erklärte Abteilungschef Reiche seinen Unterführern.

Die Hauptstadt der Ukraine war zu diesem Zeitpunkt noch hart umkämpft. Wir gerieten in starke Truppenbewegungen Richtung Gomel[1]. Das Feldgrau der Wehrmacht bestimmte das Straßenbild.

---

1 *Gomel wurde am 21. August, Kiew am 19. September 1941 von*

Wo sich Panzerwagen, Militärfahrzeuge und Truppentransporte unbehindert und wie auf einer Autorennstrecke mit hohem Tempo bewegen können, wird ein „befestigter Verkehrsweg" im militärischen Sprachgebrauch zur „Rollbahn"

Panzerwagen dröhnten vorbei und drängten uns an den Straßenrand. Hoch am Himmel Staffeln sowjetischer Flugzeuge. Kübelwagen, besetzt mit hohen Offizieren, begleitet von Kradfahrern, preschten vorüber. Infanteristen in LKWs auf dem Weg zur Front winkten uns von den Ladeflächen herunter zu. Frohgemute Gesichter strahlten Zuversicht aus und Siegesgewissheit, verbreiteten ein Stimmungshoch, das sich auf uns übertrug.

Deutsche Truppen auf dem Vormarsch! Auch wir vom RAD gehörten dazu! Ein Ruck ging durch meinen Körper. Das Marschgepäck drückte noch auf die Schultern, doch die Schritte fielen leichter. Plötzlich stoppte die Marschkolonne. Am Himmel tauchten feindliche Tiefflieger auf. „Runter von der Straße, schnell, schnell!"

Die Kriegsgefangenen

Aus östlicher Richtung strömten uns unendliche Kolonnen sowjetischer Kriegsgefangener entgegen, begleitet und bewacht von deutschen Soldaten.

„Tausende sind das, und es werden immer mehr!", staunte Joachim tief beeindruckt.

In Höhe der Stadt Zlobin erreichten wir unser Marschziel. Das Gefangenenlager war von einer Ausdehnung, die Umzäunungen ausschlossen. Auf den Feldern und Wiesen vor uns waren das 10.000? 50.000? 100.000? Soldaten, die da kampierten. Ihre Zahl ließ sich nicht schätzen. Dieser Anblick bleibt unvergesslich, schockierend, dass der Atem stockte. Von Latrinen und verwesenden Leichen ausgehender Gestank breitete sich aus. Kilometerweit.

------

deutschen Truppen erobert.

Gefangene bewachen heißt, du erlebst jeden Tag Geschichten vom Leid des Krieges. Ich kann bezeugen, dass viele sowjetische Soldaten verhungerten.

Kam eine Gulaschkanone ins Blickfeld, stürmten sie wild entschlossen herbei, stürzten sich auf die Essenkübel, mussten zurückgetrieben werden. Hunderte drängten zusammen und verfilzten sich zu einem Menschenknäuel. Schreiend und gestikulierend kamen sie näher, bis der Ring sich um uns schloss. Küchenbullen, die Suppe und Brote verteilen sollten, gerieten in Panik, warfen die Brote in die Menge, hielten inne, nahmen Knüppel, bisweilen auch gefüllte Suppenkellen, und schlugen damit zu, um die aufgebrachten Menschen in Schach zu halten. Die Gefangenen prügelten sich um jedes Brotstück und beschimpften sich auf russisch. Am Ende Triumphgeschrei. Wut. Jammer und Wehklagen bei den Verlierern.

Die Sieger teilten das Brot untereinander auf. Auch Suppe blieb nur für kräftige Kerle erreichbar.

„So schnell verhungert keiner", schimpfte Knaubel verächtlich mit geringschätzig verzogenem Mund, „für ein paar Löffel Brühe schlagen die sich tot."

Das Grauen lauerte überall. Es lag im Gras oder auf einer Wolldecke. Apathische Kranke konnten nicht überleben. Einige waren so schwach, dass sie sich nicht mehr gegen die Fliegen wehren konnten. In ihren Augen las ich Verzweiflung.

„Die haben keine Chance", sagte ich zu Hardy.

„Die nur noch im Gras herumliegen und vor sich hinstarren, haben die Ruhr. Wer an einer Infektionskrankheit des Darmes leidet, hat keine Überlebenschance, um die braucht sich hier niemand mehr zu kümmern", erklärte uns ein Sanitätsfeldwebel.

Da für die Unterbringung oder Versorgung der Gefangenen mit Lebensmitteln sowie für ärztliche Hilfe keine Vorsorge getroffen worden war, würde die überwiegende Zahl der Kriegsgefangenen ums Leben kommen.

Ein Kübelwagen preschte heran und hielt unmittelbar neben mir. Ihm entstieg ein Feldgeistlicher. Sein Blick verfolgte das unmenschliche Elend im Lager fassungslos. Gefangene dämmerten vor sich hin, gezeichnet von Hungerödemen, Typhus oder Ruhr. Schwerstkranke lagen im Grase stumm und starr, andere auf rohen Brettern, spuckten Blut von offener Tuberkulose, die meisten starben an chronischem Durchfall.

Der Pfarrer schob sich mit schreckensgeweiteten Augen die Hand vor den Mund.

„Gott, hilf diesen Menschen", betete er und beugte sich über die gefalteten Hände.

Ja, dachte ich, besser wäre es, sich für medizinische Hilfe einzusetzen, für einen menschenwürdigen Umgang mit den Gefangenen. Viele mussten sterben, weil sie die Ruhr hatten und nicht behandelt werden konnten. Oder weil sie verhungerten. Weil manche aus Verzweiflung in den Tod rannten.

Da deutsche Ärzte dringender auf Hauptverbandsplätzen benötigt wurden und die Ernährung völlig unzureichend war, krepierten viele sowjetische Kriegsgefangene vor den Augen ihrer Bewacher[1].

Für die Leiden dieser Menschen interessierte sich niemand. Angesichts des Elends und der Ausweglosigkeit ihrer Schicksale empfand ich eine erdrückende Hilflosigkeit.

Um Ausbrüche zu verhindern, wurden die Lagerflächen - teils in Nachtarbeit - mit breiten und tiefen Gräben begrenzt. Durch die Androhung der Todesstrafe für Gefangene, die Kontakte zur Bevölkerung aufnahmen, sollte der Schmuggel von Waffen ins Lager verhindert werden.

Weißrussische Bäuerinnen versuchten den Hungernden Kartoffeln zu bringen, durften sie aber nur vor die Gräben schütten.

Tag und Nacht blieb das Lager von Wachposten umstellt. Nachts patrouillierten wir zu dritt. Auf Streife begleiteten mich Hardy und Joachim. Oft wurde die Stille von Maschinengewehrsal-

---

1 *Bis Kriegsende starben etwa 2 Millionen Gefangene*

ven zerrissen. Trat nach kurzem Hämmern Ruhe ein, war wieder ein Fluchtversuch gescheitert.

Die kräftigsten der gefangenen Soldaten wurden von uns zum Arbeitseinsatz abgeholt und bei Ausbesserungsarbeiten im Straßenbau eingesetzt.

Einer der Kriegsgefangenen fiel mir auf und war mir auf den ersten Blick sympathisch. „Wie heißt du?", fragte ich ihn.

„Grigori Jawlinski", antwortete er.

„Ich werde dich Gregor nennen", erwiderte ich.

Bald erfuhr ich, dass er aus Moskau stammte und in Leningrad bis zu seiner Einberufung Mathematik studiert hatte. Gregor biederte sich nicht an, fasste von Tag zu Tag mehr Vertrauen zu mir. Sein Verhalten zeigte es.

Früh sieben Uhr, wenn wir die Gefangenen abholten und in kleinen Gruppen zum Straßenbau einteilten, wartete Gregor schon am Lagertor auf mich. Ich erkannte ihn von weitem, weil er alle anderen überragte. Verstohlen winkte er mir zu. Ihn mitzunehmen bedurfte keiner Aufforderung. Auf unsere Begegnung freute ich mich jeden Tag. Ich hatte diesen schlaksigen dünnen Menschen ins Herz geschlossen. Heimlich, sobald sich eine Möglichkeit bot, steckte ich ihm etwas zu essen zu, meistens war das Brot oder gekochte Kartoffeln. Sein erbärmliches Vegetieren wirkte deprimierend auf mich.

Manche Bewacher, auch Kameraden von mir, scheuten die Mühe, ihre Gefangenen abends nach dem Arbeitseinsatz befehlsgemäß zum Lager zu bringen. Wegen ein paar „dreckigen Iwans" womöglich stundenlang bei Wind und Wetter durch den Sumpf zu waten und das eigene Leben zu riskieren? Kommt nicht in Frage! Wo und wie die über Nacht hausen ist doch völlig egal, hieß es da.

Knaubel genoss es, Macht auszuüben. Die meisten Gelegenheiten ergaben sich beim Straßenbau.

„Tritt ihn in den Arsch!", rief er Winter zu, als ein junger Bursche, fast noch ein Kind, seinen Nebenmann umklammerte, Haltsuchend in die Luft griff und zu Boden stürzte.

„Zwecklos, Obervormann, der bringt's nicht mehr", versuchte Franz zu beschwichtigen, „ein Schwächeanfall. Der Mann ist fertig, kann keine Schippe mehr halten!"

Der Obervormann bekam einen roten Kopf, nahm eine drohende Haltung an und zischte: „Halt endlich die Schnauze, Winter, und bring das faule Schwein auf Trab!" Das klang gefährlich.

Franz versuchte es mit gutem Zureden:

„Russki dawai, hoch mit dir, los, steh auf!"

Der Gefangene bekam nichts mehr mit, zeigte keine Reaktion. Knaubel baute sich vor dem Russen auf und entsicherte sein Gewehr.

„Aufstehen, du Hund, zum letzten Mal!"

Der Russe regte sich nicht, er hielt die Augen geschlossen.

Knaubel beugte sich über den Gefangenen und schoss ihm in den Kopf. Das ging blitzschnell.

Als die Kugel den Schädel zerfetzte, zuckte der Körper kurz zusammen, streckte dann seine Glieder wie in Zeitlupe von sich. Das Antlitz des Sowjetsoldaten war furchtbar zugerichtet. Der Einschuss war aus der rechten Gesichtshälfte ausgetreten.

„Du bist verrückt!", entsetzte sich Winter.

„Halt die Fresse und verschwinde", schimpfte der Obervormann aufgebracht.

Hinzugekommen stand ich stumm vor dem Erschossenen und brannte mir das Bild ins Gedächtnis. Der Leichnam wurde von Gefangenen aufgehoben und die etwa 300 Meter ins Lager getragen. Im Barackenbüro erklärte der Obervormann:

„Ein Russe musste beim Fluchtversuch erschossen werden!"

Diese Meldung wurde verständnisvoll aufgenommen und notiert.

„In Erfüllung deiner Pflicht, das geht in Ordnung!", sagte der Wachthabende. Einer weniger.

Am Abend war das grausame Geschehen beherrschendes Thema.

„Ein Haufen harter Jungs sind wir!", prahlte der Täter.

Hans war ein Mann, dem es schwer fiel, anderen Menschen zu-zuhören, und dem es fast unmöglich war, neben der eigenen Meinung andere gelten zu lassen. Seine Sätze begannen mit dem Wort „Ich". Knaubel war das Zentrum seiner Welt.

„Das war eine riesengroße Sauerei", erregte sich Hardy. Joachim winkte ab: "Es ist vorbei und sinnlos darüber zu diskutieren. Schuld daran hat auch die große Hitze!"

„Das kann nicht so weitergehen", ereiferte sich Hardy.

Joachim entgegnete: „Sprichst du ihn auf den toten Russen an, sagte der erst mal 'Pa'. Das heißt bei ihm: juckt mich nicht."

An eine Überreaktion wegen der Hitze glaubte ich nicht. Für mich war das eine vorsätzliche und kaltschnäuzige Machtdemonstration. „Niemand darf sich mit einem achselzuckenden 'Wen's trifft, den trifft's' abwenden", empörte ich mich.

Herbert sagte leise: „Eine mitleidlose Welt. Für mich war das Mord. Da wirfst du plötzlich einen Blick in die Abgründe der menschlichen Seele."

„Der wird heute Nacht gut schlafen, ohne Gewissensbisse", vermutete Hardy. Davon war auch ich überzeugt.

Nach schlaflosen Stunden entschloss ich mich, Gregor die Flucht zu ermöglichen. So schnell als möglich, von heute auf morgen. Täglich konnten wir aus der Bewachung abgezogen werden. Eine Chance für mein Vorhaben ergab sich schon am nächsten Tag. In der späten Abenddämmerung ließ es sich einrichten, dass mein Trupp auf dem Weg zum Lager die Nachhut bildete. Unauffällig konnte ich mich mit Gregor immer weiter von der Marschkolonne zurückfallen lassen. Als wir außer Sichtweite waren, verließen wir die Straße und gingen entlang eines Zaunes zu einer Panjehütte. Nach kurzer Beobachtung betraten wie sie. In der Küche saßen zwei Frauen. Erstaunt und ängstlich sahen sie mich an, die ältere sagte auf deutsch:

„Männer alle weg!" Ich nickte ihr zu, lief über den Hof und schob Gregor durch einen Lattenverschlag in den verfallenen

Schuppen. Er verstand nicht, was ich beabsichtigte, und sah mich mit stoischer Miene an.

Ich drückte seine Hand und sagte: „Gregor, ich gehe jetzt!"

In der Tür drehte ich mich noch mal um. Seinen ungläubigen Blick vergesse ich nie. Zumindest den Versuch gemacht zu haben, ein Leben zu retten, gibt mir bis heute ein gutes Gefühl.

Ein paar Tage später begleitete mein Trupp eine Abordnung von Wehrmachtsoffizieren ins Lager. Ihr Auftrag lautete, sowjetische Kommissare ausfindig zu machen und herauszuholen. Unter den Gefangenen stießen sie auf eine Mauer des Schweigens. Denunzianten fanden sich erst, nachdem Lebensmittel und Zigaretten als Lockmittel ausgelobt wurden.

Der Kommissarbefehl des OKW (Oberkommando der Wehrmacht) verlangte die standrechtliche Erschießung aller politischen Kommissare der Roten Armee.

Feldmeister Waldheim fand den „Kommissarbefehl" völlig in Ordnung.

„Das ist ein Vernichtungskampf. Rücksichtsloses Durchgreifen gegen bolschewistische Hetzer ist notwendig, absolut", behauptete er. „Politkommissare verdienen keine Gnade. Sie haben die slawisch-mongolischen Menschenmassen an die Front getrieben. Ohne diese kommunistischen Einpeitscher wären wir bereits in Moskau!"

Es mögen fünfzig oder sechzig Männer gewesen sein, die aus dem Lager geführt wurden. Einige protestierten heftig, einer rief auf deutsch: „Wir sind Offiziere, wir berufen uns auf die Genfer Konvention!"

Der Lagerkommandant, ein Major - Stahlhelm über dem braun gebrannten Gesicht, schmale harte Lippen, grau-blaue Augen, die ihr Gegenüber fixierten wie eine Beute -, widersprach:

„Die Sowjetunion hat die Genfer Verträge nicht unterzeichnet!"

Die Politkommissare wurden von Erschießungskommandos der Wehrmacht hingerichtet. In Sichtweite der Gefangenen, keine hundert Meter vom Lager entfernt.

Am nächsten Tag wurden unsere RAD-Abteilung abgelöst. „Hoffentlich nicht wieder Gefangene bewachen!" Von Haupttruppführer Gruber hätte diesen Ausruf niemand erwartet.

Am 21. August eroberten deutsche Infanteristen die Stadt Gomel. Straße für Straße mussten sich unsere Truppen gegen den erbitterten Widerstand der Rotarmisten vorwärts kämpfen. Wir folgten im Bereich der Artillerie. Bei unserm Einzug wüteten überall noch Riesenbrände. Der Himmel war pechschwarz, die Luft erfüllt vom Geruch des Rauches.

Nach Säuberung vom Feind sollten wir das zentrale Rohzuckerlager bewachen. Raketen hatten den Dachstuhl eingeschlagen. Am Tag zuvor war er weitgehend ausgebrannt. Vor den riesigen Schuppen türmte sich ein Wall aus Sandsäcken. Sperrholzplatten verbarrikadierten die Fenster. Der Eingang konnte vermint sein. Wir stiegen durch die Bürofenster. Glasreste waren vorher herausgenommen worden. Zwar zeugten zurückgelassene Waffen von überstürzter Flucht, aber unter günstigen Bedingungen konnten sich Widerstandsnester noch halten. Vereinzelt knallte es um uns herum noch aus halbzerstörten Häusern.

Zunächst mussten die riesigen Schuppen nach Minen, Sprengfallen und versteckten Feinden abgesucht werden. In der Regel mit Trupps zu drei Mann: Der Hintermann als Sicherung gegen Überfälle aus Nischen, der mittlere sollte den Spitzenmann schützen. Ich ging voran: mit der Taschenlampe in der linken Hand und in der rechten den Karabiner. Im fahlen Lichtstrahl tasteten wir uns Schritt für Schritt voran. „Ratten, Ratten, hier wimmelt es von Ratten", schrie Hardy.

Die Russen mochten das Rohzuckerlager kampflos aufgegeben haben, nicht aber die ekligen Nager.

Wir erlebten die totale Rattenplage. Im Zwielicht frühmorgens war zu beobachten, wie sich das Viehzeug in den Zuckervorräten tummelte. Nachts, vor dem Einschlafen, lief es uns buchstäblich über die Füße. Die meisten Kameraden hatten Spaß daran, die verdammten Plagegeister mit dem Spaten totzuschlagen.

Joachim Dietrich nahm ein kleinformatiges Lexikon zur Hand und las vor:

„Ratten haben eine Kopf-Rumpf-Länge von etwa 30 cm. Junge Ratten sind nach zehn Wochen geschlechtsreif. Unter besonders günstigen Bedingungen wächst die Verwandtschaft eines Paares im ersten Jahr auf etwa 1000 Tiere!"

„Na dann Gute Nacht", sagte Hardy, „um das Lexikon beneide ich dich, so etwas fehlt mir."

„Ratten, Ratten, unter tausenden nur eine einzige sympathische", warf ich ein.

„Wie bitte?"

"Ich meine die Leseratte Hardy Blume!

Hardy Blume und Werner Kleine (rechts)

Von der Viehzeugplage abgesehen, war die Bewachung des Rohzuckerlagers Gomel ein ausgesprochen angenehmer Dienst. Vielleicht ein wenig zu langweilig. Wachtposten drehten ihre Runden Tag und Nacht. Den Abtransport von Rohzucker kontrollierten Zahlmeister der Wehrmacht. Sobald ein Lkw die Schuppen verließ, hakten sie fleißig ihre Listen ab.

„Postempfang!" Der Ruf setzt sich fort. Nach den Wochen ständiger Wechsel der Einsatzorte, erreichte uns in Gomel endlich wieder Post aus der Heimat. Unter den Briefen aus Leipzig war einer von Sascha Puppa. Bedachte ich, dass er nie eine Schule besuchte, allein von seiner Mutter unterrichtet wurde, war das ein gut geschriebener Brief, über den ich mich freuen konnte.

„Ich denke oft an dich und fühle mit dir."

Am 1. September kam der Befehl: „Fertig machen zum Transport!" Während der Fahrt schreckte uns das Knattern von Propellern auf. „Feindliche Bomber über uns!", schrie jemand. Wirf dich hin, ehe sie schießen, dachte ich. Doch das Brummen der Motoren wurde schwächer und verschwand.

„Die scheinen keine Munition mehr zu haben", vermutete Franz.

Vom Lkw aus blickten wir während der Fahrt auf Soldatenfriedhöfe. Vor Orsa durchquerten wir kilometerweit eine von Kratern übersäte Mondlandschaft. Dazwischen standen Einzelgräber. Die schlichten Holzkreuze mit Namen und Jahreszahlen lösten unbestimmbare Gefühle aus. Anteilnahme und Angst vor dem eigenen Tod.

„Furchtbare Bilder. In Gomel haben wir so einen schönen Lenz geschoben", meldete sich Hennig zu Wort, der meistens nur reagierte, wenn er angesprochen wurde.

Die LKWs hielten am bewaldeten Rande eines Sumpfgebietes. Feldmeister Schneider gab das Kommando: „Gerät abladen und Zelte aufbauen!" Zwei Feldküchen, Verpflegung, Kraftstoff und Sanitätsmaterial wurden ausgeladen.

„Hier scheint ein längerer Aufenthalt eingeplant zu werden", wunderte sich Herbert.

„Der Knüppeldamm, den Wehrmacht und Reichsarbeitsdienst hier gemeinsam bauen, wird 10 Kilometer lang sein und die Nachschubwege zur Front erheblich verkürzen!", erklärte ein Pionieroffizier.

„Wir brauchen Handwerker! Nach Einteilung in Arbeitsgruppen und kurzer Einweisung beginnen wir mit der Arbeit!"

Wir ahnten nicht, was uns erwartete. Während der ersten Tage gehörten wir zu den Trupps, die im Wald arbeiteten. Bäume wurden gefällt, Stämme und geeignete Äste nach Größe und Umfang sortiert. Geschuftet wurde tagsüber mit einer Hungerration im Leib. Für sechs Mann gab es zwei Kommissbrote und Margarine.

Dann bauten wir bis zu den Knien im Schlamm watend diesen Knüppeldamm. Schwitzend und keuchend. Dienstgrade waren nicht mehr freigestellt. Einschließlich APL-Truppführer mussten alle mit zupacken. Wer die schwere körperliche Arbeit nicht gewöhnt war, fühlte sich abends, im Zelt, an Leib und Gliedern wie zerschlagen.

Der leitende Pionieroffizier war im Zivilberuf Ingenieur. Ein ruhiger, bedächtiger Mann, der klare Anweisungen gab, sonst aber keine großen Worte machte. Zu Unterfeldmeister Waldheim hörte ich ihn sagen:

„Achten Sie darauf, dass die Körper ihrer Leute im Wasser nicht auskühlen, damit ist nicht zu spaßen!"

Arbeitsmann Winter kannte sich mit Holz gut aus, in jeder Hinsicht. Franz war Tischler mit Leib und Seele. In Hannover hatte er Möbel gebaut und in Braunschweig Paneele verlegt. Hier nun musste ein Knüppeldamm gebaut werden, und diese Arbeit machte wieder richtig Spaß. Franz blühte auf, war plötzlich ein wichtiger, fachkundiger Ansprechpartner, der Verantwortung trug.

Anfang September klagten die ersten Kameraden über Leibschmerzen. Zunächst nahm das niemand ernst. Bald besagten Gerüchte,

Typhus oder Diphtherie seien ausgebrochen. Als der Krankenstand weiter anstieg und sich Meldungen über schwere Durchfälle häuften, wurde ein Truppenarzt zugezogen. Das Ergebnis seiner Untersuchungen lautete: Eine Infektionskrankheit. Nun gut, aber welche? Genaueres ließe sich erst durch Laboruntersuchungen feststellen. Täglich wurden Patienten ins Lazarett abtransportiert. Der Befund lag inzwischen vor: Entzündung der Dickdarmschleimhaut. Diagnose: Bakterienruhr. Es gab Kameraden, die kamen vom Lokus nicht mehr runter. Simulanten erkannten die einmalige Chance, Ansteckungsängste zu verbreiten, ließen sich, von Bauchschmerzen gequält, unter Vortäuschung konvulsiver Schüttelkrämpfe und unüberhörbarer Schmerzschreie zuerst auf Tragen heben, dann in Sanitätsfahrzeuge betten und endlich mit von Leid gezeichneten Gesichtern abtransportieren.

Die Abteilung schrumpfte zusammen. Innerhalb von zehn Tagen um vierzig Mann. Dienstgrade mussten ersetzt werden. Knaubel avancierte zum APL-Truppführer; ich übernahm seine Stellung als Obervormann. Hardy und Joachim wurden in den 3. Zug versetzt, um neu gebildete Trupps zu übernehmen.

Das riss kameradschaftliche Bindungen in ihrem festen Kern jäh auseinander, hatte aber auch sein Gutes. Mein neuer Posten versetzte mich in die Lage, Herbert im Küchendienst unterzubringen.

„Ab jetzt täglich und als feste Hilfskraft!", erklärte ich dem Koch.

„Schick ihn her, den kann ich gebrauchen", versprach er.

Mitte September stürzten zwei Kameraden auf mich zu.

„Werner, melde dich sofort bei Deinen Angehörigen!"

„Wieso?"

„Du giltst als vermisst."

„Wie bitte?"

„Dein Name wurde im Radio verlesen. In einer Suchmeldung."

Am 28. September verlas Oberstfeldmeister Reiche einen Marschbefehl:

„Die Abteilung wird nach Smolensk am Dnjepr verlegt. Die Stadt hat 160.000 Einwohner, besitzt umfangreiche Anlagen der Metallindustrie, eine Universität und eine Kathedrale aus dem 12. Jahrhundert."

Wir durften mal wieder auf Fahrzeugen der Wehrmacht die Balance halten. Hoch stand die Sonne über den Feldern und Wiesen. Die Intensität der Farben, diese Pracht bis hin zum Graugrün des Mooses, stimmten mich melancholisch. Die Fahrt verlief abwechslungsreich, führte durch die weite, grüne Landschaft über Straßen aus Asphalt und Schotter. Elend langsam quälten sich die LKWs durch Schlammbäder und wühlten sich fest; Kradschützen bauten sich hölzerne Kufen unter ihre Maschinen.

Smolensk

Smolensk war am 16. Juli von deutschen Truppen erobert worden und bot einen ähnlichen Anblick wie Minsk, nur dass die Häuser nicht mehr in Flammen standen. Je weiter wir ins Zentrum vorrückten, umso schlimmer wurde es eine Ruinenlandschaft. Überall zerstörte Gebäude mit zerschossenen Wänden und von Granaten und Bomben verbogenen Stahlgerüsten. Am Ufer des Dnjepr lagen frisch aufgeworfene Gräber mit Holzkreuzen aus Ästen.

Vor dem Güterbahnhof hatten Pioniere der Wehrmacht eine Straßensperre errichtet; sie diente der Bewachung wichtiger Versorgungsgüter. Zwischen Sperre und Güterbahnhof waren im Abstand von 50 Metern Wachtposten eingerichtet und mit drei Mann besetzt worden. Die meisten Arbeitsdienstmänner hausten in kahlen Hallen, die bis zum Ausbruch des Krieges Speditionen als Lagerräume gedient haben mochten. Mein Trupp quartierte sich in einem abgestellten Güterwagen ein.

Unsere RAD-Abteilung war zuständig und verantwortlich für die Bewachung und Sicherung des Bahnhofsgeländes.

Rund um die Uhr trafen Truppentransporte ein. Infanteristen aus allen Garnisonen Großdeutschlands. Artilleristen mit schweren Geschützen. Güterzüge, beladen mit Munition, Treibstoff und Verpflegung mussten von Gefangenen abgeladen werden, für die eine andere Einheit zuständig war. Deren Anfeuerungsgebrüll: „Dawai, dawai!" lag uns ständig in den Ohren.

„Sieht aus, als stünde unmittelbar eine Großoffensive auf Moskau bevor", meinte Feldmeister Waldheim.

Ab 1. Oktober pfiff durch die zerborstenen Scheiben unseres Güterwagens ein unangenehmer Wind. Nebel kam auf. Erste Schneefälle und der anschließende Kälteeinbruch ließen einen harten Winter erwarten.

„Hoffentlich vereisen die Behelfsbrücken über den Dnjepr nicht", erklärte Haupttruppführer Gruber.

In der Sommerwäsche und unter den dünnen Mäntelchen froren wir erbärmlich. Die versprochene, nun täglich dringend erwartete warme Winterbekleidung traf nicht ein.

„Hundekalt", schimpfte Franz.

„Wie in Sibirien", fluchte Hardy, „die gefütterten Handschuhe kommen erst, wenn mir die Finger erfroren sind."

„Oder nie", fügte Herbert hinzu.

Am 4. Oktober feierte ich meinen 19. Geburtstag bei bitterer Kälte auf dem Bahnhofsgelände von Smolensk. Die Umgebung war trostlos. Gelbe Urinspuren im Schnee. Bahnschienen rosteten vor sich hin. Über den Gleisen wucherte das Unkraut.

Herbert hatte im Speisewagen des zerschossenen, auf dem Nebengleis abgestellten Personenzuges eine kleine Feier vorbereitet. Unterfeldmeister Waldheim übergab mir eine Flasche Wodka.

„Glückwunsch im Namen der Abteilungsführung! Wodka, damit Ihre Gratulanten wenigstens von innen aufgeheizt werden können!"

Herbert übergab mir einen Napfkuchen, „den ich extra für dich gebacken habe, lieber Werner". Franz schenkte mir Zigaretten. Lothar überraschte mich mit einer Flasche Eierlikör, „den ich extra für dich organisiert habe! Hoch die Tassen!" Typisch Heinich. Der Kerl meisterte jede Situation. Versprühte Frohsinn noch in der Eiseskälte dieses miserablen Zugabteils. Obwohl ich wusste, dass er mit allen Wassern gewaschen war, überkam mich Rührung.

Die Flaschen kreisten, der Alkohol heizte die Stimmung auf. Die Temperatur schien anzusteigen. Wir sangen Glenn Millers „In the Mood" und bewegten uns ausgelassen im Takt. Der Spaß fand ein jähes Ende, als Waldheim zum Gratulieren kam. Der Unterfeldmeister hatte schon tüchtig geladen, sein Gesicht wirkte aufgedunsen, die Augen waren nur noch als schmale Schlitze erkennbar. Waldheim wurde nach den kursierenden Gerüchte über eine bevorstehende Verlegung der Abteilung nach Deutschland gefragt.

Er druckste ein bisschen herum und wollte das weder bestätigen noch dementieren. „Vermutlich wieder eine Ente", meinte er. Aber das klang wenig überzeugend. Befürchtungen, dass noch etwas dazwischenkommen könnte, waren begründet. Am 30. September hatte der Großangriff auf Moskau begonnen. Erst wenige Tage zuvor war die Doppelschlacht von Brjansk und Wjasma siegreich beendet worden.

Oberstfeldmeister Reiche las eine kurze Erklärung von Adolf Hitlers Pressechef Otto Dietrich vor:

„Der Feldzug im Osten ist mit der Zertrümmerung der Heeresgruppe Timoschenko entschieden. Die Zahl der Gefangenen liegt diesmal bei 673.000, außerdem wurden 1240 Panzer und 5410 Geschütze erbeutet."

Knaubel grinste mich an: „Wieder Gefangene zu bewachen wäre nicht das Schlechteste."

Am 8. Oktober verkündete man uns die Eroberung von Orel.

„Dieser Tag bleibt für uns deutsche Soldaten unvergessen!", rief Gruber. Unvergessen wohl eher, weil er uns am Abend dieses Tages die Rückkehr nach Deutschland bekannt gab.

„Das ist offiziell! Ihr werdet entlassen!" Jubel brach aus. Flaschen wurden entkorkt und Heimatlieder angestimmt. Die ausgelassene Stimmung erreichte gegen Mitternacht ihren Höhepunkt.

Doch die Ablösung ließ auf sich warten. Ein Tag nach dem anderen verstrich. Enttäuschung breitete sich aus. Es gab nur noch ein Thema: Die Heimfahrt nach Deutschland. Während wir Gleisanlagen beaufsichtigten und Züge kontrollierten nur diesen einen Gedanken. Wer dienstfrei war, versammelte sich am Bahnsteig. Gerüchte, Diskussionen und hoffnungsvolle Blicke in Richtung Westen.

In Erinnerung bleibt mir ein Vorkommnis der besonderen Art. Mein Trupp hatte Streifendienst. In einem abgestellten Lazarettzug glaubten Franz und Herbert beim Kontrollgang „so merkwürdige Geräusche" vernommen zu haben.

„Das hört sich an wie das Wimmern eines Kindes", erklärte Herbert.

Wir betraten den Zug und durcheilten die Gänge bis zu einem Abteil, aus dem Stöhnen und lustvolle Seufzer zu vernehmen waren. Kurz entschlossen zog ich die Schiebetür auf. Auf dem Bett lag ein Soldat mit einem weiblichen Wesen, das er verdeckte. Bei meinem Eintritt schreckte es hoch, machte sich an seinem Rock zu schaffen und huschte an mir vorbei durch die Tür.

Der Soldat, Spieß einer benachbarten Wehrmachtseinheit, nestelte an seiner Uniform. Von Verlegenheit keine Spur.

„Verdammte Idioten! Seit wann kann man hier nicht mal mehr in Ruhe die Hose runterlassen", fauchte der Oberfeldwebel.

„Beruhigen Sie sich. Und seien Sie froh und dankbar, wenn ich über den Vorfall keine Meldung erstatte!", entgegnete ich.

Die Entlassung naht

Die Temperatur war inzwischen weiter gefallen. Winterbekleidung fehlte noch immer, besonders warme Unterwäsche. Bei einigen Kameraden gab es an Händen und Füßen die ersten Erfrierungen.

Am 4. November war es endlich so weit. Der für uns bestimmte Güterzug fuhr vormittags ein.

Beim Verladen des Gerätes schien auch bei sonst eher wortkargen höheren Rängen so etwas wie Freude aufzukommen.

„Ja, Männer, nun fahren wir nach Hause!"

„Nach Pritisch, Feldmeister?"

„Wohin sonst?", antwortete Schneider.

Bedeutete das nur die Auflösung der Abteilung, oder standen wir vor der Entlassung aus dem Reichsarbeitsdienst?

Nach zwei Stunden hieß es: „Der Zug ist abfahrtbereit."

In den mit Stroh ausgelegten Waggons strahlten die kleinen eisernen Öfen eine bullige Wärme ab. Die Schiebetüren blieben trotz hereinströmender Kälte leicht geöffnet. Jemand brüllte: „Tür zu, verdammt, das zieht hier wie Hechtsuppe!"

„Willst du die Karbidlampen auch tagsüber brennen lassen?", schrie ein anderer zurück.

„Nein, dann lieber doch frieren und etwas sehen!"

„Ihr rücksichtslosen Skatspieler!", schrie Herbert erbost. „Bei euren Freudenausbrüchen und Flüchen kann kein Mensch schlafen!"

Für Militärtransporte sind Halte- und Wartezeiten auf freier Strecke durchaus normal. So auch spät nachts kurz vor Minsk. Ich erwachte durch Schläge an die Waggontür, und als sie aufflog, hörte ich Gebrüll. Zwei Bahnpolizisten kletterten herein und stürzten sich auf einen Arbeitsmann.

„Wir nehmen Sie fest, Ihr Name?"

„Arbeitsmann Kurt Spohn!"

„Was ist los?", fragte ich schlaftrunken, „wer sind Sie?"

„Dieser Mann hat eine auf Rot gestellte Signallampe abgehängt, das ist Sabotage!", bekam ich zur Antwort. Spohn wurde abgeführt. Wir sahen ihn nicht wieder.

10.November 1941. Am Ziel. „Pritisch bei Landsberg an der Warthe." Ein weißes Schild mit schwarzen Buchstaben, die gut zu lesen waren. Die Ankunft verlief enttäuschend. Kein Mensch auf dem Bahnhof nahm Notiz von uns.

„Der Krieg ist noch nicht gewonnen", witzelte Unterfeldmeister Hirsch, „was hattet ihr hier erwartet?"

Der Marsch zum Barackenlager. Nach langer Zeit mal wieder im Gleichschritt und mit Gesang.

Volker Hagen, im Stammlager zurückgeblieben und inzwischen zum Vormann befördert, begrüßte uns hocherfreut.

„Schön, euch wiederzusehen. Mann, war das langweilig. Mein Dienst bestand nur aus Wacheschieben. Endlich werden wir entlassen!"

Hardy regte das auf: „Meckere nicht. Du konntest hier eine ruhige Kugel schieben, dir blieb manches erspart, sei froh darüber!"

„Über dreißig Mann sind nicht mit euch zurückgekommen, wo sind die geblieben?", wollte Hagen wissen.

„Keine Ahnung, was aus ihnen geworden ist. Die bekamen die Scheißerei und mussten ins Lazarett. Wahrscheinlich sind sie inzwischen zu Hause."

Das nasskalte und neblige Novemberwetter vermochte die Freude über die Entlassung aus dem Reichsarbeitsdienst und unsre bevorstehende Heimreise nicht zu mindern. Befehle klangen nun wie Lockrufe aus einer anderen Welt. Gänge zur Schreibstube, um die Reichsbahnfahrkarten in Empfang zu nehmen, und das Ausfüllen von Formularen wurden zu sakralen Handlungen.

Die Anweisung: „Uniformen in der Kleiderkammer abgeben und Zivilsachen abholen!" klang wie Musik in unseren Ohren. Koffer öffnen, eine gebügelte Hose anziehen, das Jackett überstreifen und in papierleichte Schuhe schlüpfen, das war ein herrliches Gefühl.

Am gleichen Abend versammelte sich die Abteilung in der Kantine. Oberstfeldmeister Reiche erhob sich zu seiner Abschiedsrede.

„Kameraden, ihr habt den Vormarsch in Russland in meiner Abteilung vom ersten Tag an mitgemacht und alle Aufgaben, die euch gestellt wurden, vorbildlich erfüllt! Wir haben uns im Feindesland tapfer geschlagen, ich bin stolz auf euch! Morgen werdet ihr entlassen, ich wünsche euch eine gute Heimfahrt." Jubel und Gegröle zwang die schneidige Befehlsstimme zu verstummen. Reiche verzichtete auf weitere Worte.

Ab Mitternacht gab es kein Bier mehr und auch nichts zu essen. Der Küchenbulle kam herbeigelaufen und rief zerknirscht: „In einer viertel Stunde kommt Nachschub, garantiert!"

Bier, Schnaps und Wein trafen ein, als die ersten zum Aufbruch rüsteten. Für den unverwüstlichen 'harten Kern' aus der Führerbaracke mündete der Abschiedsabend in das übliche Besäufnis.

Nach Bekanntgabe der Beförderung des Haupttruppführers Gruber zum Unterfeldmeister floss der Alkohol in Strömen.

Waldheim und Knaubel führten einen für sie typischen Dialog:

„Ohne uns wäre der Haufen doch zusammengebrochen."

„Vollkommen richtig!"

„Bei dem hohen Ausbildungsstand konnte man uns auch an der Front mit einsetzen!"

„Richtig. Leider durften wir nur die Drecksarbeit machen!"

Die beiden hielten sich für die Größten.

Ich mischte mich ein:

„Es kam vor, dass wir unmittelbar hinter den Kampflinien im Bereich sowjetischer Artillerie lagen, unmittelbar hinter den Kampflinien. Da fielen Bomben und schwirrten Granaten. Nun gut. Als Arbeitssoldaten im rückwärtigen Gebiet hatten wir keine Feindberührung, weder Verwundete noch Tote zu beklagen."

„Ausfälle gab es doch nur durch die Scheißerei!", fügte Franz belustigend hinzu. Betretenes Schweigen.

Ansteigend von Stunde zu Stunde überkam die Zecher - Arbeitsmänner wie Vorgesetzte - nun schnapsselige Rührung. Händeschütteln und schwer zu ertragende Umarmungen. Unerwünschte Nähe.Lallende Redner fanden keine Zuhörer und gaben nach vergeblichen Versuchen, das Wort zu ergreifen, ihre Bemühungen auf.

„Ihr seid lächerliche Arschlöcher!", schimpfte einer und versuchte, ein Lied anzustimmen.

Als die Letzten aus der Kantine torkelten, zersplitterten ein paar Schnapsflaschen. „Habe genug von dem Verein und all den Scheißkerlen hier", entrüstete sich Lothar.

Ein Vollrausch. Das Ende nach elf Monaten Reichsarbeitsdienst. Schade. Mein Magen rebellierte. Joachim und Hardy schleppten, Herbert stützte mich zum Schlafsaal. Hinlegen. Im Zustand undeutlicher Wahrnehmungen sank ich ins Bett.

Vier Stunden später standen Joachim und Hardy schon wieder vor mir: „Aufstehen, Werner, und packen, sonst verpassen wir unseren Zug!"

Ab 7 Uhr Rufe und Trampeln auf allen Korridoren mit anschwellender Geräuschkulisse. Inmitten fröhlicher Kameraden walzten wir zum Speiseraum. Der Küchenbulle stand da wie immer.

„Kein Frühstück, dafür Reiseproviant abholbereit", rief er lautstark aller paar Minuten.

Am Lagertor verabschiedete Oberfeldmeister Reiche jeden seiner Männer mit freundlichem Lächeln und kräftigem Handschlag.

Obertruppführer Gruber knöpfte sich Herbert noch mal vor: „Debald, nehmen Sie gefälligst Haltung an!"

Hans Joachim Dietrich   *Herbert Debald*

Herbert sah ihm kühl in die Augen: „Mich mit Ihnen zu streiten habe ich keine Lust. Gott sei Dank ist die Zeit gestraffter Brustkörbe und fetziger Worte abgelaufen. Punkt. Aus. Ende, lieber Gruber!" Sprach's, machte eine lahme Kehrtwendung und stolzierte mit femininem Wiegeschritt davon.

Unterfeldmeister Gruber verschlug es die Sprache. Er verstand die Welt nicht mehr.

„Aufreizende Hüftbewegungen als Revanche eines Unterdrückten", amüsierte sich Joachim.

„Herbert, du hattest einen großartiger Abgang", fügte ich anerkennend hinzu.

Die entlassene Arbeitsmänner in den ungewohnten Zivilsachen schwärmten, mit Koffern und Taschen bepackt, aus und strömten zum Bahnhof. Mit strahlenden Augen in denen die Freude auf die Heimkehr stand und auf das Wiedersehen. Mit Gesichtern, aus denen die Spuren grausamer Erlebnisse verdrängt waren.

70

Herbert, Joachim, Hardy und ich, wir waren fest davon überzeugt, den Krieg zu überleben.

Joachim überredete mich, mit ihm einen Tag in Berlin zu verbringen. „Den kannst du doch anhängen", bat er. Herbert, ebenfalls Berliner, fand das eine prima Idee. „Von Deutschlands Hauptstadt einen Eindruck zu gewinnen, das ist die Fahrtunterbrechung wert."

„Du solltest meine Eltern kennen lernen und bei uns übernachten", schlug Joachim vor, „sie würden sich freuen."

„Wirklich?"

„Du wirst es erleben! Komm mit, Werner, ich zeige dir Berlin!"

Von Hardy verabschiedete ich mich mit den Worten:

„Mach's gut bis zum Wiedersehen!"

Joachims Mutter schloss ihren Sohn glücklich in die Arme. Frau Dietrich, diese elegante Erscheinung mit dem streng zusammengebundenen Haar, war sehr attraktiv. Eine Dame, die mich freundlich aufnahm und fürstlich bewirtete. Bis spät in die Nacht hinein saßen wir zusammen und beantworteten tausend Fragen.

In Frau Dietrichs Dahlemer Villa kam ich aus dem Staunen nicht heraus. Allein das Gästezimmer besaß die Ausmaße unsrer ganzen Wohnung. Mein Bett hatte einen Baldachin. Nach den unbequemen Schlafstellen der vergangenen Monate versank ich in weiche Kissen. So gut, so kuschelig schlummerte man wohl nur unter einem Himmel.

Novemberwetter und einer dieser tristen Tage, für die Deutschlands Hauptstadt damals berüchtigt war. Warteschlangen vor weitgehend leeren Geschäften. Kaum Männer in Zivil auf den Straßen, Privatfahrzeuge ebenso selten.

Joachim zeigte mir seine Stadt. Obwohl ich die wichtigsten historischen Gebäude und Denkmäler schon kannte, lernte ich durch seine sachkundige Führung innerhalb weniger Stunden viel Neues kennen und kam aus dem Staunen nicht heraus. Die Museen Berlins verschlugen mir den Atem. Der Unterschied zwischen der Metropole Berlin und einer Großstadt wie Leipzig war schon am temporeichen Verkehrsfluss der U- und S-Bahnen zu erkennen, auf die wir in kurzen Zeitabständen auf- und absprangen. Und am Massentransport der überfüllten Rolltreppen.

Ich war begeistert.

„Die Welt dreht sich deswegen nicht schneller", lachte Joachim.

Mein Freund brachte mich im Bahnhof Zoo an meinen Zug. Herbert Debald erwartete uns schon. Er wirkte deprimiert.

„Was ist los?"

„Meine Einberufung zur Wehrmacht lag schon auf dem Tisch", sagte er niedergeschlagen.

Während mein Zug nach Leipzig einlief, krakelte er noch hastig eine Widmung auf die Rückseite eines Fotos, das er mitgebracht hatte. Ich las: „Wenig Schönes fand sich in Russland. Werner, zum Glück gab es Dich." Ich war den Tränen nahe.

Herbert würde mir fehlen. Mit einer unübersehbaren Neigung zur Selbstironie gesegnet, hatte er mir oft ein Lächeln abgerungen, wenn ich in seelische Löcher versunken war. Auch Joachim hatte mir in den vergangenen Monaten zur Seite gestanden, auf andere Art. Beide Kameraden winkten mir nach. Keinen von beiden sah ich wieder.

Ich fuhr endlich nach Hause. Hoffentlich lag der Stellungsbefehl nicht schon da.

Was würde ich antworten, wenn mein Vater nach meinen Erlebnissen fragte?

Dass ich erkannt habe, dass im Krieg Menschen zu Monstern werden können. Dass ich zusehen musste, wie russische Kriegsgefangene verhungerten und sowjetische Politkommissare exekutiert wurden.

Dass ich den Versuch unternahm, einem kriegsgefangenen Studenten das Leben zu retten.

Nachwort zu Teil I

HARDY BLUME fiel zu Beginn der Schlacht um Orel am 14. Juli 1943. Im Jahr zuvor wegen „Feigheit vor dem Feind" verurteilt, hatte er das Strafbataillon gerade erst überstanden. Kurz vor seinem Tod wechselten wir noch ein paar Worte.

JOACHIM DIETRICH. Student aus Berlin. Gemeinsame Zeit: Vormarsch in Russland 1941. Leutnant Joachim Dietrich wurde am 12. Januar 1944 in Russland „vermisst" gemeldet. Seine Eltern haben nie wieder etwas von ihm gehört.

HERBERT DEBALD. Schauspieler aus Berlin. Gemeinsame Zeit: Vormarsch in Weißrussland 1941. Herbert starb im 20. Juli 1943 im Mittelmeer. Sein Leben endete durch britische Torpedos auf einem Truppentransporter während der Überfahrt nach Nordafrika.

HANS KNAUBEL stand ich im Mai 1949 plötzlich auf dem Leipziger Augustusplatz gegenüber. Wir waren zwei, die sich nicht mochten. Uns verband eine zu Herzen gehende tiefe Abneigung. Ohne eine Miene zu verziehen, starrte er mich verblüfft an.

„Wie geht`s, was machst du?", fragte ich.

„Ich habe es bis zum Hauptmann gebracht, war zweimal verwundet und studiere in Leipzig Maschinenbau. Und was treibst du?"

„Ich habe geheiratet, bin Papiergroßhändler, mein Geschäft ist in der Hainstraße 10", antwortete ich.

Wir nickten uns kurz zu, und das war's schon. Nichts hatte sich zwischen uns verändert.

LOTHAR HEINICH überlebte die letzten Wochen des Krieges in einer Majorsuniform. Er ließ sie in einer Leipziger Maßschneiderei anfertigen. An seinem Halse baumelte ein Ritterkreuz. Das hatte er seinem Kommandeur gestohlen, bei dem er Putzer war.

Keine Wehrmachtsstreife hätte es gewagt, den Träger eines der höchsten Tapferkeitsorden nach seinen Papieren zu fragen.

TEIL II

Einleitung

Zur Erinnerung an Menschen, die den Zweiten Weltkrieg mit erlitten haben, egal auf welcher Seite. Wenn Völker Krieg gegeneinander führen, tun sie es angeblich immer nur, um sich zu verteidigen und den Frieden zu bewahren. Das geschieht zumeist mit dem Segen der Kirche. Und stets finden Politiker überzeugende Argumente und bereitwillige Agitatoren: Ein Angriffskrieg sei abzuwehren. Es gehe um die Rettung der Bevölkerung vor feindlichen Gräueltaten.

Die Legende vom gerechten Krieg. Immer wieder taucht sie auf. Offiziere und Berufsunteroffiziere aller Armeen der Welt werden dafür ausgebildet. Immer schon. Dass geschossen und bombardiert wurde, hat natürlich niemand gewollt. Generäle sind Menschen, die Schicksal spielen. Militärs befehligen Kampfeinheiten. Die Parole der Kriege lautet: Töten! Und töten lassen.

Meine vom 1. Dezember 1941 bis 28. Februar 1942 andauernde Rekrutenausbildung hinterließ Spuren. Körperliche Strapazen und geistige Demütigungen überschritten zumutbare Grenzen.

Die Rekrutenausbildung erwies sich als harte Zeit der Disziplinierung. Drill und Erniedrigungen waren oft schwer zu ertragen.

Die gute Kameradschaft unter uns jungen Soldaten konnte manchem über die schlimmsten Krisen hinweghelfen. Den harten Anforderungen am besten gewachsen zeigten sich Männer, die an berufliche Schwerarbeit gewöhnt waren. Für Individualisten begann eine Leidenszeit. Mit genüsslichen Schleifereien wurde Kadavergehorsam erzwungen. Um normale Reaktionen auszuschalten und selbstständigem Denken den Todesstoß zu versetzen.

Rekrutenzeit in Döbeln

Den Gestellungsbefehl überbrachte meine Mutter, als ich in die Wanne gestiegen war und mich genussvoll im heißen Wasser rekelte. Abgemagert, aber gottlob unverletzt war ich wenige Tage zuvor aus Russland zurückgekehrt. Nach zehn Monaten Dreck im Reichsarbeitsdienst wusste ich ein wohlriechendes Bad dankbar zu genießen.

Ich öffnete den Umschlag. Das Schreiben enthielt einen Amtsstempel. Was nichts Gutes verhieß. Ich überflog die Mitteilung. Meine Befürchtungen bestätigten sich. Der Traum vom geruhsamen Weihnachtsfest im Kreis der Familie zerstob. Die gute Laune, wie weggeblasen. Ich war bedient und dachte: Uns verbleiben nur noch ein paar Tage. „Verdammter Einberufungsbescheid!"

„Holt man Dich schon wieder weg von uns?", fragte meine Mutter erschrocken. Nach kurzem Zögern antwortete ich mit bemüht fester Stimme:

„Ja, Muttel. Am 1. Dezember muss ich beim 4. Infanterie-Ersatz-Bataillon 475 in Döbeln meinen Wehrdienst antreten."

Meine Mutter wandte sich ab und verließ, ihre Tränen verbergend, hastig das Badezimmer.

Der Hauptbahnhof bot das vertraute Bild. Abschiedsszenen. Menschen, denen letzte Minuten verrannen. Eingefrorene Lächeln. Unterdrückte Tränen. Umarmungen. Küsse. Frauen, die sich mit Verlustängsten quälten und mit flatternden Tüchlein den abfahrenden Zügen noch ein paar Meter nachliefen.

Der Zug verließ Leipzig bei hereinbrechender Dämmerung. Wenige Minuten später durchfuhr er nur noch lichtlose Ortschaften. Kilometer um Kilometer, die sich der Zug von Leipzig entfernte, versank ich in trübere Gedanken. Vor mir lagen zwölf Wochen harter militärischer Ausbildung. Danach sollte es nach Russland gehen. Diesmal zum Kampfeinsatz an die Front.

Döbeln ist heute eine Kreisstadt im Herzen Sachsens. Im Dezember 1941 befand sich die Garnisonsstadt im Zustand der Verdunklung. Auch der Bahnhof war spärlich beleuchtet. Kalt war es. Bitterkalt. Uniformen und Marschtritte von Infanteriekolonnen bestimmten das Straßenbild. Stiefel knallten auf mittelalterliches Kopfsteinpflaster. Kommandos. Kräftige Männerstimmen dröhnten Soldatenlieder. Im abgehackten Rhythmus folgten die Refrains. Die Infanteriekasernen waren schnell erreicht. Der Gebäudekomplex glich einer Festung. Wuchtige Blocks. Erbaut im Jahr 1888. Hinter den grauen Mauern der Umzäunung ragten hohe Fassaden gegen den klaren Sternenhimmel. Düster und abweisend.

Infanteriekaserne Döbeln

Auf dem dürftig beleuchteten Kasernenhof erstarrte in Reih und Glied eine mit Maschinengewehren und Karabinern ausgerüstete Infanterieeinheit. In Stahlhelmen mit Kinnriemen boten die Männer einen martialischen Anblick. Die jungen Gesichter wirkten ernst und gefasst.

79

„Kompanie zur Nachtübung angetreten!", meldete ein Feldwebel mit hoher Stimme. Ein Offizier dankte lässig. Kurzen Befehlen folgten Gewehrgriffe. Marschtritte und das gellende Kommando: „Ein Lied!"

„Märkische Heide, märkischer Sand!"

Ein Gefreiter, der uns Neuankömmlinge zur Schreibstube brachte, warf sich in Positur: „Die seit Oktober in Ausbildung befindlichen Rekruten rücken heute zu ihrer letzten Nachtübung aus. Nächste Woche wechseln sie zum Marschbataillon, und in spätestens vier Wochen kämpfen sie schon an der Ostfront!"

In den Döbelner Kasernen wurden zwischen Oktober 1941 und April 1942 an die eintausend Rekruten ausgebildet. Von Unteroffizieren über die Kasernenhöfe gejagt. Geschliffen und auf Fronteinsätze vorbereitet, von denen die Ausbilder verschont blieben.

Die erste Amtshandlung, die an mir vorgenommen wurde, bestand in der Vermessung meiner Körpergröße.

„Einsachtzig! 1. Zug, 1. Korporalschaft!", rief ein Gefreiter.

Der Raum, in den die neuen Rekruten eingewiesen wurden, war zweckmäßig eingerichtet. Vor den Spinden stand ein langer Holztisch, umgeben von Stühlen. Das war alles. Die Gewehrständer befanden sich draußen im Korridor. Unmittelbar neben der Tür.

Frisch gebackene Kameraden, hockten wir auf den Stühlen und beschnupperten uns. Eine bunt zusammengewürfelte Truppe. Kein Lebenslauf glich dem anderen: Arbeiter, Angestellte, ein künftiger Student harrten der Dinge, die auf sie zukommen würden.

„Und wo sind die Schlafräume?", wollte jemand wissen.

„Euer Schlafsaal befindet sich am Ende des Ganges auf der rechten Seite. Links gegenüber liegen Waschräume und Toiletten", lautete die knappe Antwort. Das Warten auf Herrn Unteroffizier erschien uns wie eine Ewigkeit.

„Achtung!", brüllte endlich die Stimme eines Oberschützen.

Unteroffizier Kuske betrat den Raum mit unbewegtem Gesicht. Hoch gewachsen, schlank, breite Schultern, schmale Taille, überragte der Korporal die meisten Kompanieangehörigen um Haupteslänge. Unter der Schirmmütze blitzten zwei hellwache Augen. Das scharf geschnittene Gesicht mit der Hakennase und dem kantigen Kinn gaben ihm schon bei seinem ersten Auftritt eine eindringliche, ja bedrohliche Präsenz. Imposant, dachte ich, und Furcht einflößend.

„Herhören Leute! Oberschütze Prokop, mein Hilfsausbilder, der wird Ihnen einweisen. Wir sehen uns morgen!" Kuske nickte grimmig und verschwand.

„Ein Brüll vom Unteroffizier genügt, den Appellplatz menschenleer zu machen", verkündete Oberschütze Prokop drohend:

„Macht euch auf einiges gefasst!" Unteroffizier Kuske ist der gefürchtetste Vorgesetzte des gesamten Bataillons. Keiner von euch wird ihn wieder vergessen!"

Abgesehen von den Befehlsschreiereien, die ständig durch die Korridore hallten, verging der erste Vormittag beinahe gemütlich. Der Friseur prüfte jeden Haarschnitt auf Kürze.

Ihm genügte ein Blick. Und schon erfüllte er die militärische Vorschrift im Ruck-zuck-Verfahren.

„Ab zur nächsten Station", befahl Prokop, als wir Haare gelassen hatten. „Und aufpassen beim Sachenfassen!"

Die Bekleidungskammer befand sich in einer Halle mit hohen Regalen. Prokop warnte uns: „Vorsicht! Herr Unteroffizier Holst neigt zu unkontrollierten Wutausbrüchen!"

Die massive Gestalt und das fleischige, breite Gesicht des Kammerbullen, wie dieser Korporal genannt wurde, ließen eigentlich mehr auf einen freundlichen Gemütsmenschen schließen. Prokop hatte Recht: Ein kurzer Blick des Unteroffiziers genüge, und alles, was er den Rekruten zuwerfe - Unterwäsche, Uniformhose und Jacke, Stiefel, Stahlhelm und Mütze - habe zu passen. Hundertprozentig! Widerspruch wäre zwecklos. Würde nicht geduldet. Grenze an Befehlsverweigerung.

Werner Jung, ein athletischer Kerl mit großem Kopf und einem Gesicht, das wie Babyspeck gerundet war und kindliche Züge aufwies, drehte den Stahlhelm unschlüssig in seinen Händen. Sichtbar rang er um einen Entschluss. Endlich nahm er Haltung an, legte die Hände an die Hosennaht und stotterte aufgeregt: „Bitte Herrn Unteroffizier melden zu dürfen, dass der Stahlhelm nicht passt. Ist für meinen Kopf zu klein", wagte er einzuwenden. Das war tollkühn.

Der Kammerbulle glaubte seinen Ohren nicht trauen zu dürfen.

„Ich habe mich wohl verhört?", fragte er aufgebracht.

„Vortreten der Mann!"

Unteroffizier Holst betrachtete den Rekruten wütend, riss ihm den Stahlhelm vom Kopf und stülpte ihn Jung erneut kräftig über die Ohren.

„Passt nicht?", fragte er mit drohendem Unterton, „dann sollten wir das mal üben. Name? Nach Dienstschluss bei mir melden!"

Zur Bekleidungskammer abgestellt zu werden war angeblich ein begehrter Posten. Das Umstapeln von Hemden und langen Unterhosen, so hörte man, sei für Rekruten geradezu ein Traumjob. Für Werner Jung kam der nicht mehr in Betracht.

In der Waffenkammer residierte Oberfeldwebel Müller. Aus allen Ecken roch es nach Waffenöl, mit dem Läufe und Schlösser von Maschinengewehren, Gewehren und Pistolen eingefettet werden mussten. Die Waffen standen akkurat in Ständern. Übungshandgranaten lagen aufgereiht in Regalen.

Jeder Rekrut erhielt einen Karabiner. Der Schriftführer, ein kurzsichtiger Oberschütze, notierte mit der Nase auf dem Papier lange Reihen von Nummern und ließ sich die Übergabe quittieren.

Nach Empfang von Klamotten und Ausrüstung blieben wir für den Rest des Tages dienstfrei.

Als Jung vom Kammerbullen zurückkam, stürmten die Kameraden auf ihn ein: „Was ist passiert?" Jung war die Erleichterung anzumerken:

„Nichts weiter. Der Unteroffizier blieb friedlich. Wortlos bekam ich einen anderen Stahlhelm. Der neue ist zwei Nummern größer."

„Der schlechte Ruf des Unteroffiziers Holst ist unbegründet. Und was Prokop über Kuske verbreitet, muss auch nicht stimmen", hoffte Franz Klaus.

Die Ausbildungskompanie trat zum ersten Dienst an, nachdem die Mannschaftsdienstgrade beim Frühsport ein paar Runden um den Kasernenhof gedreht hatten.

„Hauptfeldwebel Grosser verlässt das Geschäftszimmer stets auf die Minute Punkt 6.30 Uhr", wusste ein ehrfürchtiger Hilfsausbilder.

Als „Spieß", wie die Schreibstubenchefs in der Soldatensprache genannt wurden, fungierte ein bulliger Bayer. Stiernackig. Von der Statur eines Schrankes.

Der Hauptfeldwebel stellte sich breitbeinig vor die in Reih und Glied angetretenen Rekruten, zückte ein schwarzes Notizbuch im Format DIN A5 und befahl: „Ausbilder, Meldung machen!"

„Erste Korporalschaft vollzählig angetreten!", brüllte Kuske.

„Zweite Korporalschaft bei einer Krankmeldung mit elf Mann angetreten!", rief Unteroffizier Maschke.

„Dritte Korporalschaft vollzählig angetreten!", schrie Unteroffizier Lange mit sich überschlagender Stimme.

Hauptfeldwebel Grosser, die Nase fleischig, der Blick aus hellen Augen klar und ernst, nickte zufrieden und rief dröhnend:

„Die Neuen melden sich nach Dienstschluss auf der Schreibstube! Zur Ausbildung: Kompaniiiiiie wegtreten!"

In der Kaserne, das war schnell herauszufinden, nahm die Bestimmtheit im Ton offensichtlich nach Dienstgraden zu.

„Der Spieß besitzt Autorität", flüsterte mir Einenkel zu.

„Der wirkt auf mich absolut souverän."

Grosser erwies sich als Mann mit rustikalen Manieren und einem gefestigten Weltbild.

„Strafft eure Ärsche, Leute! Ich wiederhole mich nicht gern. Begreift die Härten der Ausbildung als echte Chance fürs Überleben!"

Der Hauptfeldwebel war ein Dienstgrad, den nichts aus seiner Bierruhe bringen konnte. Der Mann erwies sich jeder Situation gewachsen. Grosser besaß ein hohes Maß an Persönlichkeit.

Herrn Unteroffizier Kuske fiel der Rekrut Hasselt schon beim Antreten zur ersten Exerzierstunde auf. Der hatte offensichtlich nicht die geringste Ahnung, in welcher Reihenfolge und Haltung man sich einzugliedern hatte. Kuske begriff, dass dieser Rekrut ihm Ärger bereiten würde.

Hans Hasselt war ohne Grundkenntnisse militärischer Ausbildung nach Döbeln einberufen worden. Als einziger unserer Korporalschaft. Sein Berufsziel war Lehrer.

Der Härtetest Reichsarbeitsdienst war Hasselt erspart geblieben. Dafür würde er nun einen hohen Preis zahlen müssen. Denn nicht beim RAD gedient zu haben bedeutete Defizite in beinahe allen militärischen Disziplinen.

Nach harten Drill konnten ehemalige Reichsarbeitsdienstmänner perfekt exerzieren und verfügten auch über eine gründliche Waffenausbildung.

Unsere Einsätze in Russland lagen erst wenige Wochen zurück. Kein Wunder also, dass Hasselt den Uffz. bei der Formalausbildung zur Weißglut brachte. Zumal sich der militärische Neuling schon beim Üben der Ehrenbezeigung ausgesprochen tollpatschig anstellte. Weil er seinem Vordermann ständig in die Hacken trat. Kuske empfand Hasselts Exerzierversuche als Provokation und reagierte zuerst fassungslos, dann mit Häme. Aus Abneigung wurde kalte Verachtung.

Kurt Einenkel, ein Erzgebirgler, der durch sein breites Kreuz und den kurzen Hals robust wirkte, konnte die jeweilige Lage mit flinken Blicken sondieren und einschätzen. Kurt war Phlegmatiker, ein einfühlsamer und hilfsbereiter Mensch. Student und Analytiker, vermochte er objektiv zu beurteilen. Nach dem Krieg wollte er studieren, das Fach Maschinenbau belegen.

Die Bedächtigkeit seiner Sprache übertrug sich auch auf seine Bewegungen. Doch was er vortrug, war gut überlegt:

„Die Ehrenbezeigung gelingt am zackigsten, wenn sie von einer schneidigen Kommandostimme abverlangt wird. Mittelprächtige Ausführung erfolgt, wenn sie einem höheren Mannschaftsdienstgrad zu erweisen ist. Zum Beispiel einem Oberschützen. Vom eigenen Hilfsausbilder abgesehen."

Hinzuzufügen wäre: Schlecht ausgeführte Ehrenbezeigungen hatten zur Folge, dass die Korporalschaft kreuz und quer über den Exerzierplatz gejagt wurde. Und schlappschwänziges Keuchen führte zur Verweigerung von Ausgeherlaubnissen. Unweigerlich.

Kurt erreichte, dass die Kameraden alles offen miteinander besprachen. Er bewegte die Stubengemeinschaft, das seinem Empfinden nach einzig Richtige zu tun: „Wir müssen zusammenhalten, Kameraden!"

Darin waren wir uns einig. Alle. Trotz unterschiedlicher Herkunft, Schulbildung, beruflicher Tätigkeit und Karriereplanung. Auch Franz Klaus, ein strohblonder Hüne - blaue Augen, 1,88 Meter groß, 80 Kilo schwer -, der es von seiner Statur her mit jedem aufnehmen konnte, glaubte den Ausbildern Paroli bieten zu können. „Der Kuske soll doch erst mal richtig deutsch sprechen lernen!"

Der Schütze Hermann Greifeld, später von allen Männi genannt, entpuppte sich als zuverlässig und zäh. Brenzlige Situationen meisterte er betont gelassen. Seine Anteilnahme und Hilfsbereitschaft machten ihn beliebt. Eine ausgesprochen praktische Veranlagung half ihm, komplizierte technische Vorgänge schnell zu begreifen und umzusetzen. Greifeld erwies sich als geradezu ideal für den Dienst in einer SMG-Kompanie.

„Den Unteroffizier Kuske", versprach er, „überleben wir alle!"

Kurt Friedrich, Brillenträger und introvertierter Mensch, der meistens nur zuhörte, spöttisch lächelte oder zustimmend nickte, äußerte sich nicht.

Fetzer hatte beim Leipziger Messeamt eine Lehre als Reisebüro-kaufmann abgeschlossen. Rolf war ein sympathischer Mensch.

„Wir gehen zusammen durch dick und dünn und werden uns gegenseitig helfen. Besonders, wenn's mal eng wird", versprach er.

Leutnant Männle, Anfang zwanzig, befehligte den 1. Zug. Männle, ein etwas kurz geratenes, schmächtiges Kerlchen, versuchte körperliche Schwachstellen mittels kräftiger Kommandostimme wettzumachen. Der Leutnant benahm sich formvollendet zackig: „Sie werden mich als kritischen Beobachter kennen lernen und er-staunt zur Kenntnis nehmen müssen, wie schnell ich mir ein Bild von Ihnen machen kann", verkündete er süffisant zu Beginn der ersten Unterrichtsstunde.

Der Leutnant hatte eine Marotte. Wir erlebten sie, als er genüss-lich durch die Reihen seiner Soldaten stolzierte:

„Stahlhelme absetzen!"

„Ihr Haar ist zu lang!"

„Jawoll!"

„Name?"

„Schütze Müller, Herr Leutnant!"

„Sofort nach Dienstschluss ab zum Barbier", giftete Männle lautstark.

Des Leutnants Macke nervte die Rekruten und den Friseur. Dem Obergefreiten wurden Männles Querelen zum Alptraum. Der Zugführer brachte ihn an den Rand einer Neurose.

Nach Dienstschluss wurde ich häufig aufgefordert, meine Mund-harmonika erklingen zu lassen. Andere Kameraden freuten sich auf Kartenspiele. Hans Sachs, ein Kriegsfreiwilliger aus der 2. Korporal-schaft, brachte jederzeit eine Runde zusammen.

Doch meistens warfen wir uns nach dem Duschen erst mal halb-tot auf die Betten. Der Erholungsphase folgten angeregte Unterhal-tungen. Diskutiert wurde alles Mögliche. Vorzugsweise das Thema Nummer eins: Beziehungen zum weiblichen Geschlecht. Ein ande-res beliebtes Thema war die Einschätzung von Vorgesetzten.

Eines Nachts, ich flatterte im Nachthemd über den eiskalten Korridor zur Toilette, sah ich am Ende des Ganges den „Unteroffizier vom Dienst" auftauchen. Kuske erkannte mich und stutzte. Ich erschrak. Im Stahlhelm mit festgezurrtem Kinnriemen wirkte er kriegerisch und verwegen. Furcht einflößend. Musste ein Vorgesetzter in dieser Situation gegrüßt werden? Galt die vorschriftsmäßige Grußpflicht womöglich auch für Nachthemdträger? War das Nachthemd ein Bestandteil der Uniform? Im weitesten Sinne vielleicht?

Ich unterließ es, die Hand militärisch an den Kopf zu legen.

„Was machen Sie hier?", fauchte Kuske mich an.

„Ich muss zur Toilette, Herr Unteroffizier", rief ich zackig und versuchte schlotternd vor Kälte unter dem Nachthemd so etwas wie Haltung anzunehmen.

„Um diese Zeit?", fragte Kuske ungerührt.

„Jawoll, Herr Unteroffizier!"

„Leiden Sie an Blasenschwäche?"

„Jawoll, Herr Unteroffizier, einer angeborenen!"

„Sie halten sich wohl für sehr witzig!"

"Jawoll, Herr Unteroffizier!

"Hauen Sie ab, Mann!

„Jawoll, Herr Unteroffizier!"

Kuske blieb Mittelpunkt unserer Gespräche. Und allen ein Rätsel.

„Der kann kaum einen Satz grammatisch richtig sprechen", sagte Rolf Fetzer, „ich möchte wissen, wie der Berufsunteroffizier werden konnte."

„Autorität verleiht schon die Uniform, und jahrelanges Befehlen und Gehorchen vermitteln Menschenkenntnisse", meinte Einenkel. „Stimmt", antwortete Franz, „und aus heiklen Situationen rettet den Kuske seine angeborene Bauernschläue."

„Der erkennt die Stärken und Schwächen seiner Untergebenen auf den ersten Blick und weiß genau einzuschätzen, mit welchen Strafen er seine Leute kuscht", vermutete Rolf.

Kuskes Schimpfkanonaden hätte es gar nicht bedurft. Allein die Körpersprache war Ausdruck von Machtanspruch und flößte Respekt ein. Dass der Unteroffizier Schwächen seiner Soldaten, insbesondere undiszipliniertes Verhalten, unbarmherzig bestrafte, hatte uns Prokop vorausgesagt.

Kuskes Anreden sagten alles: „Nasser Sack" konnte manchmal noch ein Lob sein. „Sie Armleuchter" verriet ein gewisses Wohlwollen. „Sie Dummfick" drückte Wut und Verachtung aus. Wer so beschimpft wurde, kam nicht ohne Bestrafung davon. Das konnte bedeuten: Wochenendstubendienste. Latrinenreinigungen. Ausgangssperren. Im schlimmsten Fall Strafexerzieren.

Noch im Dunkel der Nacht, begleitet von Schnee und bitterer Kälte, zog die SMG-Kompanie jeden Morgen durch die Döbelner Innenstadt. Marschziel: Truppenübungsplatz. Das Militärgelände der Döbelner Kasernen lag nahe dem Ort Zschackwitz.

Im Gleichschritt knallten hunderte von Stiefeln auf das Kopfsteinpflaster. „Ein Liiiied!"

„Fern bei Sedan, auf der Höhe, steht ein kleines weißes Haus!"

„Der Zschackwitzer" diente als vorderstes Gefechtsgelände und bestand aus einem System von Kampflinien und Schützengräben. Unterstände und MG-Stellungen entsprachen den Anforderungen im Stellungskrieg. Inmitten zertrampelter Felder und abgebrannter Grasflächen bot sich eine gespenstische, frontgemäße Kulisse.

„Wir üben heute das gefechtsmäßige Fortbewegen im Gelände!", schrie Kuske, „abducken, hinlegen, gleiten, robben!"

Und das wieder und wieder mitten durch die Rehscheiße. Nerven behalten. Wir waren bemüht, unsere Kräfte zu schonen. Hasselt versuchte verbissen, jeden Befehl exakt auszuführen. Um Gottes willen nicht auffallen. Er schoss schwer atmend wie eine Rakete über den Zschackwitzer und bohrte sich nach dem Befehl „Hinlegen, volle Deckung!" wie eine Granate in den Dreck.

Bei nächtlichen Schießübungen mit dem SMG 34 und Einsätzen mit dem Karabiner 98 k, auch bei Handgranatenwürfen, mussten die Handschuhe trotz Eiseskälte abgestreift werden.

Zug- und Gruppenführer scheuchten uns durchs Gelände. Stundenlang.

„Sie werde ich Beine machen", schnaufte Uffz. Kuske und kniff die Augen zusammen, als wollte er seine Rekruten durch bloßes Hingucken zerschmettern.

Der Zschackwitzer

Nicht allzu weit vom Truppenübungsplatz entfernt befanden sich die Schießstände. Übungsschießen, zunächst mit Platzpatronen, später mit scharfer Munition erstreckten sich über den ganzen Tag. Weil hinter windgeschützten Wellblechzäunen Zigarettenpausen gestattet waren, erfreuten sich Schießübungen auch bei bitterer Kälte einer gewissen Beliebtheit.

Auf dem Übungsfeld lief alles planmäßig. Ab der dritten Ausbildungswoche sah der Dienstplan zweimal wöchentlich Scheibenschießen mit scharfer Munition vor. Anschließend folgte ein Wettbewerb mit dem Karabiner 98 k. Der Rekrut erhielt sechs Schuss. Alles wurde sorgfältig in eine Kladde eingetragen.

Die ersten zwei Schüsse mussten auf einer Pritsche liegend abgefeuert werden, der dritte und vierte im Knien, die beiden letzten im Stehen.

Hilfsausbilder Oberschütze Prokop erklärte die Technik: „Einatmen, tief ausatmen, Luft anhalten, zielen und abkrümmen", womit abdrücken gemeint war.

Unteroffizier Kuske ließ bei Schießwettbewerben keine Gelegenheit aus, unter hörbaren Atemzügen seine Treffsicherheit zu beweisen. Nach Einenkels erstem Schuss schrie Kuske erbost: „Fahrkarte, Sie Blindgänger!"

In schöner Regelmäßigkeit knallten die Schüsse über die Schießstände. Die Anzeigentafeln wurden herausgefahren und wieder eingezogen. Ich schoss mit hoher Konzentration und kam gut ab. Der Schuss war eine Zehn.

„Das ist gar nicht so schlecht", knurrte Kuske zufrieden.

Der Schütze Hasselt, hinter mir stehend, begab sich, eine dienstliche Verrichtung vorschützend, nach hinten.

„Hiergeblieben, Dummfick", schrie Kuske. „Er ist der Nächste!"

Hasselt schoss zweimal hintereinander eine Zehn. Kuske blieb stumm. „Elf!", rief ein Gefreiter nach dem dritten Schuss. Im weiteren Verlauf zeigte sich, dass Hasselt als respektabler Schütze gelten konnte.

„Wo haben Sie das gelernt?", wollte der Korporal wissen.

„Mein Vater schoss regelmäßig. Zum 10. Geburtstag bekam ich ein Luftgewehr!", antwortete Hasselt gleichmütig.

„Beruf Ihres Vaters?"

„Oberforstmeister! Seit Beginn des Russlandfeldzuges Major d. R. m rückwärtigen Dienst, Herr Unteroffizier!"

Dieser verbarg seine Überraschung und gab sich witzig: „Glück gehabt, Hasselt, auch ein blindes Huhn findet mal ein Korn."

Für Kuske zählte allein, dass seine Leute den höchsten Durchschnittswert erzielten. Im Vergleich zu anderen Korporalschaften ließ sich damit eindrucksvoll der höchste Ausbildungsstand demonstrieren.

Schießen auf Scheiben hatten die meisten von uns schon hundertmal im Reichsarbeitsdienst geübt. Da waren gute Ergebnisse zu erwarten. Da Hasselt kein Ausfall war, sondern ein Meisterschütze, erreichte die 1.Korporalschaft das beste Ergebnis. Und Herr Unteroffizier Kuske durfte strahlend die Glückwünsche seiner Kameraden entgegennehmen.

„Handgranaten sind Sprengkörper", schärfte uns Kuske ein.

„Zählen Sie im korrekten Zeittempo bis 21. Bei verpasstem Abwurf wirbeln zerschmetterte Glieder durch die Luft!"

Abgesehen von seinen Erfolgen beim Schießen fühlte sich Hans Hasselt schon bald den körperlichen Strapazen nicht mehr gewachsen. Zusehends verlor er an Kondition. Auch an Selbstbewusstsein. In diese Situation bot der schmächtige Körper des feinnervigen Hallensers dem Unteroffizier immer wieder Anlass zu Hohn und Spott.

Selbstverständlich durfte ein Rekrut nicht auffallen. Nur keinen Anlass zur Bestrafung geben. Er musste sich den Gegebenheiten anpassen. Durfte nicht versagen. Gute Miene zum Spiel machen. Nach Möglichkeit undurchschaubar bleiben. Aber immer ein zuverlässiger Kamerad.

„Ich werde mich zum Fahnenjunkerlehrgang melden", verriet Hasselt", nachdem er wieder einmal Strafwache geschoben hatte.

„Der Wachthabende hat mich ständig auf Trab gehalten, vermutlich von Kuske einen Hinweis bekommen. Dauernd musste ich das Wachlokal fegen, obwohl kein Staubkörnchen zu sehen war. Dann, das Gewehr geladen und gesichert, patrouillierte ich am Kasernenzaun entlang. Beim Tordienst marschierte ich zehn Schritte hin und zehn Schritte zurück, stets hoffend, während der zweistündigen Wache keinen Offizier einlassen zu müssen, der meinen unpräzisen Präsentiergriff beanstanden könnte. Zum Glück nahm ich nur Urlaubsbescheinigungen in Empfang und machte meine Ehrenbezeigungen nur vor Unteroffizieren und Feldwebeln."

„Du musst versuchen, dem Schinder Kuske zu entkommen, unbedingt", entrüstete sich Kurt Einenkel.

„Die Offiziersausbildung könnten wir zusammen machen," erklärte ein Kamerad aus der 2. Korporalschaft. „Aber damit entgehst du dem Kuske nicht. Denn Anträge auf Fahnenjunkerlehrgänge dürfen erst nach Beendigung der Rekrutenzeit eingereicht werden."

Zum Drill in der Kaserne verkündete Hilfsausbilder Prokop eine uralte Rekrutenweisheit: Fürchte den Uffz. mehr als den Feind. Kategorischer Imperativ für alle Untertanen in Uniform: Hacken zusammenhauen, Stillstehen, Meldung machen, Maul halten.

Zschackwitzer. Temperatur: 18 Grad minus:
Der Präsentiergriff wurde Hasselt erneut zum Verhängnis.
„Hasselt, Sie haben schon wieder nachgeklappt, absichtlich?"
„Nein, Herr Unteroffizier!"
„Schütze Hasselt, hinlegen! Auf marsch, marsch! Gewehr im Vorhaltegriff, hinlegen und dreimal um die Gruppe robben!"
„Der reinste Dressurakt", stöhnte Hasselt leise vor sich hin.

„Meine Herren, falls Ihnen etwas am Wochenendausgang liegt, bringen Sie diesen Kameraden endlich auf Vordermann!" Kuske rekelte sich behaglich:

„Keine Frage", sagte er grinsend, „dass ich euch Schlappschwänze heute noch auf Trab bringe. In Windeseile, das ist ja wohl völlig klar. Ihr werdet staunen, wie schnell das geht und wie gut Sie alle Dummficks das bekommt. Ich werde Sie Beine machen! Innerhalb der nächsten Wochen wird diese Korporalschaft die beste des gesamten Bataillons!"

Mochte sein, dass der Uffz. uns weiter schinden würde; aber wie sollte es möglich werden, mit einem Hasselt die beste Exerziergruppe vorzuzeigen? Das blieb Kuskes Geheimnis.

Der Chef unserer 4. SMG-Kompanie, Hauptmann Herrlich, genoss als Haudegen des Ersten Weltkrieges einen guten Ruf. Man hörte, er distanziere sich unmissverständlich von schikanösen Methoden. Der Hauptmann lege großen Wert auf korrektes Verhalten der Ausbilder gegenüber den Rekruten. Ein frommer Wunsch. Was tatsächlich passierte und sich täglich im Inneren der Kaserne und auf dem Truppenübungsplatz abspielte, bekamen die Herren Offiziere hinter ihren von Büschen und Bäumen umgebenen Bürofenstern gar nicht mit. Gegen den verschworenen Korpsgeist der Unteroffiziere anzukommen blieb der militärischen Oberkaste verwehrt.

Die Ausbildung am schweren Maschinengewehr stellte mich vor lösbare Aufgaben. In der dritten Ausbildungswoche, als Hasselt erschöpft verharrte, schrie Kuske ihn an: „Sie rachitischer Zinnsoldat, reißen Sie sich endlich zusammen!" Das war zynisch, aber aus Kuskes Sicht nicht unbegründet.

„Tagein, tagaus dieser Schinder, wie lange haltet ihr den noch aus?", fragte Hasselt.

Er blieb nicht der einzige, auf den es der Unteroffizier abgesehen hatte. Kuske suchte nach weiteren Opfern. Würde er sie finden?

Der mittelgroße, schlanke Schütze Greifeld war für diese Rolle ungeeignet. Kuske unterschätzte ihn wegen seines unauffälligen Auftretens. Doch der Mann mit der hageren Gestalt ließ sich nicht einschüchtern. Weder vom Gebrüll des Unteroffiziers, noch von dessen Drohungen.

„Bitte Herrn Unteroffizier Kuske melden zu dürfen", rief der Schütze Greifeld in der vorgeschriebenen unterwürfigen Tonlage, „dass Schütze Greifeld eine Krankmeldung vorzubringen bittet!"

Kuske sah ihn mit gleichgültigen Blicken an und fragte scheinheilig: „Was ist los, was fehlt Ihnen?"

„Melde gehorsamst, starke Zahnschmerzen, Herr Unteroffizier!" Männi legte die Hände an die Hosennaht und riss die Hacken zusammen.

Hermann Greifeld

Kuske ärgerte sich erkennbar: „Lächerlich, Sie wollen mich auf den Arm nehmen?"

„Nein, Herr Unteroffizier, ich habe starke Beschwerden!"

„Melden Sie sich im Krankenrevier!", sagte Kuske.

„Jawohl, Herr Unteroffizier!"

„Was stehen Sie hier noch herum?"

„Schütze Greifeld bittet auf direktem Wege zum Zahnarzt gehen zu dürfen, Herr Unteroffizier!"

„Könnte Ihnen so passen, Zahnärzte gibt es nur in der Stadt."

„Schütze Greifeld erbittet eine Überweisung."

„Mann Gottes, hauen Sie ab ins Krankenrevier!"

Greifelds strahlendes Lächeln wirkte auf die meisten Ausbilder entwaffnend. Schlagfertig und mit trockenem Humor hatte der Leipziger die Lacher zumeist auf seiner Seite. Männi war feingliedrig, aber zäh wie Leder. Ein Rekrut mit positiver Lebenseinstellung, den so leicht nichts anfocht und der trickreich und listig auch heikelste Situationen meisterte. Stets hellwach und als aufmerksamer Zuhörer zeigte er sich den Ausbildern gegenüber dienststeifrig. Rief schallend: „Zu Befehl, Herr Unteroffizier!" Und beflissen: „Jawohl, Herr Unteroffizier!" Das war überhaupt kein Problem.

„In allen Situationen weiß Greifeld sich zu helfen", meinte Einenkel anerkennend.

„Männi wirkt wie der humorvolle, lustige Kerl von nebenan, ist aber viel mehr als das, nämlich ein hilfsbereiter, allzeit zuverlässiger Kamerad", sagte ich nachdrücklich.

„Das kann ich nur bestätigen", sagte Rolf Fetzer, und es klang anerkennend, war ein Lob.

Werner Jung stimmte zu: „Auf Männi ist immer Verlass!"

„Soweit es die Fragwürdigkeit angemaßter Autorität betrifft, erinnert mich Männis Verhalten manchmal an den braven, aber dickfelligen Soldaten Schwejk", ließ Einenkel seine Bildung aufblitzen.

Im Laufe der Zeit wurde der aufopfernd hilfsbereite Kamerad Hermann Greifeld zu einem meiner besten Freunde.

Die Anrede in der 3. Person wurde uns Rekruten eingetrichtert. Sie bestätigte den Ausbilder in seiner Würde und demütigte den einfachen Soldaten.

„Schütze Kleine bittet gehorsamst, an Herrn Unteroffizier vorbeigehen zu dürfen!" Diese Bitte wurde durch ein kurzes Kopfnicken gewährt. Gewissermaßen huldvoll.

Wie die meisten Ausbilder war auch Unteroffizier Kuske nie an der Front gewesen. An seiner mit einer Schießschnur verzierten Uniform blitzte kein Ordensschmuck.

„Die Döbelner Ausbilder haben noch keinen Pulverdampf gerochen, nicht die geringste Ahnung vom Krieg. Was wollen die uns eigentlich hier noch beibringen?", ärgerte sich Rolf Fetzer. Kurt Friedrich pflichtete ihm bei: „Ausgerechnet die! Vor Kiew lag unsere Arbeitsdienstabteilung stundenlang unter schwerem Artilleriebeschuss im Dreck. Kuske hörte noch keine Granate über sich wegpfeifen."

Als ehemalige Reichsarbeitsdienstmänner, die den Russlandfeldzug vier Monate miterlebt hatten, fühlten wir uns den Ausbildern überlegen.

„Seit dem ersten Tag, ergo vom 22. Juni 1941 an, haben wir als "Arbeitssoldaten" die kämpfende Truppe unmittelbar begleitet" erklärte Kurt Einenkel.

„Und wir kamen nach Brest-Litowsk, als die Stadt noch verteidigt wurde", unterbrach ich ihn. Rolf Fetzer warf ein: „Wir folgten der Infanterie mit Tagesmärschen bis zu 30 Kilometern. Hockten auf voll gestopften Lastkraftwagen und gelangten unmittelbar hinter der kämpfenden Truppe in die von Stukabomben zerstörten, noch brennenden weißrussischen Städte Baranowici und Minsk."

Männi bestätigte das: „Wir mussten die in den großen Kesselschlachten gefangen genommenen, auf Feldern und Wiesen frei kampierenden sowjetische Soldaten bewachen und beim Bau von Rollbahnen für unsere Panzer einsetzen. "Das galt auch für uns", sagte ich, „Auf dem weiteren Vormarsch kamen wir nach Gomel und Smolensk."

Zugegeben: In Döbeln haben wir viel Technik gelernt. Konnten das SMG 34 auseinander- und blitzschnell wieder zusammensetzen. Einmal abgesehen vom überflüssigen Rekrutenschliff, würden die meisten von uns der harten und gründlichen infanteristischen Ausbildung am „Schweren Gerät" später ihr Leben zu verdanken haben.

Seit Unteroffizier Kuske wusste, dass der Vater seines Prügelknaben Berufsoffizier war, rutschte Hasselt bei ihm noch tiefer in Ungnade. Diesem Rekruten fehlte die Grundvoraussetzung, bei der militärischen Ausbildung nicht aufzufallen. Der ewige Zivilist scheiterte immer wieder beim Exerzieren. Kuskes Brüll: „Hasselt, nehmen Sie sich gefälligst zusammen!" erzielte keine Wirkung mehr.

Auch nicht: „Sie Dummfick sind wieder in allen Takten zu langsam, aber ich werde Ihnen schon noch auf Trab bringen!"

Hasselt, dessen Gesicht anfangs noch von Gereiztheit überlagert war, hatte sich mit der Rolle als Kuskes Buhmann abgefunden und reagierte immer apathischer.

Weil er sich nicht auf die raue Wirklichkeit des Kasernenlebens einstellen konnte, verstärkten sich die Schikanen der Ausbilder und der Spott der Kameraden. Hasselt büßte den Ansehensverlust durch kontinuierliche Bestrafungen.

Damit schadete er nicht nur sich, sondern Kuskes gesamter Korporalschaft. Hasselts ständiges Auffallen belastete inzwischen die Beziehung zu den Stubenkameraden.

Kuske setzte ein hämisches Grinsen auf, als er sagte:

„Für das Wochenende verfüge ich Ausgangssperre für die gesamte Korporalschaft!" Frohlocken und schadenfroher Tonfall waren unüberhörbar.

Hasselts Unvermögen, ein guter Soldat zu werden, konnte für seinen Unteroffizier unerwünschte Folgen haben. Denn Kuskes Ehrgeiz, das Ausbildungsziel mit seiner Korporalschaft vorzeitig zu erreichen und diese zackige Truppe dem Kommandeur vorstellen zu dürfen, stand in engem Zusammenhang mit der Hoffnung auf die ersehnte Beförderung zum Feldwebel.

In den Unterrichtsstunden, wo Hasselt, der arme Kerl, endlich mit seiner Schulbildung glänzen konnte, fühlte der Unteroffizier sich von ihm herausgefordert.

„Der Reibert", erklärte Kuske, „ist das Handbuch für den täglichen Dienstgebrauch. Hasselt, was wissen Sie über die Grußpflicht?"

„Die Grußpflicht", Herr Unteroffizier, „bedeutet, dass jeder Vorgesetzte, und damit hunderttausende Unteroffiziere und Offiziere, von allen Mannschaftsdienstgraden gegrüßt werden müssen!"

„Und was bedeutet das?" „Die Grußpflicht verleiht den höheren Dienstgraden das Gefühl von Überlegenheit und stabiler Selbsteinschätzung."

Kuske reagierte verunsichert:

„Dummes Zeug, Hasselt, wollen Sie mich verarschen?"

„Nein, Herr Unteroffizier, Schütze Hasselt würde sich so etwas niemals erlauben!"

Nein. Leicht hatte es Hasselt nicht. Auch im Unterricht blieb Kuske misstrauisch und stets auf der Lauer. Und der Leutnant wusste sowieso alles besser. Das Kasernenkredo war einfach: Rekruten waren lahme Enten. Und Männle musste etwas dagegen tun.

Der Unterricht vermittelte bedeutsame Erkenntnisse. Man lernte, weshalb ein Spind abzuschließen war.

„Andernfalls begehen Sie Aufforderung zum Kameradendiebstahl. Die wird hart bestraft", warnte Prokop.

Der „Zwölfender" Kuske hatte vor seiner Militärzeit als Knecht auf einem Bauernhof gearbeitet. Die Laufbahn eines Berufsunteroffiziers im 100.000-Mann-Heer einzuschlagen erkannte er als Chance seines Lebens.

Mit guten Beurteilungen hatte Kuske inzwischen neun Jahre gedient, sozusagen von der Pike auf. Als inzwischen dienstältester Unteroffizier des Regiments rechnete er nun täglich mit seiner Beförderung zum Feldwebel. Für Kuske begann der Mensch erst mit dem Portepeeträger. Ständig umkreisten seine Gedanken das Portepee, jene kleine Quaste, die am Degen bzw. Säbel baumelt und nur von Offizieren und höheren Unteroffizieren getragen werden durfte. Das Ziel von Kuskes Karriere war das Portepee. Denn es stellte ihn mit dem unerreichbaren Offiziers- stand auf eine Stufe. Das Portepee machte sie gleich. Und dabei spielte es keine Rolle, dass der Offizier mit gezogenem Degen oder Säbel salutierte, während der Feldwebel nur die Hand an den Degengriff legen durfte. Den Zivilisten blieben diese feinen Unterschiede verborgen.

Es wurde sibirisch kalt. Soldatenlieder singend zogen wir frühmorgens bei minus 25 Grad durch Döbelns Straßen. Das schwere Gerät auf dem Rücken, marschierten wir bis zum Übungsplatz dreißig Minuten. Revierreinigen war fest verankert. Eine heitere Sonnabendnachmittagsveranstaltung. Gewissermaßen eine Herzensangelegenheit für den Spieß. Das Revierreinigen, grundsätzlich für zwei Stunden angesetzt, konnte aber je nach Lust und Laune des verantwortlichen „Unteroffiziers vom Dienst" auch mühelos auf vier oder fünf Stunden ausgedehnt werden.

Wollte man nicht vom „Diensthabenden" runtergeputzt werden und Ausgangssperre riskieren, mussten Spinde, Fensterbänke und die Leisten am Fußboden penibel abgewischt und sauber ausgekehrt werden.

Zum Revierreinigen hatten die Rekruten in Drillichanzügen anzutreten. Ausgenommen von der Arbeit mit Schrubber und Besen waren nur die so genannten Funktioner. Diese Soldaten waren zum Dienst in der Waffen- und Bekleidungskammer abgestellt worden oder in die Kantine, um Kartoffeln zu schälen.

Kernstücke des Revierreinigens waren die Latrinen und Duschen. Das Scheuern der Lokusbrillen blieb jenen vorbehalten, die beim Exerzieren unangenehm aufgefallen waren, zum Beispiel durch Nachklappen beim Befehl „Stillgestanden". Oder bei den Gewehrgriffen. Die Ausbilder meldeten solche Soldaten dem Spieß, der sie in ein Buch eintrug, das sichtbar in seinem Waffenrock steckte.

Die Reinigung der Latrinen war eine besondere Spezialität des Unteroffiziers Maschke, Spitzname „Apfel". „Vergesst mir die Ecken nicht, sonst gnade euch Gott", brüllte er regelmäßig zu Beginn des Revierreinigens. Übermäßig sympathisch wirkte der auffällig klein gewachsene Unteroffizier nicht: Rasierter Schädel, eng beieinander liegende Augen, ein verkniffener Mund.

Maschke befehligte die 2. Korporalschaft und war, wie Kuske, ein Schinder. Sein Spitzname lautete ursprünglich „Rossapfel" und leitete sich noch aus dessen Zeit bei der Kavallerie ab. Nach der

Motorisierung ehemaliger „bespannter Einheiten" verblieb nur noch ein schlichtes „Apfel". Seit Maschke die Möglichkeit genommen wurde, „das Auflesen von Rossäpfeln mit der Hand" als Strafmaßnahme zu verfügen, nahm die Reinigung der Latrinen, insbesondere der Lokusbrillen, diesen Platz ein.

Neben sorgfältiger Latrinenreinigung richtete sich Maschkes Ordnungssinn auch auf „blitzblanke Waschräume". Dabei ging es ihm nicht nur um das äußere Erscheinungsbild. Wichtiger sei, erklärte er nachdrücklich, auch Voraussetzungen für eine gründliche „innere Körperreinigung" zu schaffen. Was immer auch darunter zu verstehen sein mochte. Bei Strafandrohung: „Reinigung der Klosettschüssel mit einer Zahnbürste!" mussten Rekruten an einer sinnlosen Ordnung schaffen.

In der dritten Ausbildungswoche, Weihnachten stand vor der Tür, scheiterte der Versuch, einen Wochenendurlaub einzureichen. „Das verstößt gegen die Vorschriften", begründete der Schreibstubenbulle seine Ablehnung und nahm meinen Antrag gar nicht erst an.

Auch für die Feiertage waren Ausnahmeregelungen nicht vorgesehen. Dass uns jungen Soldaten kein Urlaub genehmigt wurde, blieb unbegreiflich. Denn mancher Rekrut würde die Heimat nie wiedersehen. Noch weniger einsichtig war, dass auch an dienstfreien Feiertagen nur in Ausnahmefällen Besuch empfangen werden durfte.

Am 3. Advent stand ich am Fenster und sah über den Exerzierplatz hinüber zum Kasernentor. Meine Angehörigen konnten jeden Moment auftauchen. Auf diesen Augenblick wartete ich sehnsüchtig und - da die dreimonatige Ausbildungszeit noch lange andauern würde - auch beklommen.

Als die ersten Gruppen Familienangehöriger das Kasernengelände betraten, waren Hermann Greifeld und ich in den unscheinbaren Drillichanzügen schon dabei, die Linoleumböden der langen Korridore zu schrubben. Mein Vater war damals 48 Jahre alt und hatte seine Rekrutenzeit in einer Leipziger Garnison verbüßt. Als er mich auf dem Boden kniend mit Eimer und Schrubber hantieren sah, bekam sein Gesicht einen gequälten Ausdruck.

Diese Situation, erklärte er mir später, habe Erinnerungen wachgerufen und Hassgefühle auf alles Militärische. Spätestens bei meinem Anblick sei ihm bewusst geworden, dass die alten preußischen Verhaltensmuster noch immer wie eingestanzt abliefen.

Da Besuchserlaubnisse verweigert worden waren, blieb es den angereisten Eltern und Geschwistern auch verwehrt, Sprechkontakte aufzunehmen. Unseren Besuchern wurde lediglich gestattet, Herrn Unteroffizier Kuske und seine Korporalschaft in gemäßigtem Abstand beim Sonntagsausgang zu begleiten.

Nachmittags saßen wir im Döbelner Ratskeller an einer großen Tafel und blickten sehnsüchtig hinüber zu den Tischen mit unseren Angehörigen. Meine Mutter winkte verstohlen, mein Vater saß wie erstarrt, und meine Schwester lächelte traurig. Kuske berührte das nicht. Der blieb eisenhart, warf den unerwünschten Besuchern stahlharte Blicke zu und duldete zwischen ihnen und seinen Rekruten keine Annäherungen.

Von einem windungslosen Unteroffiziershirn habe man nichts anderes erwarten können. Mein Vater blieb unnachsichtig.

Der Heilige Abend begann, wie jeder Tag in der Kaserne, mit Trillerpfeife und UvD-Gebrüll: „Kompaniiiiie aufstehen!"

Die Nachtruhe war beendet. Wie auf Befehl erstarb in den Betten alles Grunzen und Schnarchen. Das über die Korridore schallende Türenknallen löste Flüche aus. Der UvD betrat die Stube. Ein Blick genügte ihm um festzustellen, ob sich die Rekruten in ihren Nachthemden vor den Betten aufgestellt und Haltung angenommen hatten. Der Stubenälteste meldete:

„Korporalschaft aufgestanden, Herr Unteroffizier!"

„Weitermachen!"

Wenige Minuten später erneutes Trillern und der lang gezogene Ruf: „Kompaniiiiiiie, raustreten zum Frühsport!"

„Dienstschluss ist heute vorzeitig", verkündete Kuske in süffisanter Tonlage, „aber bis dahin bleibt genügend Zeit, euch noch Feuer unterm Hintern zu machen!"

Klare Worte. Auch am Heiligen Abend nahm hier alles seinen gewohnten Gang.

„Weihnachtsfeiern laufen beim Militär nach einem bestimmten Schema ab", wusste der Hilfsausbilder Prokop: „Marschmusik, Festreden, Chorgesänge und Tombola."

Vor wenigen Wochen war ich 19 Jahre alt geworden. Der große Unterschied zwischen Weihnachtsfeiern im Kreis der Familie und in Militäreinheiten wurde mir schnell bewusst.

Tatsächlich entsprach Prokops Hinweis so ziemlich genau dem geplanten Verlauf. Die Mannschaften der Ausbildungskompanien strömten in eine festlich geschmückte Halle und suchten sich ihre Plätze an langen Tafeln mit Holzbänken. Papiertischdecken und Servietten waren mit grünen Tannenzweigen bedruckt. Jeder Soldat durfte sich über ein Geschenk freuen. Auf gezackten Papptellern lagen Lebkuchen, Adventskekse und Zigaretten.

Den Bataillonskommandeur hatte bis dahin noch kein Rekrut zu Gesicht bekommen. Dieser hohe Offizier - eine hagere Erscheinung, den Kopf leicht gebeugt, den Rücken gestrafft - trat lässig ans Mikrofon.

„Ich mache es kurz und beglückwünsche alle Rekruten zu ihrer Ausbildung. Auch dazu, in dieser großen Zeit leben und dem Vaterland mit der Waffe dienen zu dürfen. Ich wünsche einen abwechslungsreichen Abend und allerseits fröhliche Weihnachten!"

Ein zackiger Hauptmann dankte „dem Herrn Bataillonskommandeur für diese eindrucksvollen Worte" und schmetterte ein „Wie Herr Oberstleutnant denken und fühlen alle hier im Saal!" hinterher. Döbelns Bürgermeister betrat die Bühne in der braunen Uniform eines SA-Führers und nutzte die Festveranstaltung zu einem flammenden Appell gegen die Amerikaner.

„Die USA stehen bereits an der Schwelle zum Krieg mit Deutschland", rief er, „aber die Kriegstreiber in Amerika sollten sich diesen Schritt noch gut überlegen. Viel Feind, viel Ehr! Die Militärmacht USA würde von Adolf Hitler und unsrer Großdeutschen Wehrmacht vernichtet werden!"

Abschließend sprach der hohe politische Würdenträger dann über die Neuordnung Europas nach dem Endsieg.

"Auch das ist eine Aufgabe, die unser Führer meistern wird. Ich zitiere dazu Herrn Außenminister Joachim von Ribbentrop:

„Der gegenwärtige Krieg ist auch ein Krieg um die Einheit und Freiheit Europas. Seine Ziele sind: Herstellung eines dauerhaften, gesicherten Friedens für alle europäischen Länder. Sicherheit gegen wirtschaftliche Erdrosselung und raumfremde Einmischung Englands und der Vereinigten Staaten. Europa den Europäern!

Unser Stubenkamerad Greifeld hatte inzwischen seine Verbindungen spielen lassen und wusste:

„Das Programm läuft wie folgt ab: Zunächst spricht der Regimentspastor, dann werden von der NS-Frauenschaft Weihnachtslieder gesungen, und danach kommt was auf den Tisch!"

„Endlich. Und was gibt's zu essen?"

„Kartoffelsalat und Würstchen!"

Einenkel grinste anerkennend: „Mensch, Männi, du bist Hansdampf in allen Gassen!"

Der Militärpfarrer mit feistem, faltenlosem Gesicht, in dem nichts drin stand, hob theatralisch beide Hände als Zeichen für uns aufzustehen und sprach ein Gebet für „unsere tapferen Soldaten an der Front". Gerade diese Kameraden hätten Weihnachten so gern mit ihren Lieben in der Heimat gefeiert. Sein Schlusswort galt dem Winterhilfswerk.

„Unterstützen Sie diese humane Einrichtung, sie ist auf Ihre Hilfe angewiesen!"

In braunen Röcken und weißen Blusen nahm ein Frauenchor Aufstellung. Das ging schnell. War geübt.

"Wir singen nun gemeinsam das schöne Weihnachtslied Oh du Fröhliche, bat der Geistliche.

Anschließend das Schlangestehen vor der Küche. Auch bei den Bierfässern herrschte großer Andrang. Kartoffelsalat und Würstchen, schmackhaft zubereitet, nun gut, das kannte man.

Die Organisation war perfekt. Keine Frage. Nach dem Abendessen konzentrierte sich das Interesse auf die Tombola.

„Ruhe endlich im Saal!", donnerte eine geübte Kommandostimme. Sofort trat Stille ein, die Verlesung der Losnummern erfreute sich gespannter Aufmerksamkeit.

Unteroffizier Kuske gewann ein Fahrrad und durfte sich einmal mehr als Sieger fühlen. „Ausgerechnet der", ärgerte sich Rolf Fetzer. Kurt Einenkel freute sich wie ein kleiner Junge über den Gewinn einer Mundharmonika.

Hauptattraktion der Weihnachtsfeier wurden die Gesangsdarbietungen eines Rekrutenkameraden. Schütze Kunze kletterte etwas ungelenk auf die Bühne. Kleinwüchsig, dunkelhaarig, das Gesicht schmal und sehr blass. Er verbeugte er sich und wurde von seinem Publikum mit herzlichem Applaus begrüßt. Kunzes Blick schweifte durch den Saal. Er wirkte abwesend. So, als hörte er alle Geräusche um sich herum nur aus der Entfernung.

Ein Herr in Zivil trat an das Klavier und sagte: „Ich bin der musikalischer Begleiter. Bitte gestatten Sie mir, Herrn Kunze kurz vorzustellen: Sein großes Talent wurde im Leipziger Thomanerchor entdeckt und gefördert. Er besitzt eine ausgebildete Tenorstimme, um die ihn viele beneiden. Herr Kunze strebt eine Opernlaufbahn an."

Um dem Solisten Mut zu machen, begannen seine Kameraden zu klatschen. Doch dessen hätte es nicht bedurft. Denn Kunze wirkte schüchtern nur in Momenten, in denen er nicht sang.

Der Tenor präsentierte sein Programm mit künstlerischem Ernst. Und, bezogen auf seine deplaziert wirkende Uniform, auch mit Charme und leiser Ironie.

„Ich beginne mit der Operette 'Der Zarewitsch'. Später singe ich etwas aus Franz Lehars 'Das Land des Lächelns', aber das befindet sich leider sehr weit von uns entfernt", erklärte Kunze zweideutig.

'Der Soldat am Wolgastrand' wurde begeistert aufgenommen. Und auch auf Puccinis Arien aus der Oper 'Die lustige Witwe' folgte kräftiger Applaus. Einige Rekruten hielt es nicht länger auf den Bänken.

„Zum Schluss singe ich noch etwas aus 'La Traviata' von Giuseppe Verdi", kündigte Kunze an. Und die gut gelaunte Zuhörerschaft bedankte sich wieder mit lang anhaltendem Beifall. Zum absoluten Höhepunkt seiner Gesangsdarbietung geriet aber 'Der Giantiwein'. Als der letzte Ton verklungen war, herrschte atemlose Stille.

„Gleich tobt der Saal", flüsterte Männi mir zu. Tatsächlich schwoll der Applaus orkanartig an.

„Zugabe, Zugabe, Zugabe!", riefen die Zuhörer. Der Sänger war auch theatralisch hoch begabt. Auf sein Zeichen sangen wir den „Giantiwein" gemeinsam. Dann, sichtlich am Ende seiner Kräfte, entschuldigte sich Kunze mit entwaffnender Offenheit: „Liebe Kameraden, habt bitte Verständnis, für weitere Zugaben fehlt mir leider noch das dazu notwendige Repertoire."

Kunze dankte dem Klavierspieler und verneigte sich artig vor den Damen der Offiziere. Als die letzten Zugabe-Rufe im Publikum verebbt waren, verließ er die Bühne. Seine Stubenkameraden hoben ihn auf ihre Schultern. Unter Stürmen der Begeisterung.

Seit diesem Abend umgab Kunze ein Hauch von Prominenz. In Offizierskreisen beliebt, wurde er für mancherlei Festlichkeiten als Sänger engagiert. Der Spieß versetzte ihn „auf höhere Weisung" in die Schreibstube. Das bewahrte Kunze ab 1. Januar 1942 vor ordinärem Ausbildungsdienst.

„Der dritte Zug hat Ausgehverbot", wusste Rolf.

„Aus welchem Grund?", fragte Kurt.

„Einige sollen sich über Weihnachten einen Tripper eingefangen haben, man spricht sogar von einer Epidemie."

„Eine Tripperepidemie? Gibt es gar nicht, das ist Quatsch", behauptete der Sani. „Selten so gelacht!"

In unregelmäßigen Abständen, zumeist aber einmal pro Woche, pflegte Kuske seine Korporalschaft unmittelbar nach dem Wecken zu kontrollieren. Um klarzumachen, dass jederzeit mit ihm zu rechnen sei, durfte er auch über die Weihnachtstage nicht auf das erhebende Gefühl hoher Überlegenheit verzichten.

Kuske betrat die Stube unmittelbar nach dem Weckruf.

„Aufstehen, meine Herren!", schrie er, „hoch mit den lahmen Ärschen!"

Wir sprangen in wehenden Nachthemden aus den Betten. Prokop nahm Haltung an und meldete: „Rekruten der Stube 6 aufgestanden, Herr Unteroffizier!" Der Oberschütze stand stramm, wie Disziplin und Vorschrift es erforderten.

„Danke", sagte Kuske. „Rührt euch!"

Seit Kuske respektierte, dass Prokop sich nicht mehr zum Dienst des Stubenältesten einteilen ließ, gehörte der Hilfsausbilder für uns zu den Etablierten.

Der Bettenbau - das galt für jeden Rekruten - konnte zur Zwangsvorstellung werden. Die Matratzen der oberen Etagen wurden mittels Hocker erstiegen, Decken und Kissen akribisch begutachtet.

Gnade dir Gott, wenn der UvD eine Falte fand. Sobald es um Bestrafungen ging, waren Unteroffiziere einfallsreich. Kuske prüfte meinen Bettenbau sorgfältig. Tief einatmen.

„Schütze Kleine, weitermachen!"

Das war ein gewaltiges Lob.

An Hasselts Bett, das Männi, unbemerkt vom Ausbilder, noch zurechtzupfen konnte, ging der Unteroffizier wortlos vorüber.

Beim Stubendurchgang trug Kuske weiße Handschuhe. Luft anhalten, wenn er mit ihnen sacht über die Spinde strich. Wehe dem Stubenältesten, wenn der Korporal auch nur einen Hauch von Schmutz fand. Hatte er Stubendienst, war Hasselt schon eine halbe Stunde vor dem Wecken auf den Beinen. Kam Kuske als Diensthabender, schrubbte Hasselt alle Spinde und Betten vorsichtshalber schon vor dem Schlafengehen ab. Ein hoffnungsloses Unterfangen. Kuske fand immer etwas. „Sie kleiner Scheißer", tönte er dann grimmig, „melden sich bei mir sofort nach Dienstschluss."

„Jawohl, Herr Unteroffizier!", schrie Hasselt, wagte aber einzuwenden: Schütze Hasselt bittet Herrn Unteroffizier mitteilen zu dürfen, dass in der Stube alles mehrfach gründlich geputzt wurde!" Kuske hob den Kopf, als habe er sich verhört, dann packte ihn der kalte Zorn, seine Augen warfen drohende Blicke: „Sie Dummfick!", brüllte er, „wollen mich für blöd halten. Dafür werde ich Sie noch Beine machen bis Ihnen Hören und Sehen vergeht!"

„Jawohl, Herr Unteroffizier!"

Der Rekrut hätte wissen müssen, dass Widerspruch nicht geduldet wurde. Des Unteroffiziers Lieblingswort „Dummfick" hatte Hasselt schon oft hinnehmen müssen. Doch was Kuske diesmal hinzufügte, traf ihn tief:

„Halten Sie erbärmlicher Wichser endlich die Klappe!", brüllte er. Ein gnadenloser Satz. Die Demütigung hinter diesen Worten verstand jeder.

Hasselts Gesicht überzog sich mit hektischer Röte. Trotz Empörung und Scham gelang ihm eine vorschriftsmäßige Kehrtwendung. Als Kuske die Stube verlassen hatte, nahm Hasselt die Mütze vom Kopf, fuhr sich nervös durchs Haar und trommelte verzweifelt mit den Fingern gegen die Wand: „Diese Gemeinheiten kann ich nicht mehr ertragen!" Ein Ende war nicht in Sicht.

Kuskes Zornesausbrüche waren gefürchtet. Wenn die Zeit nicht ausreichte, um dem Uffz. aus dem Weg zu gehen, war es ratsam, Demutshaltung einzunehmen. Es empfahl sich, jedes Grinsen zu unterdrücken, am besten das Gesicht abzuwenden, wenn der Uffz. wieder einmal zeigte, dass er mit der deutschen Sprache auf Kriegsfuß lebte.

Mit der Zeit gewann ich den Eindruck, dass Ausbilder der Wehrmacht - zumindest während der Rekrutenausbildung - sich absichtlich der ordinärsten Fäkalausdrücke bedienten. Prokop beurteilte das milder und sprach von dem allgemein üblichen militärischen Umgangston.

Hasselt hatte vom Unteroffizierskorps mehr Menschlichkeit erwartet. Er stand nun eine halbe Stunde vor dem Wecken auf, um Bettenbau und Spind dem Diensthabenden in einwandfreiem Zustand vorweisen zu können.

Mit der Macht des „Diensthabenden" ausgestattet, schikanierte uns Kuske rund um die Uhr. Zu diesem Zweck übernahm er den UvD sogar freiwillig. „Freut euch auf heute Nacht", kündigte er schmunzelnd an. "Ihr erlebt einen wunderschönen Maskenball!

Bis auf Prokop. er sich nicht betroffen fühlte, kam niemand zur Ruhe. Rolf, von bösen Vorahnungen geplagt, fürchtete: „Die Macht der Litze um den Kragen! Macht euch auf das Schlimmste gefasst!"

Punkt drei Uhr stand Kuske plötzlich im Raum:

„Stubenältester?"

„Schütze Greifeld zur Stelle", brüllte Männi und sprang beidfüßig mit einem Satz aus dem Bett.

„In fünf Minuten tritt die Korporalschaft feldmarschmäßig ausgerüstet, auf dem Kasernenhof an!"

„Jawohl", Herr Unteroffizier schrie Greifeld. Der Korporal genoss seine Paraderolle. Das aufgesetzte, böse Lächeln, der Anblick des Stahlhelms mit Sturmriemen unter dem Kinn gerieten zu unvergesslichem nächtlichem Auftritt.

„Raus aus den Betten, ihr lahmen Säcke!"

Ausbruch eines Chaos. Durcheinander wirbelnde Männer, die ihre flatternden Nachthemden herunterrissen. Auffliegende Spindtüren, hastiges Ergreifen und Überstreifen der Uniformen. Tornister, Gasmasken und Brotbeutel in Rekordzeit an dafür vorgesehene Körperstellen bringen. Stahlhelm aufsetzen. In rasender Hast die Gewehre aus dem Ständer reißen und vorbei stürmen an dem auf seine Armbanduhr starrenden Kuske. Die Steintreppen zum Kasernenhof in großen Sprüngen hinunterstürzen und auf dem Kasernenhof in Reih und Glied antreten. „Wo ist Hasselt?"

„Hier, Herr Unteroffizier!" Kuskes grinsendes Gesicht verwandelte sich. Es erstarrte aus Enttäuschung zur Maske. Noch aber gab er nicht auf.

„In fünf Minuten in Drillichanzügen auf dem Kasernenhof antreten! Zum Umziehen auf die Stube, marsch, marsch!"

Hoch im Laufschritt, Klamotten runter, Drillichanzüge aus den Spinden zerren und überziehen. Treppen runter a tempo. Antreten, Meldung machen. „Wo ist Hasselt?" Keine Antwort. Als Hasselt angekeucht kam, war das 30 Sekunden zu spät. Leider.

Der Unteroffizier frohlockte, verdrängte die innere Heiterkeit aber schnell. Endlich war dieser Unsoldat erwischt! Hasselt würde nun büßen. Kuskes Stimme überschlug sich vor Wut: „Sie Schießbudenfigur, ich werde Ihnen bestrafen!" Mit schneidender Stimme: „Ja, bestrafen werde ich Ihnen! Wissen Sie, was ein 'Nachtzeichen' ist?"

„Jawohl, Herr Unteroffizier, so heißt die Erlaubniskarte zum Verlassen der Kaserne bis 24 Uhr!"

„Richtig Hasselt. Ab sofort werden Sie von einem Nachtzeichen nur noch träumen. Traben Sie ab!"

Der arme Kerl bekam Ausgangssperre für einen Monat und durfte während dieser Zeit auch keinen Besuch empfangen. Das Nachtzeichen war ein Muss: für Rekruten die einzige Möglichkeit, dem stumpfsinnigen Kasernenleben für ein paar Stunden zu entrinnen. Das ersehnte Nachtzeichen zu bekommen gelang dem Unsoldaten Hasselt nur noch einmal. Als Hilfsausbilder Oberschütze Prokop ein Auge zudrückte.

Schritt um Schritt erlebten wir die Isolation eines Menschen in der Kaserne. Hasselt wurde fast rund um die Uhr von Kuske beschäftigt. Ausgang wurde ihm allenfalls noch nachmittags an Sonntagen gewährt. Hasselt verkündete mehrfach, nicht mehr in die Kaserne zurückzukehren. Fahnenflucht traute ihm keiner zu. Und tatsächlich stand er frühmorgens bei Dienstbeginn stets brav mit uns in Reih und Glied.

Weil es den Vorgesetzten nicht gelingen wollte, dem Jungen mal richtig die Beine lang zu machen, ordnete Kuske eine Bestrafung der ganzen Korporalschaft an:

„Meine Herren, Ausgangssperre über das Wochenende!"

Die meisten Kameraden empfanden das als ungerecht und ärgerten sich darüber, Hasselts Strafen mit verbüßen zu müssen. Innerhalb kurzer Zeit entwickelte sich eine spannungsgeladene Atmosphäre.

Musste Hasselt immerzu auffallen? Weshalb sollen wir für ihn den Kopf hinhalten? Hatte Kuske nicht Recht, wenn er Hasselt hart bestrafte?

Prokop, der im Dienst mit „Herr Oberschütze" anzusprechen war, privat aber geduzt werden durfte, schlug eine Lösung vor:

„Ihr solltet den 'Heiligen Geist' anrufen. Bei Hasselt könnte der Wunder bewirken!"

Gemeint war eine nächtliche Strafaktion als Denkzettel. Ganz einfach: Da verabreichen bettlakenverhüllte Gestalten einem Kameraden Prügel.

„Hasselt wird munter und flott gemacht", versprach Prokop. „Wenn Disziplinlosigkeit - wie in seinem Fall - die gesamte Korporalschaft belastet, ist gegen grobe Späße überhaupt nichts einzuwenden. Sie dienen allenfalls der Schadensbegrenzung."

„Das wäre zu überlegen, da ist was dran", meinte Kurt Friedrich.

„Kann ich mir nicht vorstellen", bekundete Franz Klaus.

Männi winkte ab: „Ohne mich!"

„Auch ich mache da nicht mit, auf keinen Fall!" betonte Rolf.

„Ich bin grundsätzlich gegen jede Form von Selbstjustiz!", gab Kurt zu bedenken.

„Ja, wer mit der Lupe sucht, findet immer ein Haar in der Suppe. Lasst uns offen miteinander reden, wir dürfen uns nicht entzweien lassen", beschwor ich meine Kameraden.

„Auch mich widert Kuskes offener Sadismus an, aber wir müssen an einem Strang ziehen und uns einig sein!"

„Ein armer Wicht soll erniedrigt werden und erledigt. Nicht durch Gewehrkugeln oder Granaten in Russland, sondern inmitten einer deutschen Garnisonsstadt von seinen Kameraden! Das kommt überhaupt nicht in Frage", bekräftigte seinen Kurt Standpunkt.

„Prokop denkt nur noch: Kuske, Kuske, Kuske! Sein Denken und Handeln reduziert sich auf vorauseilenden Gehorsam", erkannte Rolf. Ich fügte hinzu:

„Prügeln, um die alte Mentalität auszulöschen, damit militärischer Drill eine neue, willfährige schafft, da spiele ich nicht mit!"

Gut so. Gemeinsam wurde beschlossen, Prokops Vorschlag zu ignorieren. Im Ergebnis blieben wir eine homogene Gruppe. Unterschiedlichen Meinungen hatten Diskussionen zu folgen.

Ich hatte es leichter bei Kuske als andere. Seit dem Bataillonssportfest und meinem Sieg im Eierhandgranatenweitwurf brauchte ich den Unteroffizier nicht mehr zu fürchten. Meine sportlichen Leistungen imponierten ihm. Das galt für das Exerzieren wie für die Waffenausbildung am SMG 34. Kuske fand keinen Anlass zum Tadel. Einenkel glaubte, dass „dieser Gewaltmensch" einen Narren an mir gefressen habe. Zu wissen, wie der Unteroffizier genommen werden sollte, und keinen Grund zum Ärger zu bieten, bot Vorteile. Statt Tadel bekam ich Lob.

„Kleine wird nun die Übung vormachen!" Kleine, machen Sie die Dummficks mal munter!" Für Kuske war ich ein guter Soldat.

Das 'Nachtzeichen am Wochenende' gestattete Ausgang bis 22 Uhr. Rustikale Eckkneipen, in denen es billiges Bier, Spielautomaten und deutsche Schlagermusik gab es überall. Wie in allen Garnisonsstädten lebte auch in Döbeln ein Amüsierviertel von zwielichtigen Etablissements.

„SWINGTANZ VERBOTEN!" Die Schilder in den Bars mit schräger Musik wurden von den Soldaten ignoriert. „Das ist Blödsinn, wird missachtet, das nehmen wir nicht zur Kenntnis", meinte Oberschütze Prokop. „Bei den 'Damen für schöne Stunden' läuft nichts ohne Bezahlung. Aber mit den Mädchen hast du auch deinen Spaß!" Offiziere bevorzugten den Terminus: „Erotische Betreuung durch natürliche Weiblichkeit". Diese Herren drückten sich eben etwas vornehmer aus.

Unsere „Stammkneipe" hingegen war eine Quelle deutscher Gemütlichkeit. An der Decke klemmten dunkelbraune Paneele, unten der Kachelboden in Gelb, dazwischen Stühle und Tische im Jägerstil. An der Theke mehrere Reihen Flaschen mit Schnaps und Likör. Hier fühlten wir uns wohl, hier genossen wir, was uns als Rest persönlicher Freiheit noch verblieben war.

In der Kaserne bot Uffz. Kuske seinem Schützen Hasselt weiterhin eine endlose Kette demütigender Überraschungen. Umgekehrt verdarb Hasselt dem Uffz. Kuske die Chance, dem Bataillonskommandeuer die am besten dressierte Korporalschaft vorzuweisen. Hasselts Schwachpunkt beim Exerzieren blieben die Gewehrgriffe. Während die Gruppe den Befehl „Präsentiert das Gewehr!" im Zeittakt exakt einhielt, klappte Hasselt nach. Man hörte es, wenn die geöffneten Handflächen gegen die Gewehrkolben knallten. Kuske durfte sicher sein, dass sein Unsoldat um Sekundenbruchteile zu spät anschlug.

„E i n Schlag muss das sein! Hasselt, Sie sind schon wieder verdammt viel zu langsam!", brüllte Kuske dann erbost.

Wir, die Kuske auf Gedeih und Verderben ausgelieferten waren, spürten schon vorher, wenn ihn der Jähzorn überkam. Es gab kein Entrinnen. Weder vor dem drohenden Blick des Unteroffiziers noch vor seinen Bestrafungen. Was mochte in diesem Kopf vorgehen? Was war der Grund für die erbarmungslose Schikane?

Kuske wusste, dass Hasselts Vater Offizier war. In einer für Unteroffiziere unerreichbaren Laufbahn. Gab es einen Zusammenhang?

Am „Tag der Vereidigung" herrschte auf dem Kasernenhof große Aufregung. Beim Morgenappell prüften die Unteroffiziere sorgfältig, ob Stiefel und Koppelschlösser auf Hochglanz poliert waren. Die Ausbildungskompanie nahm Aufstellung. Nach Bildung eines Rechtecks stand sie straff ausgerichtet Gewehr bei Fuß.

Das Standortmusikkorps der Infanterie harrte seiner Einsätze. Zivilisten drängten sich hinter der Absperrung, unter ihnen auch Rolf Fetzers Mutter und die Eltern anderer Rekrutenkameraden.

Trommelwirbel. Fanfarenstöße. Die meisten jungen Soldaten empfanden die Feier als angenehme Abwechslung vom täglichen Ausbildungsdrill.

Ein ordengeschmückter Oberstleutnant bestieg das Podium. Der Kommandeur war Monokelträger. Seine elegante Erscheinung wurde durch die Uniform noch unterstrichen. Der Soldateneid auf den Oberbefehlshaber der Wehrmacht, „unsern geliebten Führer und Reichskanzler Adolf Hitler", wurde in hoher Tonlage vorgesprochen und von den Rekruten dumpf nachgemurmelt. Unter flatternder Regimentsfahne appellierte man an unser Gewissen:

„Soldaten, die Freiheit ist mehr wert als der Tod! Soldaten, bleibt euch im Kampf der preußischen Tugenden bewusst!"

Der Offizier zeigte sich zuversichtlich, dass „wir die Ausbildungsziele in den verbleibenden Wochen noch erreichen werden. Unserm Führer ist es gelungen, die sowjetischen Truppen bis an die Stadtgrenzen Moskaus zurückzudrängen, der Dank des deutschen Volkes ist ihm gewiss!"

Seine klare Stimme schallte über den Kasernenhof: „Ihr kämpft für Deutschland! Verteidigt unser Vaterland! Kameraden, bei eurer Ehre!"

Nach des Oberstleutnants markigen Worten und dem Abspielen zackiger Militärmärsche sprach ein Militärgeistlicher. Wir sahen ihn zum ersten Mal. Ein älterer Pfarrer sprach von der großen Verantwortung, die Gott ihm auferlegt habe, „eine so große Gruppe junger Menschen seelsorgerisch zu betreuen". Er wünschte uns, den Feldzug siegreich zu beenden. Befehle, Gewehrgriffe. Parademarsch. Stiefel dröhnten über den Exerzierplatz. Die Kapelle intonierte Unterhaltungsmusik. Dann durfte die Kompanie wegtreten. Ein paar hundert Füße trampelten über die Treppen und Korridore der Kaserne. Ich erfüllte Rolf Fetzers Bitte und fotografierte ihn mit seiner Mutter.

Rolf Fetzer mit seiner Mutter

Nach Dienstschluss marschierten wir Rekruten zum Bahnhof, um unsere Zivilsachen nach Hause zu schicken. Als ich die Heimatadresse aufgeklebt und meinen Koffer aufgegeben hatte, überkam mich Wehmut. Sterben fürs Vaterland, obwohl du noch nicht volljährig, nicht mal wahlberechtigt bist? Frevelhafte Gedanken.

Das Döbelner Staupitzbad war vor dem Krieg ein Treffpunkt der eleganten Welt. Hier traf sich, was Rang und Namen hatte. Jeder schwärmte davon. Wer Ausgang bekam, ließ sich trotz lästiger Grußpflicht gegenüber Ranghöheren nicht davon abhalten, das

Staupitzbad zu genießen. Gast zu sein wie ein Zivilist. Ein paar schöne Stunden verleben zu dürfen.

Döbeln, Blick vom Rathaus zur Nikolaikirche

„Werner, das musst du erleben!", wünschte mir Rolf Fetzer.

Auf den Tanzflächen unter Palmen, in den gediegen ausgestatteten Restaurants, an den Marmortischen des Kaffeehauses und auf den Hockern der Bars tummelte sich die so genannte bessere Gesellschaft aus Dresden, Leipzig und Chemnitz. In diesem „Hauch von großer Welt" erwartete mich meine Freundin Edeltraud Seeling. Sie kam zu Besuch aus Reichenbach im Vogtland. Das dunkelhaarige Mädchen hatte ausdrucksvolle braune Augen. Es besaß eine kindlich zarte, ja fast elfenhafte Figur.

Heiter genossen wir die Atmosphäre privaten Lebensstils. Anzügliche Bemerkungen von Kameraden wie: „mit der Kleinen bleibt es aber beim Händchenhalten", oder: „was für ein scheues Rehlein" versuchten wir zu überhören. Mit am Tisch saßen Herbert Kern und Bubi Kraus - beide gehörten der zweiten Korporalschaft unseres Zuges an. Herbert Kern, der lang aufgeschossene redegewandte Buchhändler aus Leipzig, fand keine Unterschiede zwischen Kuske und Maschke. „Nach dem Krieg ist sowieso alles vergessen!"

Herbert und Bubi waren unzertrennlich. Bubi, sportlich, drahtig und zäh hatte den festen Händedruck des Zuverlässigen. Zwischen uns würden sich freundschaftliche Bande entfalten.

Kurt Einenkel tauchte auf. Außer Atem unterbrach er das Gespräch:

„Werner, heute ist alles schief gelaufen. Du musst sofort in die Kaserne. Kuske tobt, mach dich auf einiges gefasst! Aber sei vorsichtig", warnte er mich, „der verbirgt soldatische Härte hinter scheinbarer Freundlichkeit!"

Was war passiert? Weil ich Besuch erwartete, hatte sich Hermann Greifeld bereit erklärt, den Wachdienst mit mir zu tauschen. Dass der auch Diensthabende mit Kuske tauschen würde, war nicht vorauszusehen. Doch der kam der Sachlage schnell auf die Spur.

„Greifeld, was machen Sie hier, Dienst hat doch Kleine, wo steckt der Kerl?" Männi musste Farbe bekennen, gezwungenermaßen.

„Einenkel, machen Sie dem Kleine mal Beine, der hat schnellstens hier anzutraben!"

Mein Tête-à-tête war beendet. Bevor das Glück begann, hatte mich die raue Wirklichkeit eingeholt. Die grazile Edeltraut fiel aus allen Wolken. „Aber du kommst doch zurück, versprich es!", bat sie.

„Damit ist nicht zu rechnen, Werner muss nach Canossa", sagte Einenkel. Das Mädchen sah ihn verständnislos an.

„Canossa war eine Burg im Nordapennin", erklärte Kurt.

„Dort musste Heinrich IV, drei Tage barfuß im Schnee stehen, bevor Papst Gregor VII, ihn vom Bann erlöste."

„Deine Geschichtskenntnisse in allen Ehren, aber der Vergleich ist absurd, mit Verlaub, du spinnst, Kurt", sagte ich aufgebracht.

Herbert Kern meinte: „Hoffentlich kommst du mit einem gewaltigen Anschiss davon!"

116

Edeltraud sah mich fragend an. „Ich glaube kaum, dass ich zurückkommen darf", sagte ich bekümmert. Nach einem flüchtigen Kuss bat ich: „Mach das Beste aus diesem Nachmittag, versuch es." Träume zerplatzen wie Seifenblasen. Ende einer Illusion.

Seit der Kasernendrill über mich gekommen war, dachte ich oft und intensiv über das Verhalten von Vorgesetzten nach. Häufig zwecks Einschätzung der akuten Lage. Und ihrer Beurteilung. Auf dem Weg zur Kaserne überlegte ich, ob Kuske durch Unterwürfigkeit milder gestimmt werden könnte. Mit mauem Gefühl im Magen war klar, dass mir ein Bittgang bevorstand.

Die Burg im Nordapennin ging mir nicht aus dem Sinn. Schritt für Schritt baute sich das Gefühl von Ohnmacht in mir auf. Ungewisser kann des Kaisers demütigender Gang nach Canossa nicht gewesen sein.

Unteroffizier Kuskes Dienstzimmer war verschlossen. Ich klopfte an die Tür seiner Stube und schrie: „Schütze Kleine bittet gehorsamst um Erlaubnis, sich bei Herrn Unteroffizier zurückmelden zu dürfen!"

Minuten verstrichen. Eine Zeit lang glaubte ich, mich habe niemand gehört. Plötzlich befahl eine bekannte Stimme:

„Eintreten!"

Kuske stand in abweisender Haltung hinter der Tür. Ich knallte die Hacken zusammen und erwies eine zackige Ehrenbezeigung. Kuske nahm sich nicht die Mühe, meinen Gruß zu erwidern. Mit starrer Miene und strafendem Blick knurrte er: „Da sind Sie ja endlich!" Sein Tonfall war schwer zu deuten.

Ich betrat sein Zimmer mit gemischten Gefühlen, nahm Haltung an und wiederholte: „Schütze Kleine wie befohlen zur Stelle!"

Der Unteroffizier schwieg. Das drohende Unheil veranlasste mich zu einer kessen Wortmeldung:

„Schütze Kleine bittet fragen zu dürfen, ob Herr Unteroffizier um eine Ausgangsbescheinigung ersucht werden kann!"

Kuske explodierte förmlich. „Sind Sie nicht mehr bei Troste? Verrückt geworden? Sie haben Wachdienst. Heute!", bellte er mich an.

Ich zuckte zusammen, gab mich niedergeschlagen, sagte demütig:

„Schütze Greifeld hat mit mir getauscht, Herr Unteroffizier."

„Na und?", fragte Kuske mit ironischem Unterton. Mein Vorgesetzter straffte seinen Körper und wurde sachlich:

„Wachdienst kann ohne meine Zustimmung nicht getauscht werden! Die Rekruten meiner Korporalschaft wissen ganz genau, dass ich aus Prinzip diese Erlaubnis niemals erteilen würde!", fauchte er empört.

„Schütze Kleine bittet Herrn Unteroffizier mitteilen zu dürfen, dass die Einteilung zum Wachdienst erst gestern erfolgte. Meine Freundin saß zu diesem Zeitpunkt bereits im Zug nach Döbeln und war für eine Reisestornierung nicht mehr erreichbar", erklärte ich in unterwürfiger Tonlage. Unerwähnt blieb, wie peinlich mir die unnötigen Kosten waren, die ich meiner Freundin für Bahnfahrt und Übernachtungen nun aufgebürdet haben würde.

„Die junge Dame lebt in Reichenbach", fügte ich hinzu.

Kuske überwand eine anfängliche Fassungslosigkeit und reagierte zornig.

„Die Geschichte mit Ihrem Fräulein interessiert mich einen feuchten Kehricht! Nein, einen nackten Arsch!", schrie er aufgebracht.

"Scheren Sie sich sofort zum Wachlokal!

In diesem Augenblick bemerkte ich eine junge Frau, die uns zugehört haben musste. Sie erhob sich von einem Holzschemel und machte sich an einem Vogelkäfig zu schaffen. Ihr weißes Kleid war mit roten Rosen verziert. Zu dem hübschen Bild, das sie abgab, wollten die schwarzen Wollstrümpfe nicht passen. Schade dachte ich, absolute Gluttöter.

118

Das pummelige Mädchen zeigte Mitleid und versuchte mir zu helfen. „Lass ihn doch zu seiner Freundin gehen", bat sie, „sei doch nett!"

Kuske hörte das nicht gern, sagte „Aha", brummte etwas vor sich hin und überlegte. Sein Gesicht entspannte sich, bis der Ausdruck von Missbilligung verschwand.

„Hauen Sie ab, Kleine!" zischte er gefährlich leise, „aber genau in zwei Stunden melden Sie sich zur Ablösung von Greifeld beim Wachtposten!" Welche Wende. Nicht zu fassen!

Im Staupitzbad wurde ich mit großem Hallo empfangen. Edeltraud strahlte, meine Kameraden staunten. Dass Kuske Gnade vor Recht ergehen und mich ziehen lassen hatte, schlug ein wie eine Bombe.

Ich berichtete, wem ich das zu verdanken hatte. Werner Jung winkte ab: „Kuskes Mädchen habe ich schon gesehen, das ist so ein Trudchen vom Lande", sagte er, und das klang mir zu geringschätzig.

Leider blieb der Vorfall nicht ohne Folgen. Am Sonntag, unmittelbar nach dem Frühsport, verkündete Oberschütze Prokop:

„Die Schützen Kleine und Greifeld melden sich wegen Dienstvergehens um 8 Uhr zum Strafexerzieren im Geschäftszimmer!"

„Wer ist Ausführender?", fragte ich.

„Herr Unteroffizier Kuske."

„Na prima, dann sind wir genau an der richtigen Adresse."

Männi winkte ab und gab sich gelassen: „Stell dir die Herren Offiziere und Unteroffiziere in langen Unterhosen vor, und aller Nimbus ist weg. In Unterhosen unterscheiden sich auch Halbgötter nicht von Rekruten." Zugegeben. Aber ein schwacher Trost.

Das Strafexerzieren fand im vorderen Teil des Kasernenhofes statt, der durch dicke hohe Mauern von der Außenwelt abgeriegelt war.

Kuske befand sich in Hochstimmung. „Sie sollten zu Ihrem Gott beten", schnauzte er uns an. „Ich werde euch in wenigen Minuten Gehorsam lehren!"

Der Unteroffizier betrachtete die angetretenen zehn Delinquenten mit einem herablassenden Lächeln. Dann verlautbarte er im Ton süffisanter Verhohnepipelung:

„Die straffällig gewordenen Rekruten erleben heute eine Stunde innerer Erleuchtung!"

Der Korporal verfügte über eine schneidende Kommandostimme. Das Strafexerzieren begann im normalen Rhythmus, steigerte sich aber schnell zu gemeinen Spielarten. Insbesondere bei den Gewehrgriffen. Nach dem Befehl „Präsentiert das Gewehr!" ließ Kuske uns im Strammstehen verharren. „Stillgestanden!" Die Zeit blieb stehen. Endlos. Vor den Augen begann es zu flimmern; endlich das erlösende Kommando.

„Rührt euch!"

Dem Zusammenbruch ganz nahe das Ganze wieder von vorn:

„Stillgestanden! Präsentiert das Gewehr! Gewehr ab! Hinlegen! Auf, marsch, marsch!"

Nach zwanzig Minuten schmerzte der Rücken. Unter dem Stahlhelm floss der Schweiß die Stirn hinunter. Die Finger der rechten Hand, die das Gewehr hielten, wurden steif. Das Handgelenk schwoll an.

Kuskes Spezialität waren Kniebeugen in vier Zeittakten. Die vorgestreckten Hände hielten das Gewehr 98 k. Eine Übung, die nach fünfzigmaliger Ausführung die Arm- und Beinmuskulatur zum Flattern brachte. Wer die fünfundsiebzig erreichte, durfte sich als sportlich gestählter Athlet betrachten und stolz auf die keuchenden und am Boden verharrenden Kameraden hinabsehen.

„Nehmt euch zusammen ‚ihr Schlappschwänze!" Der Unteroffizier warf ihnen verächtliche Blicke zu.

Als Kuskes Stimme heiser zu werden begann, ließ er den Hilfsausbilder weitermachen: „Übernehmen Sie!"

Prokop räumte eine kurze Verschnaufpause ein. Sie diente dem einzigen Zweck, das Tempo der nächsten Übungen zu steigern.

„Noch sind wir nicht fertig, meine Herren!"

Der Unteroffizier übernahm wieder das Kommando. Wer diese Stimme während des Strafexerzierens hörte - sein helles, zu Zeiten schneidiges Organ, diszipliniert und wandlungsfähig, gurrend, ratternd, in schreiender Verzweiflung oder böse flüsternd - vergaß den gnadenlosen Ausbilder nie. In solchen Momenten war einem der Mann verhasst, da hätte man diesen Schleifer umbringen können.

Leutnant Männle nahte. Auf dem Weg zum Gottesdienst begegnete er dem Pfarrer. Die Herren Offiziere begrüßten sich mit knapp angedeuteten Verbeugungen: „Guten Morgen, Herr Kamerad!"

Kuske federte aus den Knien:

„Präsentiert das Gewehr!" kam sein Befehl.

„Unteroffizier Kuske beim Strafexerzieren, Herr Leutnant!"

Zugführer Männle feixte, tippte dankend an die Schirmmütze und rief: „Weitermachen!"

Plötzlich stolzierte unser Kompanieführer heran, hörte Kuske herumschreien, blieb stehen, sah uns strampeln und nach Luft ringen. Der Hauptmann war unangenehm überrascht. Sein Gesicht drückte leichte Verärgerung aus.

Kuske flitzte los, baute sich zackig vor ihm auf, knallte die Hacken zusammen und bellte vorschriftsmäßig:

„Unteroffizier Kuske mit zehn Mann beim Strafexerzieren, Herr Hauptmann!"

Der tippte lässig an seinen Mützenschirm, sah Kuske scharf und missbilligend an und schnarrte belehrend:

„Unteroffizier Kuske, das Gebrüll auf dem Kasernenhof hat sofort aufzuhören! Ich befehle Ihnen, das Strafexerzieren einzustellen. Sofort! Diese Methode hat keine erzieherische Wirkung, ist der Persönlichkeitsbildung nicht dienlich. Leisten Sie Überzeugungsarbeit! Suchen Sie das Gespräch mit Ihren Männern!"

War dieser Hauptmann tief in seinem Inneren ein Mensch von ritterlicher Gesinnung? Oder im Zivilberuf ein Psychologe? Was auch immer, wir staunten. Dass die Schleiferei auf dem Kasernenhof manchen Offizier unangenehm berührte, war schon zu beobachten gewesen. Doch zum Glück für die Großdeutsche Wehrmacht verfügten die meisten Offiziere über eine robuste Grundausstattung: Vorherrschend waren Gleichgültigkeit, Ehrgeiz, Eitelkeit und Geltungsdrang.

Kuskes Gesicht lief rot an und bekam einen verkniffenen Ausdruck:

„Jawohl, Herr Hauptmann", schrie der Unteroffizier.

Der Schleifer, nach diesem Anpfiff bis an die Schmerzgrenze gereizt, blieb in Habachtstellung, bis sich der Offizier entfernt hatte.

„Freut euch nicht zu früh, Freunde! Das Strafexerzieren wird bei nächster Gelegenheit fortgesetzt!", raunzte er drohend.

Des Hauptmanns Befehl musste befolgt werden. Übel gelaunt schrie Kuske: „Rekruten, wegtreten!"

„Gehorsamsten Dank, Herr Hauptmann!"

Anschließend wurden wir zum Kartoffelschälen in die Kantine beordert. Die Essensdüfte vermischten sich mit Schweißgerüchen. Für gründliche Körperreinigungen war keine Zeit. Das Mittagessen in der Kaserne war einfach, aber gehaltvoll.

„Ein Soldat verbraucht dreimal so viel Kalorien wie ein Büroangestellter", erklärte der Koch.

Während wir nach allen Regeln preußischen Kasernenhofdrills geschliffen wurden, hatten die Kameraden am sonntäglichen Gottesdienst teilgenommen. Auf den erholsamen Schlaf in den hinteren Stuhlreihen wurde nur ungern verzichtet. Eher schon auf die Lobpreisungen des Führers mit seinen Getreuen.

Unteroffizier Kuske konnte beides sein, brutal und gnädig. Es irritierte mich, dass er nicht nur als pures Monster auftrat, sondern, wie man von seinem Putzer hörte, auch andere Züge aufwies; seinen Kanarienvogel liebevoll fütterte und bisweilen sogar badete. Und dass er die Grünpflanzen in seinem Zimmer mit Hingabe goss.

Für die meisten Rekruten blieb der Unteroffizier ein unbarmherziger Schinder. Einige Kameraden schworen Rache. Falls ihnen Kuske oder ein anderer verdammter Schleifer an der Front begegnen würde, mussten diese befürchten, hinterrücks erschossen zu werden. Das mag auch schon mal passiert sein, irgendwann und irgendwo, aber leider doch wohl zu selten.

Prokop kannte solche Überlegungen und versuchte uns Mut zu machen:

„Ich weiß, was ihr jetzt denkt und fühlt, und muss nicht wie ein Blinder von der Farbe reden. Nehmt euch zusammen!"

Edeltraud schrieb mir noch ein paar Feldpostbriefe. Ich hoffte, dass sie die Reise nach Döbeln schnell verschmerzen und ihr Glück bei einem anderen Soldaten finden würde. Uniformierte Männer gab es zu Millionen.

Im Unterrichtsfach Gasmaskengebrauch erklärte Leutnant Männle vorschriftsmäßig, dass sich während der Ausbildungsmärsche unter der Gasmaske Kopfdruck einstellen könnte. In Ausnahmefällen auch mal leichte Atembeschwerden.

„Aber nur bei besonders ungünstigen Umständen. Ich persönlich habe das noch nicht erlebt!", beruhigte er seine Zuhörer. Der Offizier maß dem keine Bedeutung zu.

Während der Übungen auf dem Zschackwitzer wurden wir eines Besseren belehrt. Die Unteroffiziere Kuske und Maschke nahmen keine Rücksicht auf die Gesundheit ihrer Rekruten. Sie scheuchten uns mit aufgesetzter Gasmaske so lange im Kreis herum, bis wir keine Luft mehr auf dem schrägen Hang bekamen und atemlos am Boden lagen.

„Hoch die Ärsche!", schrie Kuske. „Unter Gasmasken machen wir bald einen schönen Marsch."

Leutnant Männle ließ seinen Zug antreten, nahm die Meldungen seiner Unteroffiziere entgegen und verkündete mit heller Stimme:

„Die Kompanie marschiert zum Abschluss der Ausbildung mit aufgesetzten Gasmasken nach Waldheim. Das sind allenfalls 15 Kilometer. Auch für körperlich hart ertüchtigte Soldaten, die wochenlang unter Kampfbedingungen ausgebildet wurden, keine leichte Aufgabe. Wer sie bewältigt. kann stolz sein. Erst diese Marschübung wird zeigen, wer fronttauglich ist!"

Hinter Döbeln begannen sich Felder auszubreiten, vereinzelt standen einige Bauernhäuser. Die Ausbilder, allen voran Unteroffizier Kuske, demonstrierten ihre Kondition durch kraftvolles Ausschreiten.

„Ein Lied", schrie Kuske, wartete aber vergeblich auf eine Reaktion. Mich überkamen leichte Schwindelgefühle und Schleier vor den Augen, die sich immer mehr verdichteten. Schweiß tropfte über mein Gesicht. Kopfschmerzen setzten ein und verstärkten sich mit jeder Bewegung. Nach zwanzig Minuten taumelten einige Kameraden wie Traumtänzer.

Manchmal ermutigten wir uns gegenseitig durch Gesten. Ein kleiner Schlag auf die Schultern oder ein intensiver Händedruck genügten. Einige Rekruten rangen schon nach Luft, bevor der dritte Kilometer bewältigt war. Die Wut der Getriebenen war groß, aber ohnmächtig.

„Herr Leutnant, die Marschordnung beginnt sich aufzulösen", rief Korporal Maschke.

Leutnant Männle wurde zornig und rief seine Unteroffizieren zu sich. Übel gelaunt raunzte er:

„Zehn Minuten Marschpause! Gasmasken aufbehalten! Ausnahmen? Auf keinen Fall!"

Fünfzehn Minuten später und keine hundert Meter weiter riss sich Hasselt die Gasmaske vom Kopf, keuchte, taumelte, rang schweiß- gebadet und mit leichenblassem Gesicht nach Atem:

„Luft, Luft, Luft!"

„Verrückt geworden!", schrie Kuske. „Mann Gottes, nehmen Sie sich gefälligst zusammen!"

„Jawohl, Herr Unteroffizier", röchelte Hasselt noch mit angstgeweiteten Pupillen. Dann sackte er zusammen.

„Herr Leutnant!", rief Kuske, „melde gehorsamst den ersten Ausfall!"

Der Offizier stürzte herbei, sah Hasselt wie ein Brett vor sich liegen, geriet in Panik und schrie: „Obersten Kragenknopf öffnen und sofort Sanitätsfahrzeug anfordern!"

„Jawohl, Herr Leutnant!" Kuske salutierte zackig und winkte den im Geleit fahrenden Krankenwagen heran. Zwei Sanitätsgefreite beeilten sich, den Rekruten auf eine Trage zu legen. Hasselts Augen waren starr auf sie gerichtet und blieben das auch, als Tränen ihn überwältigten.

Ein Assistenzarzt erklärte nach flüchtiger Untersuchung:

„Das ist ein Unfall, der muss gemeldet werden".

Kurz darauf traf Oberstabsarzt Drescher ein und bat um eine kurze Schilderung des Vorfalls.

„Wollen Sie mich zur Rede stellen?", fragte der Leutnant pikiert. Männle, nun verunsichert, fuhr sich nervös mit der Hand über das kurz geschorene Haar. Er suchte nach Zigaretten und zeigte sich erleichtert, als er die Schachtel in seiner Uniformtasche fand.

„Nein", antwortete der Oberstabsarzt, „das liegt nicht in meiner Absicht."

Leutnant Männle glaubte eine Erklärung abgeben zu müssen:

„Mein Befehl, Ausnahmen werden nicht zugelassen, bezog sich nicht auf Psychopathen", erklärte er mit Nachdruck.

Der Sanitätsoffizier schüttelte indigniert den Kopf, stieg in den Krankenwagen, setzte sich an Hasselts Trage und gab ungeduldig das Zeichen zur Abfahrt.

Der Herr Oberstabsarzt Drescher übte seinen Beruf seit Ausbruch dieser angeblichen Tripper-Epidemie nur noch lustlos aus. Die täglichen Besichtigungen erkrankter männlicher Geschlechtsteile waren ihm zuwider. Mit dem Patienten Hasselt erhielt er endlich einen Fall, der sowohl unter medizinischen als auch strafrechtlichen Aspekten interessant zu werden schien.

Die Gasmaskenübung wurde wie geplant bis Waldheim fortgesetzt; es gab keine weiteren Ausfälle.

„Lassen Sie sich durch Einzelfälle wie Hasselt nicht beirren", beschwor Leutnant Männle seine Unteroffiziere. „Jawohl, Herr Leutnant!", dankten die im Chor.

Schütze Hasselt kehrte nicht in die Döbelner Kaserne zurück. Sein Schicksal blieb unbekannt.

Die Verabschiedung der Rekruten lief ab wie bei der Vereidigung. Förmlich und umständlich. Marschmusik und gravitätische Posen. Strammstehen in makellosen Reihen. Befehle. Knapp und präzise. Gemäß Vorschrift und Rangordnung.

„Ausbildungskompanie angetreten, Herr Oberstleutnant!", rief unser Hauptmann.

Der Kommandeur bot im Stahlhelm und Kinnriemen ein Bild militärischer Strenge. Dankte mit knapper Handbewegung und schmetterte über den Kasernenhof:

„Deutsche Soldaten, die Rekrutenzeit ist beendet! Ihr übernehmt nun Verantwortung, werdet Vorbild sein, für das Vaterland tapfer eure Pflicht erfüllen!"

Der Oberstleutnant trat einen Schritt zurück, ließ ein, zwei Minuten verstreichen und sagte mit ernster Miene:

„Ich übergebe das Wort nun dem Militärgeistlichen!"

Der Pfarrer betete, dass der allmächtige Gott „die Feinde unserer Nation für immer vernichten" und seinen Segen über Adolf Hitler ausschütten möge. Der Herr, so der Pastor wenig später mit erhobener Stimme, solle den geliebten Führer gegen unsere Feinde führen.

„Respekt und Demut überkommt mich beim Anblick tapferer Soldaten!", sagte er mit Inbrunst.

"'Gott mit uns' steht auf den Koppelschlössern. Die abendländische Religion liebt Gerechtigkeit. Möge jeder gesund zu seiner Familie zurückkehren!"

Der Militärgeistliche hob die Hände und schlug symbolisch ein Kreuz:

„Im Namen Gottes segne ich nun eure Waffen".

Damit war die feierliche Amtshandlung beendet.

„Gott mit uns" stand auch auf den Koppelschlössern des britischen Feindes.

Der 28. Februar 1942 war ein herrlicher Wintertag. Vormittags wurden wir eingekleidet, feldmarschmäßig. Meine Eltern und Uschi kamen noch einmal zu Besuch. Abschied nehmen.

Auch Männi Greifeld empfing Mutter und Schwester. Das Mädchen Thea war sehr hübsch, sehr blond und sehr kühl.

Die Angehörigen durften uns zum Bahnhof begleiten. Und zusehen, wie das Marschbataillon in einen Sonderzug verladen wurde. Abschiede sind schmerzlich. Du tauschst noch ein paar Banalitäten aus und wünschst sehnlich, der Zug möge sich endlich in Bewegung setzen. In vielen Augen stehen Tränen. Manche Soldaten sahen ihre Lieben zum letzten Mal. Wir winkten und winkten.

Dresden. Die Zeit mit Sonia Warin

Im Krieg dominiert die Geheimhaltung. Keiner kannte das Transportziel. Doch gingen wir davon aus, dass es in Russland liegen würde. Während der Bahnfahrt stieg die Stimmung. Von Station zu Station. Das Ende der Rekrutenzeit war wie eine Befreiung. Die Gespräche drehten um sich das Kasernenleben und die Ausbilder.

„Deren Tunnelblick verengt sich auf die eigene Karriere. Die haben nichts anderes im Kopf, als ihre schönen Posten zu sichern. Und Angst, an die Front abgeschoben zu werden!", meinte Einenkel verächtlich.

„Stimmt", unterbrach Klaus: „Die sitzen auf ihren prallen Hintern und hoffen, dass immer die anderen nach Russland müssen".

„Die wurden nie müde, uns zu schinden", schimpfte Franz.

„Prokop war kein schlechter Kerl. Nein. Aber er will die Unteroffizierslaufbahn einschlagen und muss beweisen, dass sein Arsch in die Uniformhose passt", sagte Herbert Kern.

„Für mich bleibt eine Frage bleibt offen", warf ich ein:

„Waren unsere Unteroffiziere mehrheitlich der Verblödung anheim gefallen, oder gibt es für Döbeln noch Hoffnung?"

Die Fahrt verlief kurzweilig. Niemand hatte erwartet, dass sie schon eine Stunde später auf dem Dresdner Hauptbahnhof endete, irgendwie hatten sich alle auf den direkten Transport nach der Sowjetunion eingestellt.

„Aussteigen und sammeln!", rief ein Feldwebel, der sich als Transportführer zu erkennen gab:

„In Marschordnung angetreten!"

Wenige Minuten später befand sich die neu gebildete Einheit auf dem Marsch. Es war kalt. Der Atem dampfte. Unter den Stiefelsohlen knirschte der Schnee. Die voll gepackten Tornister drückten auf die Schultern. Zur feldmarschmäßigen Ausrüstung gehörten Gewehr (Karabiner 98 k), Gasmaske und Brotbeutel mit aufgeschnallter Feldflasche. Das Singen von Soldatenliedern erleichterte das Marschieren. Am Straßenrand standen junge Mädchen und winkten.

Nach knapp drei Stunden erreichten wir den Stadtteil Alttolkewitz. Der Transportführer verfügte:

„Im großen Saal des Ausflugslokals Donat's Neue Welt nehmen wir Quartier!"

„Donat's Neue Welt" in Dresden-Tolkewitz wurde 1873 von den Brüdern Rinaldo und Hermann Donath gegründet. Vor dem Krieg war es für Tausende von Dresdnern ein beliebtes Ausflugsziel. Der Tiergarten, die Märchengrotte, besonders aber der Biergarten mit der einzigartigen künstlichen Alpenlandschaft, aber auch andere rund um die Restauration angeordnete Sehenswürdigkeiten hatten zum Zeitpunkt unserer Einquartierung noch nichts von ihrem Reiz verloren.

„Donat's Neue Welt" in Dresden-Tolkewitz

Im Ballsaal, wo früher das Tanzbein geschwungen wurde, standen dicht aneinander gerückt zweistöckige Notbetten.

Das erste Antreten der neu gebildeten Marschkompanie diente der Aufstellung von Zügen und Gruppen sowie der Bekanntgabe neuer Vorgesetzter. Das geschah im Biergarten.

Der Spieß brüllte: „Achtung!" und machte Meldung an den Kompanieführer. Hauptmann Seifert, ein älterer Herr um die fünfzig in gebeugter Haltung, dankte und sagte militärisch knapp:

„Ich suche einen Burschen!"

„Schütze Greifeld, Herr Hauptmann!", brüllte Männi und nahm Haltung an.

Der Offizier warf einen prüfenden Blick auf Männi und antwortete:

„In Ordnung. Abmeldung vom Dienst erfolgt auf der Schreibstube".

Schütze Greifeld war nun nicht mehr zu sehen. Schrubbte Böden, klopfte Teppiche und stand der Gattin seiner Hauptmanns tagsüber auch anderweitig zur Verfügung.

Ich ließ mich für Hilfsarbeiten in eine Gärtnerei einteilen. Schuftete zehn 10 Stunden mit Hacke und Spaten. Wie im Reichsarbeitsdienst. Ab nächsten Tag und im Verlauf der kommenden Wochen meldete ich mich für weitere Erdarbeiten nun täglich vom Dienst ab. In Wahrheit führte ich nun ein wunderbares, fast privates Leben zwischen Schwimmbädern, Kneipen, Museen und den vornehmen Cafés der Prager Straße.

In der 1. Kompanie war Typhus ausgebrochen. Das gesamte Marschbataillon kam in Quarantäne. Transportaufschub. Rund eintausend für den Russlandfeldzug bestimmte Soldaten, die von der Krankheit nicht betroffen waren, bekamen eine Gnadenfrist, durften das Leben noch ein bisschen genießen. Beginn einer schönen Zeit. Trotz Uniform.

Schütze Klaus arbeitete in der Schreibstube. Unser Rekrutenkamerad hatte diesen Posten angestrebt, sich spontan beim Spieß gemeldet. Franz gab uns vertrauliche Hinweise und Ratschläge. Wie es sich anstellen ließ, einen Wochenendurlaub nach Leipzig zu bekommen. Welche Gründe vorliegen müssen.

„Der Tod einer Großmutter, würde der anerkannt?"

„Keine Frage, aber da Leipzig knapp außerhalb der 100-km-Zone liegt, darf nur bis Engelsdorf beantragt werden."

„Und dann?"

„Musst du mit der Straßenbahn weiterfahren!"

„Kein Problem!"

Am ersten Wochenende fuhr fast die halbe Kompanie ohne Urlaubsschein nach Hause. Herbert Kern und Bubi Kraus versteckten sich in den Toiletten. Eine gute Idee, um im überfüllten Zug Zivilsachen anzuziehen und so den „Kettenhunden" zu entgehen.

Um nach Hause fahren zu können, wäre mir jedes Mittel recht gewesen. Doch den angeblichen Tod meiner Oma per Telegramm zu bestätigen, weigerte sich meine Mutter standhaft. Das wäre pietätlos, ließ sie mich wissen.

Die Konfirmation meiner Schwester hingegen war ein zutreffender und absolut triftiger Grund, einen Wochenendurlaub einzureichen.

Werner Kleine mit Schwester Uschi

Seit Kriegsausbruch musste das Europa-Café auf Dresdens höhere Gesellschaftsschichten verzichten, war aber noch immer bevorzugter Treffpunkt eines anspruchsvollen Publikums. Geblieben war das angenehme Ambiente. Schon am lichtdurchfluteten Eingang in der Prager Straße, wo sich die lange Warteschlange bildete, wurden die Besucher - überwiegend Uniformierte - mit leiser Musik berieselt.

Zum „Five o'clock tea" erklang im Konzertsaal gepflegte Unterhaltungsmusik. Gespielt und gesungen wurden bekannte Film- und

Operettenmelodien. Seit alle Zeitungen täglich Todesanzeigen mit Eisernen Kreuzen druckten - mit Beginn des Russlandfeldzuges seitenweise -, existierte ein öffentliches Tanzverbot.

Es gibt Momente im Leben, da öffnet sich dir die Welt der Illusionen. Du erblickst eine Frau, die dich verzaubert.

Langes hellblondes Haar, unter dem Strohhut hinten locker hochgesteckt, als sollte die Frisur nicht zu streng aussehen. Ein kurzes, leuchtend blaues Sommerkleid erlaubte Blicke auf gut geformte Beine. Und reizende Knie. Breite Spangen verzierten die hochhackigen weißen Schuhe. Das Mädchen sah entzückend aus, seine optischen Reize nahmen mich sofort gefangen.

Ich steuerte den Nebentisch an. Beim Platznehmen bemerkte ich, wie ihre blauen Augen mich musterten. Interessiert? Ich wagte einen langen tiefen Blick, den sie aushielt und erwiderte. Rote Lippen, schön gezeichnet, vielleicht eine Spur zu grell nachgezogen. Ein reizendes Geschöpf. Ausgesprochen attraktiv. Ich war hingerissen und genoss die vom Nebentisch herüberziehenden Parfümwolken. „Tief einatmen", riet ich Kurt und Herbert.

Sonia Warin gehörte zu einer Gruppe junger Frauen, die sich sehr angeregt in französischer Sprache unterhielten. Das Make-up der Französinnen erschien mir - gemessen an heimatlichen Vorstellungen - gewagt. Die deutsche Frau schminkte sich allenfalls sehr dezent. Ihre Schönheit, soll der „Führer" gesagt haben, beruhe allein auf den natürlichen Merkmalen der arischen Rasse.

Herbert Kern brachte mich auf den Boden der Wirklichkeit zurück. „Werner, nebenan wird französisch gesprochen; welch internationales Flair."

Die Kellnerin trat an unseren Tisch. Kurt wollte sie verhohnepipeln: „Fräulein, was hamse denn heude an Guchen?" fragte er in breitem Sächsisch.

Mir war das egal. Ich sah nur das Mädchen. Und fasste mir ein Herz als es sich eine Zigarette anzünden wollte.

„Darf ich Ihnen Feuer geben?" Ich durfte. Die junge Dame beugte sich über mein Feuerzeug und dankte mit einem koketten Augenaufschlag. „Merci, serr freundlich."

Der starke französische Akzent klang originell und irgendwie lustig.

„Darf ich Sie morgen hier wiedersehen?", fragte ich. Das Mädchen zog hastig an seiner Zigarette und nickte; war ich verstanden worden? Mir blieben Zweifel.

Die Französinnen am Nebentisch tuschelten und lachten, riefen nach dem Kellner und zahlten. Trippelten dann, die angenehmsten Düfte verbreitend, an uns vorbei zum Ausgang. Durfte eine Handbewegung meiner Traumfrau als verstohlener Wink gedeutet werden?

Ich sah sie in der Drehtür verschwinden und rief noch: „Bis morgen!" Aber sie drehte sich nicht um.

„Herbert, das Mädchen besitzt einen besonderen Liebreiz, hat Charme und einen tänzerischen Gang, ich muss es wiedersehen", schwärmte ich.

„Du meinst ihren Hüftschwung", lachte mein Kamerad: „Na die gommt morchen bestimmt!" Er sollte Recht behalten. Gott sei Dank.

Dresden im April 1942. Sonia bestimmte meine Gefühle und Gedanken. Das erste Grün, die ersten Knospen sprossen. Das Leben pulsierte wie in „Friedenszeiten". Kein Luftangriffe, noch nicht einmal Fliegeralarm.

Nicht mehr Tag und noch nicht Nacht: In der Dämmerung hat der Dresdner Zwinger einen ganz eigenen Zauber. Sonias Abbild - ihre graziösen Bewegungen - spiegelten sich in der stillen Wasserfläche eines der Zwingerbrunnen wider. Eng umschlungen durchstreiften wir das historische Dresden. Bewunderten an der Brühlschen Terrasse die Bauten von Kunstakademie und Kunstverein. Die Gebäude neben und hinter der Terrasse prägen die Silhouette der Stadt. Von hier aus eröffneten sich weite Blicke in die schöne Umgebung. An der Augustusbrücke kam es mir vor, als ob ich schon früher einmal hier gewesen wäre. Im Traum?

Ich war berauscht von Sonia. Von ihren strahlenden Augen. Von dem Hauch französischen Parfüms, das sie stets umwehte.

Vom Blau des Himmels und vom Gelb des Flusses, der sprühend ins Elbtal floss. Wir liefen zum Ufer hinunter und legten uns ins Gras. Sonias Ausstrahlung war verheißungsvoll. Ich küsste sie und versuchte zu deuten, ob dies der Anfang war. Versprachen ihre Zärtlichkeiten die Erfüllung erotischer Wünsche?

Wir waren so verliebt. Jeder Tag ein verlorener, an dem wir uns nicht sehen konnten. Ich hatte Sonia und war glücklich. Weiter wollte und brauchte ich nichts. Sie konnte verführerisch sein und trotzig, naiv, hartnäckig und anschmiegsam. Sie lebte ihre Gefühle aus. Und spielte mit ihnen wie auf einer Tastatur.

Sonia war Französin. Eine Begegnung machte mir bewusst, wie tief ihr Mitleid war, das sie für französische Kriegsgefangene empfand. In Reih und Glied marschierte eine Gruppe ihrer Landsleute an uns vorbei. Drillichanzüge, geschulterte Spaten. Abgestumpfte Gesichter. Teilnahmslos. Mit dem Ausdruck von Resignation.

Sonias Augen füllten sich mit Tränen. Sie lief von mir weg, als schäme sie sich. Rasch war ich bei ihr.

„Was hast du, was ist los?", fragte ich beklommen.

„Die armen Gefangenen", schluchzte mein Mädchen. „Ganz Frankreich haben die Deutschen besetzt. Und ich liebe einen deutschen Soldaten." Das machte sie traurig.

Ich versuchte zu helfen: „Sonia, wir wollen diesen Tag genießen!" Doch sie schüttelte abwehrend den Kopf, schluchzte und sprudelte etwas hervor, was ich nicht verstand.

„Ich schäme mich", konnte es heißen.

„Denk bitte auch an mich", bat ich, „uns bleiben nur noch wenige Tage."

Sonia versuchte ein Lächeln. „Das ist schwer. Und Gedanken an Abschied machen alles viel schlimmer."

Sonia stammte aus Paris, war „dienstverpflichtet" nach Deutschland gekommen und lebte seit Mitte März in Dresden. Sie arbeitete nachts im Akkord am Fließband. Für die Rüstungsindustrie zwangsverpflichtete Fremdarbeiterinnen durften sich in ihrem „Gastland" frei bewegen. Liebesbeziehungen zwischen Deutschen und Französinnen waren unerwünscht und erweckten das Misstrauen offizieller Stellen.

Das Barackenlager französischer Fremdarbeiterinnen befand sich in unmittelbarer Nähe des Werkes Zeiss-Ikon. Die Mädchen hatten sich mit ihrem Schicksal abgefunden und häuslich eingerichtet.

„Werden wir zwölf Monate in Deutschland verbringen, na und?" Sonia gefiel Dresden, sie war zufrieden, sah keine Probleme.

Im Zeiss-Ikon-Werk arbeiteten während der Nachtschicht - neben Gruppen ausländischer Frauen - auch Jüdinnen deutscher Staatsangehörigkeit. Immer wenn Sonia spät nachts von mir abgeholt wurde, machte ich am Eingangstor schockierende Beobachtungen. In der dem Ausgang zuströmenden Menschenkette erschienen zuerst die Französinnen. Heiter gestimmt und munter parlierend. Nach angemessenem zeitlichem Abstand huschten die Jüdinnen an uns vorbei. Abgesondert und bewacht von Frauen in Zivilkleidung.

Ernste Frauen mit ausgemergelten Gesichtern in langen Reihen. Gelbe Armbinden über die Arbeitskleidung gestreift. Die Judensterne waren auch beim trüben Licht der Straßenlaternen zu erkennen.

In der Nähe von Sonias Lager befand sich eine kleine Gaststube, die spät nachts noch geöffnet war. Weil dort oft zwielichtige Gestalten hockten, ging Sonia ungern hin. „Nicht wieder in das Spelunke", wehrte sie ab.

„Wir haben doch keine Wahl", sagte ich bittend. Sie ließ sich überreden und wir gingen die paar Schritte hinüber. Eng umschlungen, uns tief in die Augen blickend, saßen wir dort stundenlang. Bis der Wirt keine Geduld mehr kannte und seine Kneipe hinter uns abschloss.

Sonia war eine Frau von entwaffnender sexueller Provokation. Mein Verlangen nach ihr, nach Erfüllung dieser Liebe, wuchs von Stunde zu Stunde.

Gerüchte über die bevorstehende Aufhebung der Quarantäne verdichteten sich. Meiner Liebsten die unmittelbar bevorstehende Verladung des Marschbataillons mitzuteilen fiel mir schwer.

Endlich fasste ich mir ein Herz: „Am 2. Mai fahren wir nach Russland", sagte ich gefasst.

Sonia erschrak, blieb aber stumm und ohne Tränen. Nach einer kleinen Pause flüsterte sie traurig: „ol mich ab eute Abend acht ühr in Lager."

Sonia erwartete mich am Zaun. Bei ihrem Anblick vergaß ich beinahe das Atmen. Ihr schlanker Oberkörper steckte in einer bis zum Ansatz der kleinen, festen Brüste geöffneten weißen Bluse und ihre langen Beine in einem Kleid aus reinseidenem Satin, das ihre Knie umspielte. Hochhackige Schuhe machten sie zusätzlich attraktiv. Meine Göttin aus Paris duftete nach einem Parfüm, das sich reizvoll mit dem Geruch ihres Körpers vermischte.

„In so einer tollen Aufmachung sah ich dich noch nie!", staunte ich und erfuhr, dass die Französinnen untereinander ihre Kleider austauschten. Sonias Freundinnen trugen ihre Kleider und Röcke etwas kürzer als in Deutschland üblich.

Das Restaurant, das wir aufsuchten, war gut besucht. Meine Begleiterin genoss es, nach koketter Körperdrehung bewundernde Männerblicke auf sich zu ziehen. Doch Aufmerksamkeit zu erregen war gefährlich. Der deutsche Soldat sollte ein deutsches Mädchen haben und nicht ein französisches. Wir bildeten ein unerwünschtes Paar.

„Wir fallen hier auf, das ist nicht gut", gab ich zu bedenken. Sonia lachte übermütig und küsste mich.

„Tout egal!"

Draußen verbarg uns die Verdunklung. In kurzer Entfernung blieb Sonia vor einer Litfaßsäule stehen, bückte sich und klappte eine kleine Tür auf.

„Komm", sagte sie, „ier wir sind allein."

„Da hinein?", fragte ich entgeistert.

„Ier treffen französisch Kollegin von Arbeit jüdische Freund."

„Keine Gefahr, entdeckt zu werden?"

Sonia lachte: „Non".

Sie kroch vor mir hinein. Der Hohlraum war stockfinster und überlagert von einem muffigen Geruch. Wir ertasteten großformatiges Plakatpapier. Sonia besprühte es mit Parfüm.

„Bitte reichlich", bat ich.

Wie in der räumlichen Enge Sehnsucht erfüllt werden konnte? Keine Ahnung.

Der Reiz des Verbotenen erhöhte die Spannung. Bis ins Unerträgliche. Unsere Hände gingen auf Entdeckungsreisen in erogene Zonen. Sonia knöpfte ihre Bluse auf und führte meine Finger zu ihren Brüsten. Das Erlebnis, wie durch sachtes Streicheln und leidenschaftliche Küsse größte Lust erwächst. Wie Abschiedsschmerz und Begehren in einem Akt wilder Zärtlichkeit verschmolzen. Wir gelangten ins Paradies. Erst das endloses Hupen eines Taxis holte uns ins menschliche Alltagsleben zurück.

Beim Abschied am Lagerzaun entzündete sich der Funke zwischen uns wieder. Sonia strahlte mich an. „Aben endlich kleine Nest für schönes Liebe!"

Ziemann bekam mich nur selten zu Gesicht. Er wusste nichts von meinen gut organisierten und gesicherten Abwegen und hätte sich solche Dreistigkeiten auch nicht vorstellen können. Sie passten nicht in sein Bild vom gehorsamen Soldaten. Während der Exerzierübungen war der schneidige Portepeeträger weder zu übersehen noch zu überhören. Ziemann setzte alles daran, für einen Offizier gehalten zu werden. Sein äußeres Erscheinungsbild ließ das auf den ersten Blick auch vermuten. Die maßgeschneiderte Uniform und der knarrende Kasinoton trugen dazu bei. Sobald der Feldwebel in hohen Reitstiefeln und Breecheshosen Befehle erteilte und alle Augen auf ihn gerichtet waren, begann er zu wippen. Man kennt das von kleinwüchsigen Menschen. Das Wippen lässt sie für Sekundenbruchteile größer erscheinen. Hinzu kam das Stehen auf den Außenseiten der Stiefel, das Ziemann im steten Wechsel mit dem Wippen betrieb. Wippen auf den Fußspitzen und durchgedrückte Knie gehörten zur obligatorischen Haltung militärischer Vorgesetzter.

Zum Aufstieg in die erhabene Kaste der Offiziere fehlte ihm die „mittlere Reife". Das so genannte Einjährige ging auf die Zeit vor dem Ersten Weltkrieg zurück. Damals brauchten Schüler mit mittlerer Reife den Militärdienst nur ein Jahr zu absolvieren, um Reserveoffiziersanwärter zu werden. Dem Feldwebel Ziemann blieb noch die Möglichkeit, durch Taten herausragender Tapferkeit den ersehnten Offiziersrang zu erlangen. Das mochte ihn zum Fronteinsatz drängen.

2.Mai 1942

„Sonderfahrt" stand an den Straßenbahnwagen, die uns zum Neustädter Bahnhof brachten. Würde Sonia den Transportzug ausfindig machten können? Ich hoffte es sehr. Um Abschied nehmen zu können, hatte sie sich krankgemeldet. Würde das akzeptiert? Lauter Unbekannte.

Während der Fahrt zum Bahnhof dachte ich an die herrliche Zeit mit Sonia zurück. An die Tage und Nächte der vergangenen Aprilwochen. An die Stunden, in denen ich an der Seite der geliebten Frau die Prachtbauten und einzigartigen Kunstwerke Dresdens bewundern und erleben durfte.

Auf dem Bahnhof war Sonia nicht zu entdecken. Mein Kamerad Herbert Kern sagte zuversichtlich: „Warte ab, sie wird schon noch kommen." Während der Verladung hielt ich unentwegt Ausschau nach ihr. Ich war tot unglücklich und schon halb verzweifelt.

Dann sah ich ein Kleid flattern. Endlich kam sie angerannt. Flog mir in die Arme und küsste mich.

„Mon Dieu, Zeit für der Adieu", sagte sie und versuchte ein Lächeln. Noch außer Atem zog sie ein Tüchlein aus ihrer Tasche und begann sich vorsichtig das Gesicht zu betupfen. Doch die Tränen hatten das Make-up aufgelöst. Nach einem Blick in den Taschenspiegel sagte sie fassungslos: „Désastre malheur!"

Ich sah, dass sie Strümpfe trug. Sie tat das meinetwegen und ausnahmsweise. Denn dass man, wie ich ihr gesagt hatte, ohne Strümpfe nicht komplett angezogen sei, hielt Sonia für meine Marotte.

An den 2. Mai 1942 in Dresden auf dem Neustädter Bahnhof werde ich mich bis an mein Lebensende erinnern. Uns blieb noch eine Stunde. Eng umschlungen gingen wir auf dem Bahnsteig auf und ab und schworen uns ewige Treue. „Ich schreibe dich jedes Tag", versprach Sonia. Die Minuten verrannen. Plötzlich nahm Sonia meine Hand und sah mir tief in die Augen. „Am 2. Mai du musst immer an mich denken, versprich das!" Ich versprach es.

„Der 2. Mai gehört mir. Auch wenn du andere Frau heiratest!" Wir küssten uns unter Tränen.

Als sich der Transportzug in in Bewegung setzte, fassten wir uns durch das Fenster an den Händen und umklammerten uns. Bis zum Ende des Bahnsteigs lief Sonia winkend und weinend neben mir her. Rief mir französische Wörter zu, die ich nicht verstand. Dann war sie weg. Ebenso plötzlich wie sie in meinem Leben aufgetaucht war, verschwand sie daraus wieder.

Sonia durfte nach Ablauf ihrer Zwangsverpflichtung Dresden verlassen und nach Paris zurückkehren.

An jedem 2. Mai habe ich an Sonia Warin gedacht. Auch während der 38 Jahre einer glücklichen Ehe. Mein ganzes Leben lang. An die wunderbare Zeit in Dresden und unseren Abschied auf dem Neustädter Bahnhof.

Als Infanterist an der Ostfront

Der Transport bis Warschau erfolgte in üblichen Abteilen eines Personenzuges, nach Umladung ab sowjetischer Grenze in strohausgelegten Viehwaggons und dauerte 13 Tage. Nach Ankunft in Orjol - die Stadt südlich von Moskau wurde in Deutschland als Orel bezeichnet - standen wir stundenlang auf einem gottverlassenen Bahnsteig.

„Das Ausladen von Waffen und Gerät hat Vorrang", erklärte ein Oberleutnant.

Unsere Kompanie wurde in eine seit Jahrzehnten zweckentfremdete Kirche einquartiert. Dem Geruch nach zu urteilen diente sie zuletzt als Lagerhalle für Lederprodukte.

Muttertag. Auf einem wackligen Holztisch schrieb ich bei herrlichem Sonnenschein einen seitenlangen, sehnsuchtsvollen Brief. Männi Greifeld und Bubi Kraus unterbrachen mich und fragten, ob ich gemeinsam mit ihnen zum Pi-Zug gehen würde. „Die suchen noch Leute", sagte Männi, „da sollten wir uns melden, sofort!"

„Was wird da verlangt?"

Bubi gab mir ein Merkblatt:

Jedes Regiment verfügt über eine Pionier-Kompanie, las ich. Pioniere gelten als die Bauarbeiter der Streitkräfte. Ihre Aufgabe ist die Kampfunterstützung. Sie haben dafür zu sorgen, dass die Einheiten des Heeres im Feld vorankommen. Dazu bauen Pioniere Brücken über Flüsse und Gräben, räumen Minenfelder und sprengen gegnerische Befestigungsanlagen. Legen Minengürtel und erhöhen die Überlebensfähigkeit der eigenen Kräfte durch den Bau von Feldbefestigungen und durch Tarn- und Täuschungsmaßnahmen.

Ich hatte genug gelesen. „Das ist nichts für mich, dazu bin ich zu unpraktisch", bedauerte ich, und auch Herbert Kern vermochte den Pionieren nichts für sich abzugewinnen. Männi und Bubi wurden Pioniere. In Orel trennten sich unsere Wege.

Beim Abmarsch lag über der Gegend östlich der Stadt eine ungewöhnlich drückende Hitze. Am Nachmittag des ersten Marschtages nahmen Sanitätsfahrzeuge Erschöpfte auf. Nicht ohne derbe Zurechtweisungen.

„Schlappschwänze! Höchste Zeit, dass ihr an die Front kommt!"

An einem idyllisch gelegenen See wurden die Zelte aufgeschlagen. Ein Sanitätsgefreiter rief:

„Fußkranke raustreten!"

Ich meldete mich.

„Deine Blasen sind durch unsachgemäßes Wickeln der Fußlappen entstanden", sagte ein Sani, „du musst aufpassen."

Meine Blasen an den Zehen wurden fachkundig aufgeschnitten, mit Jod behandelt und verklebt.

„Primitiv, aber wirksam", meinte ein Unteroffizier.

Nach zwei Tagesmärschen mit feldmarschmäßiger Ausrüstung erreichten wir Bolchow. Hier residierten einige deutsche Stäbe. Die Stadt war ein weit vorgeschobener militärischer Punkt.

Bolchow war eine Ruinenstadt. Die Zivilbevölkerung schien geflohen zu sein. Viele Steinhäuser waren zerstört oder unbewohnbar. Die Aufteilung der Nachschubeinheiten auf die einzelnen Regimenter sollte auf dem Marktplatz erfolgen. Kaum waren die ersten Aufrufe erfolgt, donnerten russische Flugzeuge flach über die Dächer hinweg. Mit sich überschlagender Stimme schrie ein Hauptmann: „Bombenabwürfe! Achtung, volle Deckung!"

Die explodierenden Fliegerbomben bewirkten ein Chaos. Der Platz verwandelte sich in ein durcheinanderstürzendes Menschenknäuel. Meine Kameraden rannten zur Kirche. Die Gebetsstühle und der Altarraum waren schon überfüllt. Uniform an Uniform. Wir stürzten hinab in die Kellergewölbe. Das eisige Labyrinth konnte vielen Soldaten Schutz gewähren. Endlich Entwarnung. Zehn Minuten später beorderte uns ein Feldwebel nach oben.

Auf der Straße raubte der scharfe Geruch detonierter Granaten für Momente den Atem. Häuserblocks standen in Flammen. Ganze Straßenzeilen waren vom Feuer erfasst. Dachstuhlbrände loderten auf. Deutsche Soldaten, von Bombensplittern getroffen, wälzten sich am Boden. Einige stumm. Andere riefen nach Sanitätern.

Unbewusst machte sich das Gefühl breit, dass der Tod zwar zum normalen Risiko des Infanteristen gehöre, dass er sich aber andere Opfer suchen würde. Nach und nach verwischten sich diese Eindrücke.

Wenig später kreisten deutsche Aufklärer über Bolchow. Der Nachschub nahm Aufstellung.

„Sie erfahren jetzt, welchem Truppenteil Sie zugeordnet wurden!"

Der Name Fetzer fand sich auf keiner Liste des Regiments 171. Rolf kam zum Regiment 234. Ein Versuch, das zu ändern, scheiterte. Man vertröstete uns. Rolf könnte in unser Regiment versetzt werden.

„Kein Problem", beruhigte uns der Spieß.

„Sie brauchen nur einen formlosen Antrag zu stellen!"

Wir würden es versuchen. Zweifel blieben. Und die Enttäuschung, voneinander getrennt worden zu sein. Den Abschied von Rolf überschatteten düstere Vorahnungen.

Bis zur Front waren es keine 25 Kilometer. Der Gefechtsstand befand sich in einem trostlosen Dorf. Der Spieß empfing uns freundlich. Er trug das Verwundetenabzeichen in Silber. Ihm fehlten drei

Finger der rechten Hand. Er verlor sie, wie man später hörte, 1941 auf dem Vormarsch, als in seiner Nähe eine Rakete explodierte.

„Ich bin der Kompaniefeldwebel, meine Name ist Schmidt", begrüßte er uns, „wir werden gut miteinander auskommen!"

Seine Freundlichkeit schaffte Vertrauen. Man spürte, dieser Mann ist ein guter Kamerad, kann auf Menschen eingehen. Wir standen eine Zeitlang herum, bis ein baumlanger Hauptmann aus einer Holzhütte trat. Hinter ihm schlug eine blutjunge, bildhübsche Russin die Tür zu.

Eine lässige Handbewegung zum Stahlhelm. Knapper Dank an den Oberfeldwebel. Der Hauptmann nahm eine kerzengerade Haltung ein und blickte uns durchdringend an. Die Stimme näselte ein bisschen, als er schnarrte:

„Ich bin Hauptmann Eidel. Ihr Kompanieführer. Und lege Wert auf Zuverlässigkeit und Pflichterfüllung. Sie wurden mir anvertraut und werden einen gerechten Vorgesetzten in mir finden!"

Dann wandte er sich an den Spieß:

„Bevor die Neuen nach vorn in die Gräben kommen, will ich mir ein Bild vom Stand ihrer Ausbildung machen!"

Ein Unteroffizier ließ uns Aufstellung nehmen.

„An die Geräte!"

„Nehmen Sie bei den Übungen die Zeit!", befahl der Kompaniefeldwebel.

„Jawohl, Herr Oberfeld!"

Der Unteroffizier sah sekundenlang auf seine Stoppuhr und erreichte übergangslos eine hohe Tonlage:

„Ich zähle jetzt bis drei. Eins, zwei!"

Bei drei brüllte er los:

„Lauf- und Schlosswechsel!"

Automatisierte Abläufe, tausendmal geübt, tausendmal auf die Sekunde genau abgestimmt. Mein SMG-Trupp beherrschte sie perfekt. Dank Kuske.

Bei anderen Trupps ging die Übung dem Unteroffizier nicht schnell genug. Mit Blick auf seine Stoppuhr schrie dieser Mensch erbost: „Zeitvorgabe überschritten! Verdammt noch mal! Macht endlich 'volle Granate'!"

„Die Männer sind gut ausgebildet und verstehen ihr Handwerk", meldete der Unteroffizier dem Hauptmann mit undurchdringlicher Miene.

„Ihre Worte in Gottes Ohr. Wer war der Zeitschnellste?"

Der Unteroffizier zeigte auf mein SMG.

„Gut gemacht, wie heißen Sie?", fragte der Offizier.

„Schütze Kleine, Herr Hauptmann!"

Die Rekordzeit im Lauf- und Schlosswechsel hatte ihn beeindruckt. Der Kompanieführer würde sich meinen Namen einprägen.

Dass Hauptmann Eidel die großartigste und imponierendste Persönlichkeit war, die mir während meiner Frontjahre begegnete, konnte ich damals nicht ahnen. Aufmerksam, sachlich und ohne elitäres Gehabe. Ein Offizier, der keine Erinnerungen an die hackenschlagenden Monokel-Militärs der Kaiserzeit aufkommen ließ. Ein tollkühner Soldat ohne Sentiment im falschen Moment, am falschen Ort. Mit bedingungslosem Einsatzwillen. Gerecht zu seinen Soldaten, gnadenlos gegen den Feind. Aber kein gehorsames Glied der Befehlskette.

Auf der Schreibstube wurden Namen und Heimatadressen hinterlassen. Danach der Nachschub sofort in Marsch gesetzt. Der Fronteinsatz begann. Man verteilte alle Neuankömmlinge auf Infanterieeinheiten in der Hauptkampflinie (H.K.L.). Im Mai 1942 verfügte die Wehrmacht noch über militärische Reserven. Nach drei Tagen in der H.K.L. wechselten die Fronttruppen in ungesichertes Vorpostengelände. In verlassenen Dörfern schob man Wache. Vor und zwischen den Ruinen zerstörter Bauernhäuser wurde das SMG aufgebaut. Aber die Vorposten waren auch Ziel und bevorzugte Objekte sowjetischer Späh- und Stoßtrupps, die Gefangennahmen planten. Nach drei Tagen kam die Ablösung. Anschließend erlaubte man drei Ruhetage in Melechowo, dem Sitz des Bataillonsgefechtsstands.

Ruhe fanden wir nicht. Der Ort lag bei Tag und Nacht unter feindlichem Artilleriebeschuss. Hinter zerborstenen Fensterscheiben lebten in Melechowo noch ein paar zurückgebliebene Bauern. Blicke auf ihre wettergegerbten Gesichter zu werfen gelang aber nur selten.

Stellungskrieg. Der Dienst in der Hauptkampflinie bestand rund um die Uhr aus Postenstehen. Tagsüber wurden alle feindlichen Bewegungen mit Feldstechern beobachtet und notiert. Nachts starrte man in Erwartung feindlicher Stoßtrupps unentwegt auf „spanische Reiter", wie die vom Pionierzug vor unseren Gräben aufgebauten Stacheldrahtverhaue hießen.

„Postenstehen" bedeutete hundertzwanzig Minuten Wacheschieben zu zweit. Danach verbrachte man vier Stunden Ruhe im Unterstand. Oft wehte Nebel über die Hügel, hing schwer in den Flusstälern und wich nur widerwillig der Sonne. Nachts, beim Starren in die Dunkelheit, half, wenn die Drahtverhaue nicht mehr zu erkennen waren, der Griff zur Leuchtpistole. Für ein paar Sekunden gewährte die in den Himmel gejagte Leuchtspurmunition ein größeres Blickfeld. Sofort gingen auch über den feindlichen Gräben Leuchtkugel hoch, die nach kurzem Aufflackern verzichten. Sowjetische Nachtaufklärer kreisten ohne Pause über uns. Abgeworfene Bomben verfehlten meist ihre Ziele.

Diese Flugzeuge nannte der Landser: UvD (Unteroffizier vom Dienst).

Wenn sich beim Sonnenaufgang über den russischen Linien der Himmel blutrot färbte, überkam mich Heimweh. Ich wünschte mir, den Tag zu überleben. Morgenrot, Morgenrot, leuchtest mir zum frühen Tod? Licht ist ein Lebenselixier. Scheint die Sonne, lebst du auf. Die Sonne erwärmte meine Seele und erfüllte mich mit Zuversicht. Ein Foto meiner Mutter weckte liebevolle Gedanken und Erinnerungen. Ohne Hoffnung, ohne Träume und Utopien kann der Frontsoldat nicht leben. Was mochte Sonia machen?

145

SMG-Trupp. Postenstehen

In der H.K.L. erlief der Alltag eintönig. Im Stellungskrieg befand sich der Infanterist entweder „auf Posten" oder im „Bunker". Das Zusammenleben auf engstem Raum erzeugte Spannungen. Nach hochprozentigem Alkoholkonsum gingen sich die Kameraden bei Karten- oder Würfelspielen gegenseitig auf die Nerven. Der Alkohol enthemmte. Thema 1 waren die Frauen. Alles, was geredet wurde, drehte sich um Sex und heiße Mösen. Ständig war die Rede davon. Unerträglich. Ob du sie hören wolltest oder nicht: Bettgeschichten in allen Details. Wo, wie, wann, mit wem und wie oft es diese tollen Kerle angeblich getrieben hatten.

„Hört zu, Kameraden. Ich erzähl mal, was ich mit Doris erlebt habe. Das war einmalig, die war total verrückt nach mir. Auch Heidi bekam nie genug davon. Doch die Wildeste von allen war Krankenschwester und hieß Gerda." Die Intimzone konnte nicht respektiert werden. In der räumlichen Enge war man keine Minute allein. Wer im Bunker war, fühlte sich beobachtet. Extreme Masturbanten mussten verzweifeln.

Für die Neuen war die Notdurftverrichtung ein Problem, das fronterfahrene Soldaten eher belustigte: „Pass schön auf, vom Pinkeln ist schon mancher nicht mehr zurückgekommen!" Sich außerhalb des schützenden Grabensystems beim flackernden Licht aufsteigender Leuchtraketen in kalten Nächten irgendwo hinhocken zu müssen war alles andere als angenehm.

Auf Vorposten in Rechewka schützte uns kein Grabensystem. Das gottverlassene Nest bestand nur noch aus Bretterbuden und zerschossenen Panjehütten. Bewacht und verteidigt wurde es von verschiedenen Infanterieeinheiten. Tagsüber war das feindliche Gebiet über das Flussbett hinweg weit einzusehen. Noch drei Tage bis zur Ablösung. Aber die zogen sich hin.

Nach ein paar Einsätzen war alles Routine. Tagsüber schoben wir eine ruhige Kugel. Gegen Mittag wurden die aus der H.K.L. mitgebrachten Ölsardinenbüchsen geöffnet. Kartoffeln zum Grillen fanden sich reichlich in den Scheunen.

Ältere Kameraden fanden Spaß daran, mich mit zotigen Witzen in Verlegenheit zu bringen und sich daran zu ergötzen.

„Der wird ja noch rot wie ein kleiner Junge! Hör gut zu, Kleine, wer weiß, ob du überhaupt noch eine stramme Fickerin ins Bett bekommst. Morgen bist du vielleicht schon tot!" Gelächter.

Für diese Kameraden war ich ein Eigenbrötler. Allein schon, weil ich mir regelmäßig Notizen machte. Gegen das Gefühl des Ausgegrenztseins halfen meine Tagebuchaufzeichnungen. Auch das Schreiben und Lesen von Feldpostbriefen. Ich schrieb auf, was meine Angehörigen im Fall meines Todes über mich erfahren sollten. Mein Tagebuch enthielt Wahrheiten. Ich notierte meine Empfindungen und Erlebnisse. Auf das Zusammenleben in einer Männergesellschaft könnte ich verzichten. Auch auf die Uniform. Gut und gerne.

Nachts herrschte Ruhe, aber still war es keineswegs. Manchmal hämmerte ein Specht so stark, dass es wie Gewehrschüsse klang. Häufig ließ uns in unmittelbarer Nähe abgegebenes Infanteriefeuer erschreckt aufhorchen. Wach hielt ich mich durch Gedächtnisübungen. Wie hießen die Bundesstaaten der USA?

Die Post funktionierte besser als erwartet. Briefe aus der Heimat waren das Schönste, was es geben konnte. Jede Zeile wurde drei-, vier-, fünfmal gelesen. Das Papier zärtlich glatt gestrichen. Was ich aus Leipzig hörte, ging mir nahe. Uschi schrieb, die Familie lebe in Angst um mich. Das machte mich traurig. Es gab keinen Ausweg. Nicht zu diesem Zeitpunkt. Alle Feldpostbriefe von der Front oder aus den besetzten Gebieten wurden kontrolliert. Absendervermerke von Einsatzorten waren bei Strafandrohung untersagt.

Auf Posten empfand ich das Leben als niederdrückende Langeweile. Endlich das Flackern von Taschenlampen. Grelle Strahlen trafen mein Gesicht. Wachablösung.

Am 1. Juni 1942 hörten wir aus Richtung Rechewka starke Gefechtstätigkeit. Sowjetische Infanteristen der Eliteeinheit „Stalinschüler" besetzten den Vorposten.

Hermann Greifeld und acht seiner Kameraden aus dem Pi-Zug wurden beim Verlegen von Mienen überwältigt und gerieten in Gefangenschaft. Die Ungewissheit über das Schicksals eines stets froh gelaunten und auch in schwieriger Lagen positiv denkenden Menschen wie Männi Hermann Greifeld, traf mich hart. Mein Rekrutenkamerad kehrte erst im Sommer 1949 aus Sibirien zurück. Ein Jahr später heiratete er meine Schwester.

Der sonnendurchflutete Mai 1942 verbreitete Hoffnung durch herrliche Blüten und angenehme Gerüche. Ich lag im Gras und beobachtete, wie Staubwolken durch die Sonnenstrahlen schwebten. Für kurze Momente blitzten Staubkörnchen auf. Sie funkelten nur für Bruchteile von Sekunden, konnten mich aber verzaubern. Und überall krabbelten die Maikäfer. Das erinnerte mich an meine Kindheit. An meinen Vater, der sich furchtbar darüber aufregte, wenn ich die Käfer in einer Zigarrenkiste mit Luftlöchern gefangen hielt.

Maikäfer flieg.
Der Vater ist im Krieg.
Die Mutter ist im Pommerland.
Pommerland ist abgebrannt.
Maikäfer flieg.

Die Gegend hinter der Front war ein Paradies für streunende Hunde. Einen nur wenige Wochen alten Rüden nahmen wir mit in den Unterstand. Iwan reagierte nach ein paar Tagen auf seinen Namen.

Als man Anfang Juli im Bereich des Regimentes 234 einen sowjetischen Angriff erwartete und zur Verstärkung der Abwehr auch Leute meiner Einheit abgezogen wurden, meldete ich mich freiwillig. Ich tat es in der Hoffnung, meinen Freund Rolf Fetzer wiedersehen zu können. Inzwischen wusste ich, wo ich ihn finden würde. Bitten um Rolfs Versetzung zu meinem Regiment 171 hatte man abschlägig beantwortet. Seitdem war mir die Bezeichnung seiner SMG-Kompanie bekannt.

In der Nacht vor dem Marsch zum Nachbar-Regiment 234 hatte es Sturzfluten gegeben. Nun klebte der Lehm an unseren Stiefeln. In den Zeiten des Regens reißen rasch anschwellende Ströme den Boden mit sich, weil das Wasser auf dem hart gebackenen Untergrund nicht schnell genug versickern kann.

Artilleristen mühten sich unter körperlichem Einsatz, ihre tief in den Matsch eingesunkenen Geschütze frei zu bekommen. Unter wildem Geschrei schlugen sie auf die vorgespannten Pferde ein.

Für die Infanteristen wurde es ein langer Marsch, eine unberechenbare Rutsch- und Kletterpartie auf sumpfigen Waldboden über umgestürzte Bäume.

In dem bunt gewürfelten Haufen von Freiwilligen, die durch Wälder und über Wiesen stampften, erkannte ich eine vertraute Gestalt. Feldwebel Ziemann, wie immer in strammer Haltung, stolzierte mit fröhlichem Gesichtsausdruck vor seinem Zug. Zunächst glaubte ich, er habe es geschafft, zum Leutnant befördert zu werden. Das lag an der verwegenen Phantasieuniform, die er trug. Offiziersmütze und Reithosen. Breeches hatte er schon in Dresden getragen. Nein. Ziemann war noch Feldwebel.

Am Spätnachmittag erreichten wir eine Waldlichtung, die als Sammellager für uns vorgesehen war. Es schüttete ohne Unterlass, und wir versanken im Schlamm. Zum Schutz gegen die herabstürzenden Wassermassen wurden eilig Zeltplanen aufgespannt.

Marschierende Infanteristen

Tag und Nacht trommelte der Dauerregen gegen die Stoffwände. Die vor den Stahlhelmen baumelnden Moskitonetze konnten uns vor den gierigen Insekten nicht schützen. Geplagt von lästigen Schwärmen konnten wir nur für Momente die Zelte verlassen.

Am 5. Tag änderte sich das Wetter. Endlich. Wir gesellten uns zu einer Gruppe von Ukrainern, die fünfzig Meter von unsern Zelten entfernt ein Spanferkel grillten. Die Hiwis (Bezeichnung für Hilfswillige), hatten am Waldrand eine Grube mit Holzstücken gefüllt, als Rost diente ein altes Bettgestell. Die Männer sangen mit Inbrunst. Ihre Lieder klangen wehmütig.

Am 15. Juli erteilte mir ein Hauptmann, dem die Fingerkuppen der linken Hand fehlten, die Erlaubnis, Rolf Fetzer aufsuchen zu dürfen. Nach knapp einstündigem Marsch durch hohes Gras, Büsche und Bäume erreichte ich das Grabensystem. Ich rief einem Posten das Kennwort zu, gab Auskunft über mein Ziel und durfte passieren.

Die Wiedersehensfreude war groß, Rolf zu Tränen gerührt. Wir verließen die SMG-Stellung und setzten uns auf einen Baumstamm. Rolf schmiedete Pläne für die Zukunft.

„Wenn der Krieg vorbei ist, mache ich Karriere im Leipziger Messebüro. Und wenn Du Sonia heiratest, werde ich Patenonkel eures ersten Kinds", scherzte mein Freund.

Rolf begleitete mich noch ein Stück durch den Wald, musste aber nach hundert Metern umkehren.

„Oft habe ich mich gefragt, was zum Teufel mache ich eigentlich am Ende der Welt?", sagte Rolf.

„Und wusstest du eine Antwort?"

„Nein. Ich kann nicht hassen, ich weiß nicht, ob ich kämpfen kann."

„Wir müssen uns anpassen, das Beste daraus machen", antwortete ich.

„Wir müssen den Krieg überleben, vergiss das keine Sekunde!"

Wir umarmten uns.

Mach's gut", sagte Rolf.

„Du auch."

Der Abschied fiel uns schwer. Wir ahnten wohl beide, dass es kein Wiedersehen geben würde.

Zehn Tage später wurden alle Zeltlager aufgelöst und die Verstärkungstruppen zu ihren Stammeinheiten zurückgeführt. Der erwartete sowjetische Großangriff war ausgeblieben.

Rolf Fetzer starb am 11. August vor Uljanowo. Ein Granatsplitter durchschlug die Halsschlagader und setzte seinem Leben ein Ende. Er ruht auf dem deutschen Soldatenfriedhof Melechowo.

Soldatenfriedhof Melechowo

Am 30. Juli 1942 ließ mich der Kompanietruppführer in den Gefechtsstand rufen. Unteroffizier Wenzel kam gleich zur Sache:

„Du hast im Juni einen Funk- und Fernsprechlehrgang absolviert. Heute Nacht wirst du das unter Beweis stellen."

„Darf man Näheres erfahren?"

„Der Pi-Zug wird einen Stoßtrupp losschicken. Eine gute Gelegenheit, das neue Sprechfunkgerät zu testen. Du wirst Kontakt halten zum Bataillonskommandeur und ihn über Lage und Standorte des Stoßtrupps unterrichten. Das ist deine Aufgabe. Ziel der Aktion ist es, Gefangene zu machen, nach Möglichkeit Offiziere!"

Wenzel bat einen Artilleriebeobachter, uns durch sein Scherenfernrohr sehen zu lassen. Der Leutnant zeigte uns einen Bunker auf dem gegenüberliegenden Hügel. Er war gut zu erkennen.

„Der Bunker soll mit Flammenwerfern ausgeräuchert werden!"

„Vorher ist der Fluss Susha und danach ein Minenfeld zu durchqueren", warf Wenzel ein.

„Melden Sie sich freiwillig?"

„Jawohl, Herr Leutnant!"

Alle Teilnehmer des Stoßtrupps hatten bis zum Einsatz dienstfrei. Auf dem Weg zurück zum Graben legte ich mich auf eine Wiese. Wie gut, dachte ich, dass Muttel, Uschi und Sonia nicht wissen, was mir bevorstand. Gedankenvoll betrachtete ich Gänseblümchen und Blätter der Sträucher. Nach und nach beschlich mich ein beklemmendes Gefühl. Waren das Todesahnungen?

Bei Einbruch der Dunkelheit versammelten wir uns am Flussufer. Ich sah etwa dreißig Soldaten, von denen einige aufgeregt gestikulierten. Was war passiert? Ich wollte es unbedingt wissen. Unter Umständen konnte mein Leben davon abhängen.

Was ist los?", fragte ich einen Pionierkameraden.

„Ein Schlauchboot ist beim Beladen umgekippt. Zwei Flammenwerfer sind dabei über Bord gegangen."

Nach halbstündigem Warten trafen Ersatzgeräte ein.

„Einen Kreis um mich bilden", befahl ein Oberleutnant.

„Ich bin Ihr Stoßtruppführer. Alles muss schnell gehen. Der Feind ist wachsam und muss überrascht werden. Wir müssen Gefangene machen und hierher zurückbringen!"

Nach Überquerung des Flusses wurden die Boote verstaut. Am feindlichen Ufer unter Büschen. Wir betraten vom Iwan kontrolliertes Gelände. Die Pioniere konnten auch in der Dunkelheit mit ihrem Gerät sicher umgehen. Auf einem Graspfad - behutsam

Schritt für Schritt - bewegten wir uns geduckt im Schneckentempo. Konzentriert auf Geräusche achtend. Schlug das Suchgerät helle Töne an, mussten im spärlichem Licht abgedunkelter Taschenlampen Minen lokalisiert und unschädlich gemacht werden. Mit allergrößter Vorsicht.

Der Stoßtruppführer ließ mich alle paar Meter melden, welchen Abstand vom Ufer wir erreicht hatten. Regelmäßig antworte eine tiefe, ruhige Stimme: „Weitermachen!"

Nach über einstündigem Geländemarsch gelangten wir an unser Ziel. Der große, mit einem Lehmwall umgebene Bunker am Waldrand war seit Wochen beobachtet worden. Auch aus der Luft. Man vermutete in ihm einen Gefechtsstand.

Der Bunker wurde im Abstand von zehn Metern umstellt. Dann flogen Handgranaten. Gleichzeitig eröffneten wir das Feuer. Auf ein Zeichen verstummten die Gewehre.

Drinnen rührte sich nichts. Einige Pioniere rannten los und richteten ihren Flammenwerfer auf den Eingang. Für Minuten machte der tödliche Strahl die Nacht zum Tage. Die Tür öffnete sich, und Gestalten in brennenden Uniformen taumelten heraus. Einzeln und mit erhobenen Händen. Die ersten wurden niedergeschossen. Der Leutnant bekam einen Tobsuchtsanfall: „Seid ihr verrückt geworden! Alle Russen müssen lebendig in unsre Hände fallen!"

Schon brach um uns herum die Hölle los. Nachdem wir feindlichem Granatwerferfeuer entkommen waren, ging es zurück.

„Gefangene zu mir, Tempo, Tempo!", schrie der Oberleutnant.

Schnell in die Boote. Unter starkem feindlichem Artilleriebeschuss steuerten wir rettende Flussufer an. Unterwegs setzte ich einen Funkspruch ab: „Arzt wird dringend benötigt. Zwei Kameraden verwundet. Zerfetztes Bein und Bauchschuss!"

Das Stoßtruppunternehmen war ein Erfolg. Einer der drei Gefangenen war Offizier der „Stalinschüler". Die sowjetische Eliteeinheit besaß verwegene, im Nahkampf gefürchtete Kämpfer mit fanatischer Opferbereitschaft.

Die Nachricht verbreitete sich wie ein Lauffeuer.

„Hauptmann Eidel ist Bataillonskommandeur geworden!"

Dieser vorbildliche Offizier wurde von seinen Leuten verehrt, kannte jeden Mann seiner Kompanie persönlich und die meisten mit Namen.

Zimmermann verzog respektvoll die Mundwinkel:

„Bis der neue Chef kommt führt Leutnant Hahne die 4. Kompanie kommissarisch."

Am Abend des 10. August 1942 wurde das Infanterieregiment 171 aus der H.K.L. zurückgezogen. Die Ablösung erfolgte durch sogenannte Alarmeinheiten. Die zum Angriff bestimmten Kompanien sammelten sich vor einem Waldgebiet.

„Mal herhören, Leute!", rief Leutnant Hahne. In der Nacht auf den 11. August beginnt auf breiter Linie der Vormarsch in Richtung Tula. Ziel des Angriffs ist die Eroberung einer Stadt mit zirka 350.000 Einwohnern und die Vernichtung von Waffenfabrikationen und umfangreicher Nachschublager. Zugführer, zu mir!"

Unser Gewehrführer, Unteroffizier Weber, war mit dreißig Jahren schon „ein alter Knochen". Vor wenigen Wochen an die Front gekommen, kannte er nur den Stellungskrieg. Wer vom Geländekampf keine Ahnung hatte und Gefechtslagen im Bewegungskrieg nicht einschätzen konnte, wurde ausgetauscht. Weber gegen den rangniedrigeren Obergefreiten Zimmermann. Das war ein alter Haudegen. Mit E.K. II und Nahkampfspange geschmückt.

„Der Hans ist in Ordnung", meinte Krause. „Der hat genug in der Scheiße gelegen. Den Vormarsch haben wir von Anfang an mitgemacht!"

Nahkämpfe bei Tula

„Gewehrführer: Obergefreiter Zimmermann, Schütze 1: Obergefreiter Krause, Schütze 2: Schütze Kleine, Munitionsträger: die Schützen Gräser, Seifert und Wenzel!", rief Leutnant Hahne mit unterdrückter Stimme. Ich musste die schwere Lafette schleppen.

Mein Los. Nun gut, das war zu erwarten. Gerd Krause grinste: „Werner, sei froh! Munitionskästen asten ist schlimmer. Und noch dazu den Karabiner."

Das stimmte. Lafettenträger besaßen eine Pistole.

„Hans und Gerd! Ab sofort hocken wir zusammen an unserm Gerät!"

Was mochte uns bevorstehen?

Zimmermann befahl: „Hinlegen, mir langsam folgen!" Robben über ein großes Feld. Hunderte von Metern.

Unter dem nächtlichen Himmel erwarteten uns in den feindlichen Linien „Stalinschüler". Sie anzugreifen, in die Gräben einzudringen bedeutete Nahkämpfe. Mann gegen Mann. Danach sollte gegen Heckenschützen und Partisanen gekämpft werden, die sich in Dörfern versteckt hielten oder in Wäldern verbargen.

Am Waldrand nahmen wir Aufstellung. Zimmermann sprach von den Russen mit großer Hochachtung.

„Im Nahkampf mit Bajonett, Spaten und Kolben kämpfen die zäh und verbissen!"

Beginn einer qualvollen Wartezeit, geplagt von düsteren Vorahnungen. Stillliegen. Die Nacht war ruhig. Frösche quakten im Röhricht. Nur das gelegentliche Klappern von Gasmaskenbüchsen oder Waffen und leise geflüsterte Worte ließen ahnen, dass die liebliche Sommernacht trog. Es war die Ruhe vor dem Sturm. Das Gras, fast mannshoch, wiegte sich sanft und leise rauschend im Wind. Unser Zug ausgeschwärmt, die Gruppen nun aufgelöst in Einzelkämpfer, bewegte man sich im Schneckentempo durch das Gelände.

Ein sanfter Hügel. Rundum , überall konnte der Feind lauern. Weiter vorn erwartet er uns mit mörderischer Gewissheit. Seine Unsichtbarkeit, seine Unangreifbarkeit ließen die Spannung ins Unerträgliche wachsen. Der Vormarsch durchs Gras gewann eine albtraumhafte Unwirklichkeit.

Was wir deutsche Soldaten empfanden, war zwiespältig. Tapferkeit und Hingabe wechselten sich ab mit Verzagtheit. Da war auch das Grauen, eine Urangst, als liefen wir in eine Falle. Einige von uns versuchten das Neue, das Ungeheure und Unvorstellbare, das über uns hereinbrach, durch Phrasen zu bewältigen: „Nichts wie ran an den Feind! Die Russen werden keinen Widerstand leisten. Den Iwans sind wir doch haushoch überlegen. Die werden laufen wie die Hasen!"

Zimmermann mischte sich ein: „Ihr spinnt. Habt keine Vorstellung. Ihr werdet euer blaues Wunder erleben. Ich habe Nahkämpfe mitgemacht und weiß, wovon ich rede. Schreckliche Geräusche sind noch in meinem Kopf. Ich höre das Knirschen. Wie menschliche Knochen im Nahkampf brechen. Wenn in den Schädel gestochen wird."

Und wie die Uhrzeiger langsam vorrückten, so wuchs auch die Spannung. Der Kloß im Hals, der Druck im Magen - bis um 4 Uhr schlagartig auf einer kilometerlangen Front das Inferno losbrach. Die deutsche Offensive begann mit plötzlich einsetzendem, ohrenbetäubendem Geschützdonner aus über tausend Rohren.

„Angriff auf die sowjetischen Stellungen!", schrie eine sich überschlagende Stimme.

Um die vorderen Linien des Gegners vom Nachschub abzuriegeln, legte unsere Artillerie Sperrfeuer. Die in ununterbrochener Kette hinter uns abgefeuerten Abschüsse wirkten wie eine erhabene Demonstration deutscher Feuerkraft. Werferbatterien schleuderten ihre schaurig jaulenden Granaten weit hinter die feindlichen Linien.

Wir starrten zum Himmel, vermochten aber die über uns hinwegheulenden Granaten und Geschosse nicht zu erkennen. Einschläge setzten Bäume in Brand, verwandelten sich in Rauchfahnen, die gegen die Sonne aufstiegen. Bis zu den sowjetischen Stellungen, die erobert werden mussten, war es nicht weit.

Minuten später kam der Befehl: „Fertigmachen zum Angriff!"

Anschleichen! Orientierungshilfe gab der angezündete Wald. Im flackernden Licht brennender Bäume und verstärkt durch die anbrechende Helligkeit ließen sich schemenhaft die Umrisse einer Mühle erkennen. Die Entfernung bis zu den feindlichen Stellungen am Waldrand betrug keine zweihundert Meter.

Robben. Die feuchte Hitze, die sich in den frühen Morgenstunden über die Wälder legte, nahm mir den Atem. Leutnant Hahne fingerte nervös am Abzug seiner Pistole. Plötzlich riss er den Kopf hoch und brüllte:

„Auf! Marsch, Marsch!"

Die Deckung verlassen. Aufspringen und wie befreit losrennen. Vor uns ein flaches, aber unübersichtliches Gelände. In geduckter Haltung ausgeschwärmt. „Auseinanderziehen, aber nicht zu weit nach rechts abkommen!", schrie der Zugführer.

Durch Bäume und Büsche vorgehen, Zug- und Gruppenführer vor ihren Männern. Was uns in Döbeln bis zum Erbrechen eingetrichtert worden war, klappte automatisch.

Rechts und links, vor und neben uns, überall Kameraden des Regimentes 171 in Bewegung. Ungeachtet stark einsetzenden MG-Feuers gingen wir vor. Granaten zischten und schlugen irgendwo ein. Wir gerieten unter Beschuss. Infanteriegeschosse sangen um unsere Köpfe. Eine MG-Garbe. Dakdakdak. Die Erde vor den Stiefeln spritzte hoch.

Ein Wassergraben musste übersprungen werden. „Vorwärts! Hinüber!" Kurz vor den feindlichen Gräben eine Stockung. „Was ist los?", brüllte ein Hauptmann. Niemand antwortete.

„Gerät aufbauen!", befahl der Gewehrführer. Drei Minuten später: „Abbauen!" Feldwebel Troitsch rief, das Gesicht an die Erde gepresst: „Wo bleibt die Verstärkung?"

In eine Furche geduckt: Gerät erneut aufbauen: „Feuer!"

Munition anfordern. Nach Trägern rufen. Gurte auswechseln. Schießen. Gerät abbauen. 20 Meter weiter. Vorn erneut Deckung suchen. Gerät wieder aufbauen. Schießen. Abbauen. „Der Tod lauert hinter jeder Bodenwelle!", hörte ich jemanden fluchen.

„Munition aufgebraucht, wo bleibt Seifert?" schimpfte Gerd Krause. Aber dieser Munitionsträger blieb verschwunden. Wenzel und Gräser brachten Nachschub.

Kurz vor den feindlichen Gräben gerieten wir unter Beschuss. Granatwerfer. Den Kameraden der ersten Linie schlug rasendes Infanteriegewehrfeuer entgegen. Schwankende, taumelnde, stürzende Gestalten. Für uns hieß das: Weiter stürmen. Immer schneller auf die Gräben zu. Blicke nach rechts und links zeigten, dass die Reihen dünner wurden und die Abstände zwischen ihnen größer.

Auf den letzten Metern fiel das Atmen noch schwerer. Über den Rand des Grabens tauchten sowjetische Stahlhelme auf - und verschwanden. Der Feind wehrte sich erbittert. „Zwei Unteroffiziere mit ihren Leuten ausgefallen", meldete Leutnant Hahne dem Bataillonsgefechtsstand.

Halblinks von uns vorgestürmte Kameraden lagen wie hingemäht. Schmerzgekrümmte Gestalten schrien: „Hilfe! Hilfe! Sanitäter!" Andere waren reglos. Verstummt. Tot.

Beim Einsprung in die feindlichen Schützengräben empfing uns blutiger Widerstand. Der Gegner kämpfte erbittert um jeden Quadratmeter.

Mann gegen Mann! Die Bestialität des Krieges im Grabenkampf zu erleben ist schrecklich! Man kann es Wahnsinn nennen. Deutsche gegen Russen und andere. In den Mondlandschaften liegen leblose Gestalten. Erstarrt. Und wofür? Für die Verteidigung von Ehre und Vaterland! Irrsinn. Auch wie ein sowjetischer Offizier sturzbetrunken aus einem Bunker stolperte, die Hände nicht mehr hoch bekam und von MG-Garben durchsiebt zusammenbrach.

Erst als das Gemetzel beendet, die Blutlachen im Lehm versickert und die Leichname geborgen waren, begriff ich was, passiert war.

Hingestreckt auf den Lehmboden des Schützengrabens lagen tote sowjetische Soldaten. Ich sah blutige Uniformjacken, vom Kopf gerutschte Stahlhelme und Munitionsgurte.

Ein toter Kämpfer stand aufrecht im Graben, das Gesicht durchsiebt. Ein paar Schritte weiter hatten Flammenwerfer alles Leben ausgelöscht: Übrig geblieben verkohlte, geschrumpfte Leichen. Dann verstreut ein Paar Stiefel. Der sie getragen hatte, steckte im Schlamm. Zu erkennen war etwas vom Schädel, vom Gesicht war wenig übriggeblieben. Schreckliche Bilder, überall tote Soldaten.

Jeder Krieg ist eine Kette von Abschieden. Nirgends sind sie so endgültig wie an der Front.

Dieser Tag, an dem meine Einheit das sowjetische Grabensystem um die so genannte Rote Mühle erstürmte, wurde mir als erster Nahkampftag für die Nahkampfspange angerechnet.

Die gefallenen deutschen Kameraden wurden zusammengetragen und behutsam in Zeltplanen gelegt. Unter ihnen erkannte ich die Unteroffiziere Hausmann und Fiedler. Hausmanns Gesicht war entspannt. „Herzschuss", sagte ein Sani. „Der muss sofort tot gewesen sein, hat nichts mitbekommen."

Mit Hausmann verlor die Truppe einen geschätzten und erfahrenen Frontsoldaten. Der Unteroffizier war beliebt. Kein sturer Kommisskopp. Ein sympathischer Mensch lebte nicht mehr. Das machte betroffen.

GESCHICHTE DER 56. INFANTERIE-DIVISION

Auszug I

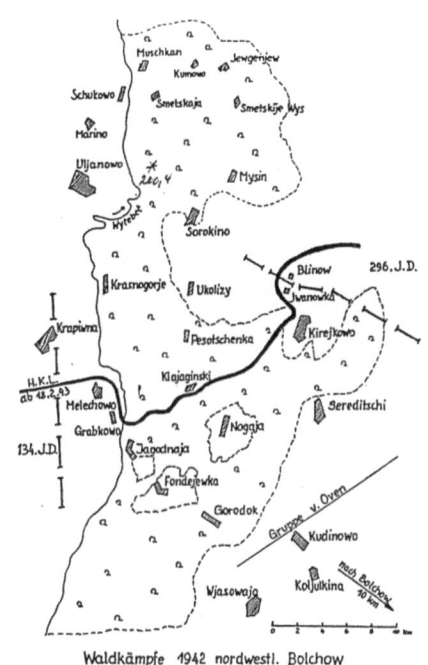

Waldkämpfe 1942 nordwestl. Bolchow

Am 11.8. 42 4.00 Uhr trat die Division aus ihren seit dem Februar gehaltenen Stellungen zwischen Kirejkowo und Melechowo (6 km südostwärts. Krapiwna) zum Angriff an.

Das Vorgehen der Infanterie im urwaldähnlichen, verschlammten Gelände südlich Sorokino war sehr mühsam, da Sturmgeschütze und Gefechtsfahrzeuge nicht folgen konnten und der Infanterist seine schweren Waffen und Munition selbst schleppen musste.

Am 12. 8. wurde das Grenadier-Regiment 234 durch die mühsame und zeitraubende Säuberung des Waldstreifens nördlich seiner alten Stellungen (Wegnahme allerletzter Feindstützpunkte, Entminen einiger Wege usw.) voll in Anspruch genommen. Das linke Flügelregiment der Division (Gr.R. 171) stieß am 11.8. aus dem Raum Melechowo in allgemeiner Richtung Pesotschenka vor.

Alarmkompanien aus rückwärtigen Diensten hatten die linke Hälfte der alten Regimentsstellungen zu besetzen.

Nach wechselvollen, zeitweise schweren Kämpfen fand I/171 Anschluss an Gr.R. 192 bei Pesotschenka, während II/171 mit der Front

161

nach Nordwesten eine Ausgangsstellung für die Fortsetzung des Angriffs am 13.8 erreichte. Das über die beschwerlichen Bewegungen im Walde Gesagte traf im gleichen Umfang für Gr.R. 171 zu.

Am Spätnachmittag des ersten Angriffstags erschien es wie ein Wunder, dass alle Angriffsziele nicht nur erreicht, sondern stellenweise sogar überschritten waren. Die Verluste hielten sich wider Erwarten in Grenzen.

Die Leistungen der Truppe waren vorbildlich nicht nur hinsichtlich der Tapferkeit und Hingabe des einzelnen Mannes, sondern auch der Unterführer und Gruppenführer, die im unübersichtlichen Gelände neue Entschlüsse fassen und selbständig handeln mussten.

Am 13. 8. besetzten Gr.R. 192 und Gr. R. 171, bataillonsweise eintreffend, zum Teil nach Bereinigung der Lage Uljanowo, in den Tagen bis zum 16.8. im Anschluss an Gr.R. 234 die Linie Smetskije - Wys-Jewgenjew-Kumowo-Muschkan.

Gr.R. 192 musste schwer um Kumowo kämpfen, eroberte oder vernichtete dort 5 Panzer, 2 mittlere Pak, 6 Geschütze 7,6 cm, während Gr.R. 171 gegen hartnäckig kämpfende Infanterie und Panzer Muschkan nahm.

Bei diesen Kämpfen zeichnete sich der bewährte Kommandeur I/Gr.R. 171, Hauptmann Eidel, durch selbstständige Entschlussfassung und persönliche Tapferkeit hervorragend aus. In Anerkennung dieser Leistung wurde ihm am 24.8.42 das Ritterkreuz verliehen.

Sammeln und weitermarschieren. Ausgebrannte deutsche Geschützwracks erinnerten an den unverzüglich eingeleiteten sowjetischen Gegenschlag.

Zwei Kilometer über Rübenfelder, die keinen Schutz boten. Feldlerchen flatterten auf. Ohne Verluste erreichten wir den bisherigen Waldrand. Schutz bot er hier nicht. Von den meisten Bäumen waren nur verkohlte Stümpfe übrig. Das änderte sich.

Wald. Auch hinter der Welle eines Hügels nichts als tiefer Wald. In diesem Niemandsland abseits der Zivilisation hatte sich die Natur ihren Urzustand mit riesigen Bäumen, Hochmoorlandschaften und Heidewiesen zurückgeholt.

Der Vormarsch durch die Waldgebiete nordöstlich von Bolchow wurde häufig durch kurze Gefechte unterbrochen. Schüsse fielen oft. Nur selten gelang es, die feindlichen Schützen zu erkennen. Partisanen? Aber auch Kameraden aus der eigenen Truppe konnten aus Angst, Übereifer, Unvorsichtigkeit oder Tollerei Schüsse auslösen.

GESCHICHTE DER 56. INFANTERIE-DIVISION.

Auszug II

Am 16.8. stand die Division mit ihren sechs schwachen Bataillonen in einem weit gespannten, größtenteils im Wald verlaufenden Bogen von 16 km Breite. Bis zum 21. 8. konnte die Division Feindvorstöße abwehren. Dann kam es, wie es kommen musste. Gegenüber mit überlegenen Kräften, Panzern und starker Artillerie geführten russischen Angriffen war dieser weitgespannte Div.-Bogen nicht zu halten. Am 22. 8 wurde die Naht zwischen Gr.R. 234 und 192 eingedrückt. Die Reste der Gr.R. 192 und 171 mussten in den folgenden Tagen (ab 24.8.) auf das Westufer des Wytebet zurückgenommen werden, wo sie nördlich Schukowo an die Gruppe Scheffler der 11. Panzer-Division Anschluss fanden.

Leutnant Hahne übergab den 1. Zug an Feldwebel Müller. Wir verließen die Wälder und bewegten uns vorsichtig durch flaches Gelände. Die Strapazen bei glühender Hitze und tiefen Sandwegen waren groß. Sie erinnerten an eine mit der doppelten Menge Sandes frisch aufgeschüttete Reitbahn. Von diesen Marschleistungen mit schwerem Gerät macht man sich in Deutschland keinen Begriff. Ein paar Dornenbüsche boten Tarnung für menschliche Bedürfnisse. Pickelpausen allenfalls, wenn die Gefechtslage sie zuließen. Feindliche Flugzeuge rasten flach über uns hinweg. Hohes Gras bot notdürftigen Schutz. Hauptmann Eidel tauchte auf und verschwand. Dieser Offizier strahlte Ruhe aus. Vergeblich versuchten wir ihm zu folgen. Ein Melder keuchte heran.

„Drei Munitionsträger vermisst! Vermutlich in Hinterhalt geraten!"

„Partisanen", vermutete Müller. „Sofort Suche aufnehmen!"

Vom Feind war nichts zu sehen. Heckenschützen beherrschen die Tarnung perfekt. Kameraden, die nicht mehr auftauchten, waren in ihre Hände gefallen. Unter ihnen Kunze, der kleine Mann mit der großen Stimme. Hatte der Opernsänger in seinem Leben nur einen einzigen Auftritt?

„Da gibt es keine Hoffnung", sagte jemand. „Wer von Partisanen geschnappt wird ist verloren!"

Weiter in Richtung Muschkan. Vor einem Bahndamm knatterte Gewehrfeuer. SMG aufbauen - schießen. Das Gerät funktionierte fehlerlos, selbst unter feindlichem Beschuss. SMG abbauen marschieren. Und das so lange weiter, bis wieder Gewehrfeuer um unsre Ohren pfiff. Deckung suchen. Die Lafette in Sekundenschnelle vom Rücken absatteln und in einer Rinne aufbauen. Die geringe Vertiefung lag zwischen Sträuchern und Bäumen. In unmittelbarer Nähe zerbarsten Granaten. Das Risiko, während dieses Einsatzes getötet zu werden, war keine entfernte Möglichkeit. Zimmermann zog den Kopf ein und fluchte: „Verdammt, woher kommen plötzlich die Schüsse?"

Mit einbrechender Dunkelheit ließ das Feuer nach. Verstummte Minuten später ganz. Ich starrte in den grauen, feuchten Wald. Konturen ließen sich kaum erkennen. Mich übermannte ein Sekundenschlaf.

„Aufwachen!" schrie Krause.

„Lass mich in Ruhe! Bitte! Wenigstens fünf Minuten!"

13.August: Allmählich wärmte die Sonne die Luft über Baumgruppen und den lehmigen, feuchten Äckern. Waldmärsche. Vom Feind nichts zu sehen. Weiter. Auf Wegen und Pfaden. Endlich eine Pause.

„Wir haben Kohldampf. Wann gibt's was zu essen?", fragte Munitionsträger Wenzel.

„Blöde Frage! Wie soll der Tross die weit verstreute Truppe finden und versorgen?", gab der Zugführer zu bedenken.

„Die eiserne Ration wird nicht angetastet!"

Abgesehen von einigen Scharmützeln blieben wir ohne Feindberührung. Mehr als 15 Kilometer hatte ich die schwere Lafette an diesem Tag auf dem Rücken geschleppt, fühlte mich wie zerschlagen.

Nach Einbruch der Dunkelheit biwakierte unser Zug auf einem Waldplatz. Weißrussische Offiziere hockten an einer Feuerstelle und ließen sich Wildbret schmecken.

„Die sind zu uns übergelaufen, um gegen die Sowjets zu kämpfen", sagte ein Unteroffizier.

„Das sind Fanatiker. Die machen weder Gefangene noch geben sie Pardon", flüsterte Zimmermann.

„Mal herhören!", rief Leutnant Hahne. „Der 11. August 1942 wird wegen Erstürmung des Grabensystems 'Rote Mühle' als Grabenkampftag angerechnet. Beim dritten bekommt man die Nahkampfspange!" Zimmermann hob abwehrend die Hand: „Die habe ich doch schon. Ein Heimaturlaub wäre mir lieber!"

Sich freiwillig für Stoß- und Spähtrupps zu melden, bedeutete, mit ordensgeschmückter Brust nach Hause zu kommen. Wichtiger war es, den Krieg zu überleben.

Im Laufe des 24. August kam es vor dem Dorf Smetskaja zu Nahkämpfen. Im hohen Getreide überlebten Kameraden aus dem dritten Zug nur, weil sie von den Russen für tot gehalten wurden.

Das graue Dorf Muschkan war mächtig heruntergekommen. Von einer Hand voll Steinhäusern standen gerade noch ein paar Mauern. Überall große Pfützen mit versickerten Fäkalien. Zerschossene Fenster. Glassplitter auch vor den Holzhütten. Kein Strom. Kein Wasser. In den Ruinen wucherte dorniges Brombeergestrüpp. Zwischen Apfelbäumen baumelten Leinen ohne Wäsche. Beim Näherkommen flatterten Vögel auf. Rußgeschwärzte Tapeten. Zerfetzte Sessel. Betten voller Schutt. Bodenlose Wohnzimmer. Ein Treppenhaus ohne Treppen. Vom Keller bis zum Dachboden alles zerstört. Bleierne Rohre. Leitungen.

Der Kompanietruppführer erschien und übermittelte Befehle aus dem Gefechtsstand.

„Der 1. Zug ist in Alarmbereitschaft, bleibt aber die Nacht über hier und verteilt sich in diese Buden", erklärte er dem neu hin-zugekommenen Feldwebel Müller.

„Kleine", sagte der Kompanietruppführer lakonisch, dir wurde ein Stoßtrupp über die Suscha für die Nahkampfspange angerechnet."

Wir drängten uns eng zusammen. Erschöpft warfen sich einige Kameraden auf den Holzboden.

„Hier ist alles verwanzt. Schlaft lieber im Stehen!", schimpfte ein Gefreiter. Gute Idee? Nein. Auch ich fühlte mich wie gerädert und rollte mich auf dem Boden zusammen. Wanzen? Meinetwegen. Mir egal. Sollten sie kommen.

Kurz vor Sonnenaufgang verließen wir Muschkan und gruben uns - in Erwartung feindlicher Angriffe - hinter dem Dorf ein. In den frisch ausgehobenen, hüfttiefen Löchern wimmelte es von Sandflöhen. Massenhaft.

Unsere Stellungen, gut getarnt, fast unsichtbar, boten vom Waldrand aus ein freies Schussfeld in Richtung Norden. Die Sonne durchbrach die Wolkendecke. Wir rechneten mit Vorstößen sowjetischer Infanterie. Im Nachbarabschnitt war das Regiment 192 bereits zwei Kilometer zurückgedrängt worden.

Ein Fahnenjunker-Unteroffizier kroch von Loch zu Loch zur benachbarten SMG-Gruppe. Ich traute meinen Augen nicht. Der Offiziersanwärter war Hardy Blume. Unverkennbar. 1941 hatten wir beim Reichsarbeitsdienst gemeinsam den Vormarsch durch Weißrussland und die Ukraine mitgemacht. Zehn Monate auf Tuchfühlung erlebt und erlitten. An dieses Wiedersehen, es war wie ein kleines Wunder, erinnere ich mich mit einer Genauigkeit, als hätte es gestern stattgefunden.

Ich krabbelte aus meinem Loch, stürzte auf ihn zu und rief: „Mensch Hardy! Du hier? Das gibt`s doch gar nicht!"

Die Verblüffung stand ihm ins Gesicht geschrieben: „Werner Kleine? Das kann nicht wahr sein."

Sagt man nicht, die Welt sei ein Dorf? Das Wiedersehen bedeutete mir viel. Der ständige Wechsel von Menschen in Uniformen, die der Bewegungskrieg täglich einfordert, stumpft ab. Es berührte dich nicht mehr, dass du neue Kameraden nur momenthaft, oberflächlich und fragmentarisch wahrnimmst und hinter den Rangabzeichen niemals die ganze Persönlichkeit zu erkennen vermagst.

Für Gespräche mit Hardy blieb keine Zeit. Russische Artillerie begann uns mit Granaten einzudecken. Das Rauschen der Geschosse übertönte die Worte. Der Wald begann zu brennen. Als unmittelbarer Nähe Feuer ausbrach, versank die vorderste Frontlinie im Chaos.

Die Infanteristen der Nebengruppen, erfahrene Frontsoldaten, verließen ihre Stellungen. Hardy versuchte sie aufzuhalten.

„Du hast keine Ahnung", rief ein Stabsgefreiter. „Sammle erst mal Fronterfahrung!"

Hardy stand hilflos herum, kam zu uns rüber und sah mich fragend an. „Die hauen ab, was soll ich machen?", fragte er unschlüssig.

In diesem für ihn schicksalhaften Augenblick erschien Hauptmann Eidel mit zwei Meldern. Auf den ersten Blick erfasste er die Situation.

„Wo sind Ihre Leute, Fahnenjunker?", wollte er wissen. Der aggressive, ja drohende Unterton war unüberhörbar.

„Im Moment noch hinten. Sie kommen aber sofort zurück, Herr Hauptmann!", stotterte Hardy. Er konnte nicht wissen, dass der Offizier wegen seiner Strafen gefürchtet war. Eidels Stirnader schwoll an, sein Gesicht erstarrte vor Zorn und lief tiefrot an.

„Eine unbesetzte Stellung! Mann! Haben Sie den Verstand verloren?", schrie der Bataillonskommandeur erbost. "Das ist Fahnenflucht! Flucht vor dem Feind! Ich stelle Sie vor ein Kriegsgericht.

Hardy wurde noch am gleichen Tag degradiert und anschließend drei Monate in einer Strafkompanie geschunden. Das erfuhr ich erst viele Wochen später.

Erste Verwundung

„Fertig machen. Auf zum Gegenstoß!", befahl Zugführer Müller. Ich richtete mich auf, bereit, die SMG-Stellung zu verlassen. In diesem Moment prasselten die Einschläge von Granatwerfern auf uns herab. Ich wurde getroffen, rutschte zu Boden und lag bewegungslos. Schmerz fühlte ich nicht. Mein Gott! Ich sah auf die Uniform und erschrak. Meine Hose war blutdurchtränkt. Bauchschuss? Der Gedanke löste den Schmerz aus. Mein Unterleib brannte.

„Hilfe!", schrie ich so laut ich konnte. „Hilfe! Hilfe! Sanitäter!"

Fremde Gesichter beugten sich über mich. Ich sehnte mich nach meiner Mutter. Muttel, dachte ich, wenn du jetzt hier wärst, das wär schön.

Der Sanitäter störte sich nicht an meinem Gewimmer. Zog vorsichtig meine Hose herunter.

„Bitte schau nach, ob zwischen meinen Beinen noch alles dran ist", bat ich flüsternd. „Los, mach schon."

„Da ist noch alles dran. Bauchschuss. Ich lege einen Notverband an. Der muss hier weg!", rief er einem Sanitätskameraden zu.

„Schnellstens!"

Zimmermann beugte sich über mich und tastete an mir herum.

„Das sieht mir eher nach einem Hodenschuss aus", sagte er dem Sani.

Mein einziger Gedanke war: Ich will nach Hause. Nach Hause. Nach Hause. Ich will nicht sterben.

Meine Trage wurde hinter ein Gebüsch gezogen. Verborgen und gut getarnt stand sie da. Würde man sie auch finden? Der Sanitäter beruhigte mich:

„Du wirst schnell abgeholt."

Ich lag still und dachte, hoffentlich vergessen die mich nicht. An den Abtransport habe ich keine Erinnerung.

Den Hauptverbandsplatz in Bolschow erreichte ich unter großen Schmerzen. Nach einer Spritze erhielt ich fachgerechte Verbände. Der Arzt sagte zu einem Sanitäter:

„Der Mann kommt mit dem nächsten Transport weg!"

Am Abend befand ich mich im Feldlazarett Orel. Der Stationsarzt war das Musterbild eines jungen Militärmediziners. Ein Typ mit zackigen Manieren. Unter dem Arztkittel der drahtige Körper eines Leichtathleten.

„Der durch die Peniswurzel in Ihren Bauch eingedrungene Granatsplitter muss herausoperiert werden. Das ist klar. Die Splitter im Unterschenkel werden sich verkapseln".

169

Wie hoch waren meine Überlebenschancen? Einen Militärarzt zu befragen, wie es um mich stünde, konnte ich mir das erlauben? Für Mannschaftsdienstgrade war das unüblich. Absolut. Vor der Operation erfuhr keiner, was sie mit ihm vorhatten.

Nach der Operation war es, als würde einem der eigene Körper nicht mehr gehören. Der Katheder war qualvoll, schlimmer als alles andere. Er verlief an meinem Bein aufwärts bis zum Penis, und das Einsetzen und Herausnehmen war jedes mal eine Tortur. Reichte es nicht, sich den Schmerzbehandlungen übermüdeter Krankenpfleger aussetzen zu müssen?

Ich glaubte zu wissen, was Angst ist. Doch wusste ich es erst, als ich einen Assistenzarzt fragte, ob ich noch zeugungsfähig sei.

„Daran sollten Sie jetzt nicht denken", antwortete er ausweichend.

„Was heißt das für mich?"

„Dass es in Ihrem Fall vorrangig um die Sexualität geht."

„Wann werde ich Näheres erfahren?"

„Da müssen Sie sich noch einige Zeit in Geduld fassen!"

Ich begann zu grübeln. Die heiß geliebte Sonia in Dresden. Mein Gott! Das durfte doch noch nicht alles gewesen sein. Zehn Tage später lag ich im Bett eines Lazarettzuges. Mit dem einzigen Gedanken: Zurück in die Heimat!

Oberschlesien. Ab Krakau begann man Verwundete auszuladen. Gleiwitz und Mährisch-Ostrau nahmen die meisten auf.

Endstation Annaberg/Erzgebirge! Der Bahnhof war mir vertraut. Ich schrieb ein paar Zeilen, adressierte sie an Herrn Rinaldo Klemm und hoffte, dass sie ihm zugestellt würden. Mein Großvater war 73 Jahre alt. Seine Pensionierung aus „kriegswichtigen Gründen" aufgehoben worden. Man hatte ihn für den Postdienst reaktiviert.

Die bis zuletzt in den Abteilen verbliebenen Verwundeten wurden in eine Schmalspurbahn umgeladen. Nach kurzer Fahrt hielt der Zug auf der kleinen Bahnstation Kretzscham-Rothensehma.

Die Sanitätsfahrzeuge stoppten vor einem Flachbau. Modern und lang gestreckt lag er vor uns. Wahnsinn, dachte ich, das ist alles vollkommen wahnsinnig. An der Front hätte ich mir nie vorstellen können, jemals in ein so schönes Heimatlazarett eingeliefert zu werden.

Unterarzt Schmidt erwartete uns im Kreis zahlreicher Rotkreuzschwestern. Nach angemessener Zeit erschien auch der Chefarzt. Ein kleiner Herr, um die vierzig, schmales Gesicht, Brille, kluge Augen. Er lächelte.

„Ich bin Dr. Frings", sagte er. Und setzte sich mit ein paar wohlgesetzten Begrüßungsworten gut in Szene. Die Rasur meiner Schamhaare löste Verwirrung aus. Deswegen verblieb ich die ersten Stunden auf einer Trage. Ich musste ausharren, bis der dienstfreie Pfleger aus einem entfernt liegenden Dorf herbeigeholt werden konnte.

„Kann das nicht eine Schwester machen?"

„Um Gottes willen! Aber ich bitte Sie. Nein!"

Visite. Verbandswechsel. Chefarzt Dr. Frings wartete geduldig, bis mein Penis aus dem Verbandsmull geschält worden war. Er betrachtete die Verletzung nachdenklich und wie mir schien mit umwölkter Stirn. Dann wandte er sich den respektvoll zu ihm aufblickenden Schwestern zu und sagte genüsslich:

„Peniswurzelsteckschuss. Mädels, der Einschusskanal sollte schon besser aussehen. Kümmert Euch um diesen Unterleib."

Der Stabsarzt witterte die Chance, seine Krankenschwestern in Verlegenheit zu bringen, und gab vor, mich zu ermutigen:

„Keine Sorge, Ihren Penis kriegen wir wieder in Aktion!"

Mir schoss die Verlegenheitsröte ins Gesicht. Raunen und verschämtes Kichern bei den Schwestern. War der Chefarzt ein Ironiker? Oder ein Sadist?

Lazarettaufenthalt in Kretzscham-Rothensehma

Abends verbrachten wir die meiste Zeit vor dem Radio. Thema Stalingrad. Am 19. August hatte General Paulus den Befehl zum Angriff gegeben. Den Nachrichten konnte man entnehmen, dass die groß angekündigte deutsche Sommeroffensive die Niederlage der Roten Armee nicht einzuleiten vermochte. Der deutsche Vorstoß nach Stalingrad brachte zwar neun Zehntel der Stadt in deutsche Gewalt; aber die Verteidiger ließen sich trotz heftiger deutscher Angriffe nicht vom Westufer der Wolga vertreiben.

Das in den Nachrichten allabendlich mit Pauken und Trompeten verkündete Triumph- und Siegesgeschrei beeindruckte nur noch wenige.

Meinen 20. Geburtstag verlebte ich bei den Großeltern in Annaberg. Muttel und Uschi kamen aus Leipzig. Onkels, Tanten, Cousins und Cousinen mit Ehepartnern oder Freunden, insgesamt 20 Verwandte gaben mir die Ehre.

„Der 4.Oktober fällt auf das Erntedankfest", hatte mein Opa gesagt und damit den Besuch des Gottesdienstes beschlossen.

In der Annenkirche bot der mit Früchten geschmückte Altar einen wunderschönen Anblick. Nachmittags fuhren wir nach Buchholz und feierten in Tante Paulas und Onkel Alfreds Gasthof „Zum Waldfrieden"

Mein Großvater schenkte mir seinen Siegelring.

„Trag ihn zur Erinnerung an mich. Leider habe ich nicht viel zu vererben", sagte er. Und es klang etwas durch, als müsse er sich dafür entschuldigen.

Dem Chefarzt diente ich nun während der Visite als Objekt billiger Späße.

„Wenn Sie das Bett verlassen, muss ein Suspensorium angelegt werden!", tönte er wie eine Trompete.

Ich fragte arglos, was darunter zu verstehen sei.

Dr. Frings kräuselte die Lippen zu einem überlegenen Lächeln.

„Das erkläre ich Ihnen gern", antwortete er süffisant.

„Das Suspensorium ist im medizinischen Wortgebrauch ein Tragverband. Umgangssprachlich und auf gut deutsch heißt das ein Sackheber. Vermögen Sie sich unter Sackheber etwas vorzustellen?" Das Wort Sackheber sprach er mit erhobener Stimme. Er zelebrierte es genussvoll.

„Jawohl, Herr Stabsarzt."

Dr. Frings drehte sich erwartungsvoll nach den Schwestern um. Doch das Kichern blieb aus. Der Stabsarzt verbarg seine Enttäuschung und rauschte aus dem Zimmer.

Die zwei Tischtennisplatten im Lazarett waren ständig umlagert. Begeisterung ist ansteckend. In schmerzfreien Phasen versuchte ich mitzuspielen. Ich konnte wählen zwischen Partnern an Krücken und auf Rollstühlen. Oder auch solchen, die Armverbände trugen. Erfolgserlebnisse ließen nicht auf sich warten.

Am 8. Oktober 1942 erschien der Chefarzt in Begleitung seiner Sekretärin. Das kündigte nichts Gutes an. Dr. Frings schwenkte eine Liste und kam kurz und bündig zur Sache.

„Ich lese Ihnen jetzt die Namen der Patienten vor, die noch heute entlassen werden!" Wie erwartet befand ich mich unter den Betroffenen.

Dr. Frings verabschiedete sich mit den Worten:

„Wir im Teillazarett Kretzscham-Rothensehma haben für jeden von Ihnen getan, was getan werden konnte."

Im Sekretariat bekam ich den so genannten Marschbefehl ausgehändigt.

„Sie melden sich umgehend bei Ihrem Ersatztruppenteil in Bautzen. Zuständigkeitsbereich Kantkaserne!", hieß es da.

Ich nahm den nächsten Zug nach Annaberg und verabschiedete mich von meinen Großeltern.

Bautzen. Die Zeit mit Margarete Suchy

Bautzen ist eine schöne mittelalterliche Stadt mit hohen Türmen und wehrhaften Bastionen. Am höchsten ragt der mächtige spätgotische Kirchturm von St. Petri aus der Stadtsilhouette heraus. Ich hatte es nicht eilig und besichtigte die Altstadt. Viele Fassaden widerspiegelten die Stilepoche des Barocks. Einigen wunderbaren Häusern fehlte ein frischer Farbanstrich.

Die Kantkaserne lag etwas außerhalb des Stadtkerns und war während der dreißiger Jahre bereits im Baustil der nationalsozialistischen Bewegung errichtet worden. Heute, im Jahr 2003, befindet sich in diesen Gebäuden die Landespolizeischule. Am Eingangstor prüfte der Wachthabende meine Papiere mit Sorgfalt.

„Die Genesungskompanie befindet sich im ersten Block rechts. Ein freies Bett lässt sich in einer der Stuben finden. Irgendwo. Melden Sie sich morgen früh auf der Schreibstube!", befahl er mir.

Die Kantkaserne, Bautzen

Gleich im ersten Zimmer erkannte ich vertraute Stimmen.

„Habt Ihr ein freies Bett?"

„Deinen Tonfall kenne ich, Werner. Immer herein!"

Herbert Kern kam mir entgegen:

„Altes Haus, schön dich hier wiederzusehen!"

Verblüfft und erfreut klopften wir uns gegenseitig auf die Schultern.

„Den Hermann kennst du auch. Denk an Orel. Er war in unsrer Kompanie."

Natürlich erinnerte ich mich. Hermann Sachse war 1941 in ein Strafverfahren verwickelt und von einem Militärgericht verurteilt, degradiert und in ein Strafbataillon verbracht worden. Der Fall blieb geheimnisvoll. Hermann sprach nicht darüber.

„Du wirst hier drei oder vier Wochen einen ruhigen Lenz mit uns schieben", verriet Herbert.

„Wirklich?"

175

„Klar! In der Genesungskompanie gibt es kein Wecken und keinen Dienstplan. Niemand kräht nach dir. Die Kaserne darf täglich bis 22 Uhr verlassen werden. Unser Wiedersehen muss begossen werden!", beschloss Herbert.

Auf dem Weg zur Kantine gab er mir einen wichtigen Hinweis. „Denk daran, dass du hier wieder jeden Arsch zu grüßen hast!" Richtig. Das hatte man sich an der Front abgewöhnt.

„Hermann ist schwul, aber ein prima Kerl. Der soll wegen einer Affäre mit einem Leutnant verurteilt worden sein", informierte mich Herbert nach einigen Gläsern.

Wir hatten uns viel zu erzählen bei Bier und Schnaps. Tranken, bis die Kantine geschlossen wurde. Gegen Mitternacht war Schluss mit lustig. Durch endlose Korridore wankend und bemüht, geräuschlos zu sein, fielen wir alkoholbenebelt in die Matratzen.

Herbert Kerns Ankündigung stimmte. Für die Genesungskompanie war Schonung angesagt. Nachts hatte man sich wieder an die verdammten Schnarchkonzerte zu gewöhnen. An blasende, pfeifende, gurgelnde und seufzende Geräusche aus allen Ecken des Schlafsaals.

Doch störten weder Trillerpfeifen noch das Gebrüll von Unteroffizieren. Während die Marschkompanie nach Frühsport und knallenden Gewehrgriffen morgens um 7 Uhr mit Gesang ins Gelände ausrückte, schoben wir eine betont ruhige Kugel. Gegen 8 Uhr bewegten wir uns schleppenden Schrittes in Richtung Kantine.

„Was macht ihr eigentlich den ganzen Tag?", wollte der diensthabende Unteroffizier wissen.

„Eigentlich nichts", antwortete ich. Wir lesen viel und machen Kartenspiele. Selbstverständlich unter Verzicht auf Siebzehnundvier. Und abends genehmigen wir uns manchmal ein Bierchen."

Spät nachts fieberten wir den Nachrichten von Radio London entgegen. Am 22. November hörten wir, dass die 6. Armee in Stalingrad eingeschlossen worden sei. Schlecht ausgerüstete Rumänen, Ungarn und Italiener an den Flügeln der 6. Armee konnten die gegen sie angesetzten sowjetischen Verbände nicht aufhalten. Die sowjetischen Angriffszangen hätten sich bei Kalatsch am Don vereinigt. 250.000 deutsche Soldaten waren eingekesselt!

Im deutschen Wehrmachtsbericht hieß es: Die 6. Armee igelt sich ein und wartet auf weitere Befehle des Führers. Man hatte gelernt, zwischen den Zeilen zu lesen und machte sich seine eigenen Gedanken.

In der Genesungskompanie war mittwochs Visite angesetzt.

„Der Truppenarzt ist in Ordnung", meinte Hermann Sachse. "Ein anständiger Kerl. Der spricht zwar jeden Patienten mit Du an, versucht aber alles, ihn auszukurieren. Der schickt keinen Verwundeten auf Knall und Fall wieder an die Front.

Stabsarzt Herrmann war ein Mann gut über die vierzig mit ansehnlichem Bauch und einem runden, sympathischen Gesicht. Er steckte in einem weißen Kittel, dessen Ärmel zu lang waren.

Während der Doktor meinen Unterbauch betastete, bemerkte er, dass die Narben der Schussverletzungen noch nicht verheilt waren.

„Penisbereich. Hast viel Schmerz aushalten müssen! Werde dich bis Ende Dezember vom Dienstbetrieb befreien! Trabst aber jeden Mittwoch hier an. Punkt 8 Uhr stehst du auf der Matte!", sagte er im Ton väterlicher Fürsorge. Sein Mitgefühl tat mir gut.

„Jawohl, Herr Stabsarzt!"

Im Winter 1942 war die Oberlausitz noch kaum vom Krieg berührt. In den Städten gab es keine Zerstörungen. Und sah man von den nächtlichen Verdunklungen ab, verlief das Leben fast normal. Uniformen bestimmten die Straßenbilder. Tägliche „Abgänge" aus den Garnisonen nach Russland, die dort den Tod fanden, blieben von der Öffentlichkeit unbemerkt.

Am 10. Dezember wurden Herbert und ich zu Gefreiten befördert. Am gleichen Tat bekam ich einen zweiwöchigen Genesungsurlaub bewilligt. Einschließlich der Weihnachtsfeiertage. Herbert entschied sich anders: „Zu Hause feiere ich lieber Silvester."

Werner Kleine, 20 Jahre

Margarete Suchy war ein so genanntes Fräulein vom Amt. Ihre Nummer hämmerte ich mir ins Gedächtnis. Weil diese dunkle, erotische Stimme geheimnisvoll klang und Rätsel aufgab. Wenn sie das Wort Vermittlung aussprach, hörte sich das freundlich an,aber auch sehr kontrolliert.

Die Preisgabe ihres Namens verwehrte sie unter Hinweis auf ein amtliches Verbot ab:

„Einladungen anzunehmen ist allen Damen der Telefonzentrale strikt untersagt", erklärte sie lachend. Vielleicht war es nur Einbildung, aber ein gewisses Bedauern meinte ich herauszuhören.

„Vermittlung?" Hinter diesem Wort stand nun bei jedem Anruf eine Frage, die nicht beantwortet werden durfte.

Wann und wo ich sie treffen und ansprechen könnte, verriet mir eine Kollegin. Fräulein Suchy sei eine Sorbin, dunkelhaarig und leicht zu erkennen am roten Kopftuch, das sie trage.

Ich traf sie wie zufällig auf dem Hauptmarkt vor dem Rathaus.

„Wie wär's mit einem gemeinsamen Abendessen, und welches Lokal würden Sie vorschlagen?", fragte ich gut gelaunt und frohen Herzens.

Die junge Dame schien nicht abgeneigt, nickte zustimmend:

„Das 'Alte Gasthaus' hat eine gute sächsische und Lausitzer Küche. Im Gewölbekeller gibt es einen Gastraum im Stil der Jahrhundertwende. Da sitzt man sehr schön", antwortete sie betont distanziert. Ihr selbstsicheres Auftreten war beeindruckend.

Fräulein Suchy war sehr attraktiv. Der Anblick dieses Mädchens entzückte mich. Die schönen Augen, die schalkhaften Blicke. Beim Lachen entfaltete sich ein hübsches Grübchen. Die junge Frau strahlte eine außergewöhnliche Spontaneität aus. Ich fühlte mich zu ihr hingezogen. Vom ersten Moment an.

„Erzählen Sie mir etwas über Bautzen", bat ich und gestand ihr, dass ich über die Stadt und seine Geschichte kaum etwas wisse. Und fast gar nichts über die Sorben und Wenden.

„Interessiert das?"

„Sehr, ich möchte viel darüber erfahren."

„Leider sind meine Kenntnisse begrenzt", sagte sie bedauernd.

Ich schien ein interessantes Thema gefunden zu haben. Margarete Suchy wusste viel mehr, als sie anfangs zugab.

„Bautzen ist fast 1000 Jahre alt, wurde erstmals im Jahre 1002 urkundlich erwähnt und entwickelte sich zu einer Siedlung. Bautzen konnte bereits vor dem Jahr 1200 im Gebiet der Oberlausitz als Stadt gelten."

„Und seit wann siedelten die Sorben in dieser Region?", fragte ich.

„Das weiß ich noch aus der Schulzeit", erklärte sie lachend. „Schon bevor sich eine deutsche Nation herausgebildet hatte. Die Sorben waren seit dem 6. Jahrhundert gemeinsam mit anderen slawischen Stämmen friedlich in das Gebiet zwischen dem Erzgebirge und der Ostsee eingewandert."

„Und die Germanen?"

„Hatten das Lausitzer Gebiet während der Völkerwanderung verlassen. Im 10. Jahrhundert wurden die Sorben von den Deutschen unterworfen. Allmählich wurden sie zur Minderheit im eigenen Gebiet zwischen Cottbus (Chosebuz) und dem Spreewald im Norden."

„Und Bautzen im Süden", warf ich ein.

„Stimmt ganz genau. Wir Sorben haben unsere Sprache, das Brauchtum und unsere Lebensweise bewahrt."

„Was heißt unsere Lebensweise?", wollte ich wissen.

Marga lachte.

„Ein Beispiel. Wenn Sie in Bautzen das Tönen eines Dudelsacks vernehmen, handelt es sich dabei nicht um einen verirrten Schotten. Der Dudelsack gehört zu den charakteristischen Instrumenten sorbischer Volksmusik."

„Deutsche und Sorben. Worauf beziehen sich die Unterschiede?"

„Vorsichtig ausgedrückt darauf, dass wir eine slawische Minderheit sind, die besonders in schweren Zeiten zusammenhalten muss. Die Begriffe Wenden und Sorben meinen übrigens dasselbe."

„Aber in Bautzen lebt das kleine slawische Volk doch friedlich mit den Deutschen zusammen?"

„Nicht nur in Bautzen, in allen Teilen der Lausitz."

„Und wie viel Lausitzer beherrschen heute noch die sorbische Sprache?"

„70.000 bis 80.000. In der Niederlausitz spricht man Niedersorbisch, das dem Polnischen näher ist. Hier in der Oberlausitz das dem Tschechischen ähnlichere Obersorbisch. Alle Sorben wachsen zweisprachig auf."

Im Gespräch über das Schicksal ihres Volkes lebte Fräulein Suchy auf. Sie bemerkte, wie ich das aufnahm, und wurde verlegen.

„Hoffentlich langweilte ich Sie nicht?"

„Aber ganz im Gegenteil. Was Sie sagten, war mir wichtig."

Auf Fragen zu ihrer Person antwortete sie ausweichend und diplomatisch. Auf Komplimente reagierte sie zurückhaltend. Skeptisch. Plötzlich zeigte sie auf die Uhr und tat erschrocken.

„Oh Gott! Meine Mutter macht sich schon Sorgen. Ich muss nach Hause." Das Mädchen trank hastig seinen Saft aus und erhob sich.

„Darf ich Sie heimbringen?", bat ich.

„Gern. Bis zur Wendischen Straße sind es ein paar Schritte."

„Ich würde Sie gern Marga nennen und um ein Wiedersehen bitten?", fragte ich vor der Haustür.

„Sie dürfen", antwortete sie ohne zu zögern.

Wir verabredeten uns für den nächsten Abend.

Blick auf Bautzen

181

Herbert war noch wach.

„Hast du auf mich gewartet?"

Klar! Na, hat's gleich gefunkt?"

„Absolut! Das Mädchen hat Ausstrahlung und Persönlichkeit. Was es über Bautzen und die Lausitz zu erzählen wusste war hochinteressant!"

„Mich hätte das genervt! Hoffentlich hat sie noch was andres zu bieten als Kultura!"

„Abwarten, Herbert, abwarten!"

In der Genesungskompanie vom Dienst befreit zu sein war mein großes Glück. Jeder Tag gehörte Marga. Diesem wunderbaren Mädchen verdanke ich viel mehr als das Wissen über Geschichte und Kultur der Stadt Bautzen.

Marga zeigte mir die Sehenswürdigkeiten der Stadt und freute sich über mein Interesse. Ging mit mir in die Ruine der Nicolaikirche und auf den Friedhof mit den Bischhofsgräbern. Führte mich zu trutzigen Stadtmauern und lockte mich in die Museen.

Allein wegen der Liebe zu Marga habe ich mich überwunden, zahlreiche Turmbauten zu besteigen, die bis heute erhalten geblieben sind. Um die phantastische Aussicht auf die Stadt und ihre Umgebung zu genießen, kletterten wir auf den mächtigen Lauenturm. Den Wendischen und den Schülerturm. Bestiegen uralte Verteidigungsanlagen, deren Namen ich vergessen habe. Mit seinem mittelalterlichen Stadtbild wirkte Bautzen wie ein sorbisches Rothenburg ob der Tauber.

„Vieles hier erinnert an die Goldene Stadt Prag", sagte Marga. „Und das erfüllt mich mit Stolz."

Hand in Hand haben wir den Blick vom Protschenberg auf die alte Burganlage genossen. Und Margas Blicke, ihr Lächeln - das war wie ein inneres Leuchten.

Von Kameraden um diese aparte Erscheinung beneidet zu werden tat gut. Deren gehässige Nachreden waren nicht zu überhören:

„Dass eine, die wie eine Zigeunerin aussieht und vermutlich vom Balkan abstammt, doch eigentlich froh und dankbar sein muss, irgendwo einen deutschen Soldaten aufgegabelt zu haben!"

Eng umschlungen sind wir die Gassen entlang der Stadtbefestigung gegangen und den holprigen Weg hinunter zur Spree, als es auf dem Fluss schon dunkel war. Es war spät, als wir den Kahn wieder anlegten. Sehr spät. Der Bootsverleiher wartete schon, hatte sich um uns geängstigt. Marga musste die Vorwürfe ihrer Mutter fürchten.

„Schön war's", sagte sie und gab mir einen Abschiedskuss.

„Schön war's!", hatte sie auch nach einem „Bernhard-Ette-Konzert" gerufen.

Frau Suchy, die ihre Tochter Anna-Margarete nannte, war nicht nur eine strenggläubige Katholikin, sondern auch eine warmherzige Frau. Von ihrem Mann habe sie seit Monaten keine Feldpost mehr erhalten, vertraute sie sich mir an.

„Er ist Eisenbahner und in Russland. Hoffentlich ist ihm nichts zugestoßen. Man hört und liest so viel von Überfällen durch Partisanen", sagte sie bedrückt.

Ich versuchte zu beruhigen: „Liebe Frau Suchy, Sie sollten Geduld haben. Im Transportwesen rangiert die Feldpost an letzter Stelle. Munition, Treibstoff und Verpflegung sind im Krieg wichtiger." Das leuchtete ihr ein.

Margas Mutter übte keinen religiösen Einfluss auf ihre Tochter aus; doch ein evangelischer Schwiegersohn hätte vermutlich ihre Vorstellungskraft überfordert. Frau Suchy erzählte mir, sie sei in unmittelbarer Nähe des Petridomes aufgewachsen, seit der Reformation bis in die Gegenwart der einzigen Simultankirche Ostdeutschlands. Aufgrund eines Kirchenvertrages dürfe der Petridom gemeinsam von katholischen und evangelischen Christen genutzt werden.

Weihnachtsurlaub. Heimzukehren löst unbeschreibliche Gefühle aus. Wieder zu Hause in Leipzig. Meusdorfer Straße 76. Du kommst in dein Elternhaus zurück. Als verwundeter Soldat aus

Russland. Im ersten Moment empfand ich das, als sei der Krieg vorbei und ich dürfe nun hierbleiben. Weit weg von der Front. Jenseits von allen Strapazen. Keine Angst mehr vor Verstümmelungen. Vor dem Heldentod? Ach was.

Nach der Begrüßung zog ich die Uniform aus. Sofort. Und holte meine Zivilsachen aus dem Schrank. Elegante Halbschuhe zu tragen statt Militärstiefel war ein herrliches Gefühl! Endlich wieder Zivilist sein. Nichts sollte an Fronterlebnisse erinnern. Auch die Grußpflicht, die für jeden höheren Dienstgrad aller Waffengattungen galt, nicht mehr ausüben zu müssen.

In Leipzig herrschte Kälte. Mich empfing eine bedrückende Atmosphäre. Ob ich die 7. Volksschule aufsuchte, um Lebensmittelkarten zu empfangen oder ins Kino ging, die Gesichter der Passanten wirkten grau und freudlos, seltsam abwesend. So, als hätten sich die Menschen damit abgefunden, dass von Tag zu Tag alles nur noch schlimmer werden müsste.

Bei Jutta im Goldhahngäßchen

Ich offenbare mich meinem Vater. Nach Bauch- und Peniswurzelsteckschuss habe mir ein Urologe geraten herauszufinden, ob ich noch erektions- und zeugungsfähig sei.

Papa sah mich erschrocken an, überlegte und sagte:

„Da kannst Du nur ein Bordell aufsuchen. Es bleibt keine andere Wahl."

Ein paar Tage später nahm er mich beiseite und raunte mir zu:

„Heute könnte ich Dich zum Goldhahngässchen begleiten."

Das war mir lieb. Gegen Abend fuhren wir mit der Straßenbahn zum Augustusplatz. Das Gässlein der Sünde lag nicht weit vom Alten Rathaus entfernt. Zu Fuß ein Weg von fünf Minuten.

Das berüchtigte Sträßchen bestand aus ein paar dreistöckigen Häusern. Es war kurz und schmal, und wer hinein wollte, musste an einem Bockwurststand vorbeigehen, der weiß angestrichen war. Ein Mann mit weißer Mütze, der „Würstchen mit Semmel" rief, bediente Tag und Nacht alle Freier, die sich stärken wollten.

Mein Vater warnte mich:

„Pass auf, Werner! Die Frauen sind schamlos und frech, nicht scharf auf dich, sondern auf dein Geld. Ihre Luden sind gefährlich, manche sogar kriminell." Er gab mir einen aufmunternden Klaps.

„Ich warte hier auf dich. Bis gleich."

Eine geöffnete Holzbarriere diente als Straßensperre. Ich schlenderte unschlüssig an den ersten Häusern vorbei. Rote Laternen wiesen den Weg. Dubiose Gestalten. Ich geriet in die Nähe von Männern, die suchend herumschlichen und sich in dunkle Ecken verdrückten. Dubiose Gestalten, die herumlungern auf der Suche nach Sex. Kurz vor 7 Uhr liefen die Geschäfte auf dem Puff eher schleppend.

Die Mädchen gingen kniefrei und zeigten viel Bein. Standen in Strapsen vor den Haustüren und säuselten Freiern etwas ins Ohr. Über Preise oder ihre speziellen Techniken? Wippten auf hochhackigen Schuhen und in betont lässiger Haltung. Waren elegant angezogen. Trugen zu Kleidern aus teuren Stoffen passende modische Aufschlaghüte. Hüftschwenkend und herausfordernd. Saugten den Qualm der Zigaretten mit tiefen Atemzügen in ihre Lungen und bliesen ihn genussvoll wieder aus. Signalisierten dabei mit obszönen Bewegungen, auch außergewöhnliche sexuelle Wünsche zu erfüllen. Andere Frauen mit üppigen Maßen rekelten sich in Dessous hinter gardinenlosen Fenstern, aus denen laute Radiomusik schepperte. Sie winkten hereinzukommen. Unmissverständlich. Eine, blutjung noch, stolzierte auf der Bordkante wie auf einem Laufsteg und rief: „Sex macht mobil!"

Ein dunkelhaariges Mädchen auf Stöckelschuhen sprach mich an:

„Na Kleiner, wie wär's mit uns beiden?"

Ihre schönen Beine, die schlanke Figur und eine Portion Neugier beflügelten meine Phantasie. Das Mädchen gefiel mir. Es als attraktiv zu bezeichnen, hieße die Höflichkeit übertreiben. Seine Gesichtszüge waren ebenmäßig, das Kinn kräftig und ausgeprägt. Die Statur feinknochig, mit schmalen Schultern. Wiegende Schritte. Ein verwirrender Gang. Weshalb, überlegte ich, arbeitet so eine in diesem Milieu. Als Nutte? Hoffnung auf schnelles Geld? Ich folgte ihr mit gemischten Gefühlen über knarrende Stufen eine Holztreppe hinauf bis unter das Dach. Das Zimmer war überheizt und roch nach Zigarettenrauch, billigem Parfüm und Desinfektionsmittel. Von der Decke funzelte ein trübes Licht auf das französische Bett. Die Parfümwolken umnebelten meine Sinne und nahmen mir den Atem. Das Mädchen zog die roten Gardinen zu und sagte leise:

„Ich heiße Jutta, gibst du mir dein Geschenk?" Ich begriff, dass sie ihr Geld haben wollte.

Der 10-Mark-Schein verschwand blitzschnell in ihrer Handtasche.

„Zieh dich aus und mach's dir's bequem, du hast mir doch keinen Tripper?"

„Nein, nein, um Gottes willen", entfuhr es mir.

„Zeig mir, was du hast", bat sie, umfasste mein Glied, zog die Vorhaut zurück, warf einen prüfenden Blick drauf und war zufrieden.

„Gut. Alles in Ordnung."

„Du sprichst gar nicht sächsisch, wo kommst du her?", fragte ich.

„Aus der Nähe von Hannover, hört man das?"

Ich erzählte ihr mein Problem, zeigte die Vernarbungen am Bauch und die Einschussstelle am Penis.

„Alles noch rot, gar nicht abgeheilt", staunte Jutta. Ihr Mitleid klang echt.

„Mach dir keine Sorgen, das klappt schon", beruhigte sie mich.

„Wir können verschiedene Stellungen probieren!"

Die junge Frau verfügte über einen ruppigen Charme, der mir gefiel. Eine Art schnippischen Selbstbewusstseins.

„Offiziere. Unteroffiziere. Einfache Soldaten. Dünne und Dicke. Alte und Junge. Ich habe sie alle befriedigt. Ich schätze mal, das wa-

186

ren so an die tausend Kameraden." Sie drückte ihre Kippe im Aschenbecher aus und lachte:

„Aber mit Schwanzschuss hatte ich keinen im Bett!"

Sie knöpfte die Bluse auf und stand in durchsichtiger Unterwäsche vor mir. Ich starrte, wie sie verführerisch in schwarze Dessous gehüllt aufs Bett glitt und mir geschickt ein Kondom überzog. Sie begann mich zu streicheln und zelebrierte das Vorspiel. Das geschah sacht und einfühlsam, aber absolut erfolglos. Mein Glied ließ sich nicht einführen, erschlaffte bei jedem Versuch. Jutta bemühte sich sehr. Weckte dabei unter Seufzen und Stöhnen ein starkes Verlangen in mir. Doch blieb die sexuelle Lust ungestillt. Das Mädchen wollte nicht so schnell aufgeben.

„Ich versuch's mal auf Französisch!"

„Was machst du da mit mir?", wollte ich wissen.

Ungläubiges Staunen, ein prustendes Lachen.

„Na, so naiv kannst Du gar nicht sein!"

„Bin ich aber."

Das stimmte. Vor der Zeit mit Sonia Warin hatte ich von Sexpraktiken wenig Ahnung und auf harmlose weibliche Reize, wie tief ausgeschnittene Blusen, eher unsicher reagiert.

„Auf Französisch, was meinst du damit?"

Sie sah mich belustigt an, schob einen Finger in den Mund und führte ihn schmatzend rein und raus.

„Kapiert?"

„Danke, das möchte ich nicht."

Sie redete noch ein bisschen herum, zog sich an und stakste vor mir die Treppe hinunter.

„Schade", sagte sie, „komm vorbei, wenn du wieder kannst. Wir werden viel Spaß miteinander haben." Schon war sie auf ihren hochhackigen Schuhen davongestöckelt um einen neuen Freier auszuspähen.

Ich fand beruhigende Gedanken. Nun gut, für den Versuch einer hochsensiblen Potenzprobe waren weder der Ort noch das Mädchen gut gewählt.

Mein Vater erwartete mich an der Bockwurstbude. Ich schüttelte verneinend den Kopf.

„Bewerte das nicht zu hoch und sei nicht enttäuscht", meinte er gelassen, „das besagt überhaupt nichts. Deine Verletzungen sind noch nicht mal richtig verheilt."

„Ich hoffe das sehr, Papa", antwortete ich stark verunsichert.

„Hör zu, im Goldhahngässchen kannst du dir für kurze Zeit ein Mädchen kaufen, aber nicht seine Gefühle", beruhigte mein Vater.

„Trotzdem ist es gut, dass es diese Frauen gibt. Was los wäre in unsrer Gesellschaft, wenn Prostitution verboten wäre, bliebe ein Thema für endlose Diskussionen."

Nachdenklich begleitete ich ihn bis zum Augustusplatz. Vor dem „Neuen Theater-Restaurant" verabschiedeten wir uns.

„Guck doch noch in eine Bar, Werner", riet mein Vater.

„Im 'Café Hornig' gastiert ein Marimbaorchester. Man spielt auf xylophonähnlichen Musikinstrumenten. Du kommst da auf andere Gedanken und in bessere Stimmung."

Ich liebte seinen tänzelnden Schritt und sah ihm nach, wie er leichtfüßig davoneilte, dankbar, dass er mit seinen knapp 50 Jahren noch so gut auf den Beinen war.

Auf dem Weg zum Königsplatz schlenderte ich durch verdunkelte stille Straßen und dachte an die Leucht- und Lichtreklamen in Friedenszeiten.

Die „Intime Bar" am Königsplatz hatte geöffnet.

„Einen Cocktail? Was darf ich mixen?", fragte die Barfrau.

„Geben Sie mir einen Manhattan", mimte ich den Kenner.

Auf den Hockern neben mir ließen einige Herren um die dreißig die Sektkorken knallen. Neid befiel mich. Diese Männer konnten noch wie im Frieden leben, als Zivilisten. Das Barmädchen prostete mir zu, weil ich ihm einen Drink spendiert hatte.

Der Alkohol half, mein Zustand besserte sich. Ich kam mir weltmännisch vor, wie ein Mann mit großem Aktionsradius. Heute hatte ich ein Bordell besucht!

Weihnachtsurlaub! Das bedeutete, allen Schikanen für zwei Wochen entronnen zu sein, dem Stumpfsinn, der Langeweile. Auch der Zermürbung meiner körperlichen und geistigen Persönlichkeit.

Die Weihnachsfeiertage unter geliebten Menschen zu Hause verbringen zu dürfen war die Erfüllung eines Traumes; mein schönstes Geschenk. Ich war glücklich und dankbar, im Kreis der Familie zu sein. Nie zuvor hatte ich mein Zuhause so bewusst erlebt und genossen.

Uschi und Werner Kleine

Christbäume, das wusste Uschi genau, würden in der Nähe des „Eiskellers" verkauft. An der Pferdeschwemme. Nichts wie hin.

Heiligabend. Am Nachmittag begleitete ich Uschi zum Bäcker. Es war wie früher, wenn wir Kinder auf einem Handkarren die Christstollen und Bleche mit Kartoffelkuchen abholten. Abends hörten wir im Radio einen Gottesdienst mit Bittgebeten für die in Stalingrad eingeschlossenen Soldaten. Nach der Andacht erklangen Weihnachtslieder. Muttel sah gedankenverloren ins Kerzenlicht und erzählte leise von damals.

„Im Erzgebirge wird das Weihnachtsfest viel inniger erlebt als anderswo. Die Vorfreude begann für meine drei Schwestern und mich schon am 1. Advent", schwärmte sie von ihrer Kindheit.

„Als der Erste Weltkrieg ausbrach, war ich 14 Jahre alt. Zwei Jahre später verließ ich mein Elternhaus und ging, wie das früher hieß, 'in Stellung'. In dieser Zeit entstand auch die große Weihnachtspyramide meiner Eltern. Mein Onkel Max Rehmer hat sie geschnitzt, er ist Drechslermeister, ihr kennt ihn."

Kurz vor Mitternacht stellte ich mich ans Fenster. Es war eine klare Nacht, und die Silhouette der Häuser, die hinter den Schrebergärten in der Waisenhausstraße, sie heißt heute Arno-Nitsche-Straße, standen - besonders ganz oben ihre Dächer -, zeichneten sich schwarz gegen den Himmel ab. An diesem Fenster und mit diesem Blick auf die kleinen Gartenlauben hatte ich vor knapp zwei Jahren Abschied genommen von zu Hause und dem Zivilleben. Damals, als ich zum Reichsarbeitsdienst eingezogen wurde, nach Turosel in Polen.

Mein Vater trat neben mich.

„Wenn die 6. Armee in Stalingrad verloren geht", sagte er nachdenklich, „befürchte ich, wird mein Jahrgang einberufen."

„So weit wird es nicht kommen", versuchte ich ihn zu beruhigen.

„Damit ist zu rechnen. Hitler nimmt keine Rücksicht auf uns, die Teilnehmer des Ersten Weltkrieges", beharrte er auf seiner Meinung.

„Hört auf", beschwerte sich meine Mutter. „Heute genießen wir einen wunderschönen Weihnachtstag!"

„Ganz bestimmt", bekräftigte Uschi und umarmte mich.

Meine Schwester und Sonia Warin schrieben sich regelmäßig.

„Sonia schickt mir Parfüm und Seife aus Paris. Du solltest ihr endlich mal ein paar Zeilen schreiben", bat sie mich.

Sonia war wirklich sehr anhänglich. Im Verlauf von Fronteinsätzen waren meine Briefkontakte zu ihr verkümmert und nach meiner Verwundung völlig abgerissen. Ich nahm mir vor, ihr spätestens am 2. Mai 1943 einen langen Brief zu schreiben.

Rolf Fetzers Eltern aufzusuchen war mir ein inneres Bedürfnis. Frau Fetzer trug Trauerkleidung. Wir kannten uns seit der Rekrutenzeit. Herr Fetzer empfing mich in SA-Uniform. Ich sprach mein von Herzen kommendes Beileid aus und überbrachte ihnen eine Militärkarte mit allen im Frontabschnitt der 56. Infanteriedivision liegenden Ortschaften und Dörfern. Rolfs Grab auf dem deutschen Soldatenfriedhof hatte ich eingezeichnet.

Herr Fetzer hörte sich meinen Bericht an, verbarg seine Gefühle hinter nichts sagenden Äußerungen und verabschiedete sich mit den Worten:

„Rolf hat ehrenhaft sein Leben für Führer und Volk geopfert."

Mochte ihm der Stolz auf seinen Sohn zum Trost gereichen. Ich wusste es besser und verbarg meine Enttäuschung.

Am 1. Feiertag sagte meine Mutter spontan:

„Ich besuche heute Abend das Weihnachts-Oratorium in der Thomaskirche, begleitest du mich?"

„Nichts lieber als das", freute ich mich.

Die Thomaskirche war bis auf die letzte Stuhlreihe besetzt. Wir fanden noch zwei freie Plätze auf der Empore. Johann Sebastian Bachs himmlische Klänge gaben uns Zuversicht. Ergriffen, tief in uns versunken lauschten wir dem virtuosen Orgelspiel und den herrlichen Stimmen des Thomanerchors. Unvergessliche Stunden. Ich saß mit meiner Mutter Hand in Hand. Draußen schneite es.

„Bitte versuch mir zu beschreiben, wie ihr da draußen lebt, an der Front", bat meine Mutter.

„Im Stellungskrieg zwischen Wacheschieben und Bunkerdasein, das ist kein permanentes Grauen, sondern auch Langeweile, Groteske und Gelächter. Ich erlebe manchmal Momente extremster Einsamkeit. Und das Entdecken der Natur", antwortete ich.

*

Silvester 1942 habe ich mit Margarete Suchy im Petridom die Mitternachtsmesse erlebt. In dem der katholischen Gemeinde vorbehaltenen Chorraum. Marga bekreuzigte sich, kniete nieder und senkte den Kopf auf die Hände. In Gedanken abwesend, reichte sie mir ein Gesangbuch und zeigte auf einen Psalm. Marga saß neben mir: betend entrückt, in tiefer Frömmigkeit. Ich scheute mich, sie anzusehen. Es war, als würde man einen Blick auf etwas Verbotenes werfen. Das Mädchen neben mir war plötzlich fremd. Zauberhaft und geheimnisvoll, einsam und verletzbar. Margas Unnahbarkeit und das leise Spiel der Orgel. Die feierliche Atmosphäre hat mich tief ergriffen.

Draußen empfing uns Schneefall. Übermütig, wie aller Schwermut entronnen, bewarfen wir uns mit Schneebällen. An einem Mauervorsprung der Stadtmauer, der von einem flackernden Kandelaber mühselig erhellt wurde, blieb Marga zurück und begann einen Schneemann zu bauen. Sie war plötzlich verändert und wehrte meine Hilfe ab.

„Ich will das alleine machen, das soll mein Schneemann sein." Sie sprach leise, und alle Unbekümmertheit war von ihr abgefallen.

„Deinen Schneemann vergesse ich ebensowenig wie diese wundervolle Silvesternacht", sagte ich fest davon überzeugt. Sie nahm mein Gesicht in ihre Hände und wurde traurig.

„Mein Schneeball schmilzt wie unsere Liebe! Du musst wieder an die Front!"

Vorbei an den Basteien und Türmen gingen wir hinunter zur Altstadt. Der 1. Januar 1943. Die Schneeflocken verzauberten uns.

Abschied. Gedanken die nicht mehr ausgesprochen wurden. Lag es an der Ausstrahlung dieser mittelalterlich anmutenden Stadt, dass Liebe romantischer nicht sein konnte?

Bautzen war eine zwiegesichtige Stadt. Der Weg von der Kantkaserne zum Bahnhof führte durch die ehemals reiche deutsche Bürgerstadt der malerischen Barockfassaden und goldverzierten Wappen über manchen Portalen auch an den Strafanstalten vorbei. Diese Gebäude und ihre Umfassungsmauern waren zwischen 1904 und 1906 erbaut worden. Wegen der gelben wilhelminischen Klinkersteine wurden sie im Volksmund „das gelbe Elend" genannt.

Während der Weimarer Zeit galten die Anstalten als Muster eines humanen, fortschrittlichen Vollzugs. In der nationalsozialistischen Epoche und danach in der DDR repräsentierten die Bautzener Gefängnisse die unseligste Ära des Strafvollzugs in Deutschland.

„Bald wird man uns wieder nach Orel schicken", befürchtete ich, der Gedanke spukt schon in meinem Kopf".

Herbert beruhigte mich.

„Das dauert noch Wochen. In den nächsten Tagen kommen wir zur Marschkompanie. Uns erwartet erst mal der übliche Formal- und Geländedienst".

Am 1. Januar 1943 erfolgte meine Versetzung in die Marschkompanie. Man musste nun nicht mehr, wie als Rekrut, durch die Hölle der Erniedrigungen gehen. Ich rechnete damit, im Verlauf dieses Monats an die Front abgeschoben zu werden. Der Abschied warf lange Schatten. Es blieben noch zwei Wochen. Herbert hätte noch ein paar Wochen behaglich hingestreckt auf seinem Bett verbringen können. Zu meiner Überraschung meldete er sich freiwillig an die Front.

„Ich kann das nicht länger aushalten, das Faulenzen, die Langeweile, den lieben Gott einen guten Mann sein lassen. Ich gehe mit, wir bleiben zusammen", verkündete er.

„Bist du verrückt?", protestierte ich.

„Bin ich nicht, nein!" Herbert wollt es nicht wahrhaben.

„Und wenn schon, ist mir egal, ich komme lieber gleich mit!"

Dem Gebrüll des Kasernenhofdrills entrann ich durch einen Glücksfall. Man kommandierte mich zu einem Ski-Lehrgang ab.

„Es handelt sich um eine Ausbildung für Kurierdienste auf Brettern unter russischen Winterverhältnissen", erklärte der Spieß etwas umständlich.

„Wohin fährst du und wie lange bleibst du weg?", fragte Marga.

„Ins Riesengebirge. Nur für acht Tage. Meine Unterkunft heißt Rübezahlbaude."

Das Hotel mit vielen privaten Gästen erinnerte an eine Momentaufnahme zivilen Lebens. Der Lehrgang beschränkte sich auf Skikurse und die Bewältigung weiter Langlaufstrecken. Nachtübungen inbegriffen. Im Restaurant unter freundlichen Menschen eine unmilitärische Atmosphäre vorzufinden, genossen wir wie einen letzten Urlaub vor der Front.

„Im Sommer wäre für uns alles viel schöner gewesen. Keine 15 Kilometer nördlich von hier beginnt eine wunderschöne Heidelandschaft. In den Teichen kann man dann Kraniche, Graureiher und Fischotter beobachten", sagte Marga melancholisch.

„Und weiter südlich, wo sich das Oberlausitzer Bergland mit sanft geschwungenen Granitbergen erstreckt, hätten wir herrliche Wanderungen machen können."

Das Leben besteht aus Abschieden. Nur noch drei Tage bis zur Verladung, dann die Front.

"Marga, es ist so weit. Am Mittwoch geht mein Transport ab.

Ich werde viel an dich denken. An unsre Spaziergänge, die Bootsfahrten, Konzert- und Kinobesuche mit dir. Deine Augen strahlen sehen, wenn ich dich vom Postamt abholte und wir glücklich waren. Schön war's zu jeder Stunde."

„Wir sahen es kommen!" Marga kämpfte gegen ihre Tränen und kramte in ihrer Handtasche nach einem Taschentuch.

„Ich habe eine gute Nachricht", versuchte ich sie abzulenken. „Für das Wochenende bekommen wir Nachtzeichen bis zum Wecken. Zwei Tage ganz für uns. Was machen wir da?"

„Oh!", sagte Marga überrascht und verdrängte ihren Kummer. „Wir könnten zu meiner Schwester ins Oberlausitzer Bergland fahren. Am Mönchswalder Berg bewirtschaftet sie eine Baude."

„Mit Zimmervermietung?"

„Ja." Margas Gesicht überzog eine feine Röte.

„Ulla würde dich sehr gern kennen lernen."

Abschiednehmen von Bautzen. In Gedanken versunken standen wir oberhalb der Stadt. Der Mond schien auf die Nicolairuine.

„Die Nacht ist zauberhaft", flüsterte Marga.

„Und du erst!" Wir küssten uns.

„Weiß deine Mutter, dass du übers Wochenende bei Ulla übernachtest?", fragte ich.

„Sei ohne Sorge", beruhigte sie mich. Mein Puls schlug höher.

Herbert Kern wartete schon voller Ungeduld auf mich.

„Dienstbeginn in dreißig Minuten, aufs Frühstück musst du verzichten."

„Von mir aus auch aufs Mittagsessen!"

„Das muss ja toll gewesen sein, erzähl mal."

„Die Baude war urgemütlich. Die Wirtin Ulla sehr sympathisch. Die Nacht überschäumender Lebensfreude war leider viel zu kurz. Der Taxifahrer musste hohes Tempo fahren, um die Kaserne gerade noch im letzten Moment zu erreichen."

"Überschäumende Lebensfreude, was meinst du damit?, beharrte Herbert.

„Keine intimeren Informationen. Der Kavalier genießt und schweigt."

„Na komm!"

„Marga war wunderbar. Erst ein bisschen widerborstig, dann sehr zärtlich."

„Schwer vorstellbar."

„Diskretion. Es ist alles gesagt!"

Am 15. Januar 1943 war es so weit. Meinem Vater schrieb ich: Lieber Papa, ich kann dich beruhigen. Bei mir ist alles in Ordnung.

Erneut an die Front

Auf dem Güterbahnhof Bautzen standen schon Angehörige von leidgeprüften Soldaten, die „verladen" werden sollten. Marga durfte ich vor ihrer Mittagspause nicht erwarten. Der Güterzug zuckelte kurz vorher ein. Das war der Moment, in dem sich die in Reih und Glied auf dem Bahnsteig wartende Marschkompanie auflöste, weil Freundinnen und Mütter ihre Männer herauspflückten und ein letztes Mal herzten.

Marga kam angehetzt, völlig aufgelöst. „Endlich", sagte ich. Dann standen wir herum und fanden keine Worte, um diese Situation zu bewältigen. Marga wirkte ratlos. Ich nahm sie in den Arm.

„Lange halte ich das nicht mehr aus", sagte sie unter Tränen.

Wir warfen die Tornister in einen Waggon, stiegen ein und drängelten uns vor der offenen Schiebetür um die besten Plätze. Mein Blick suchte Marga. Mir schien es, als sei ich durch dieses zauberhafte Wesen für alles, was ich in Russland erlitten hatte, auf wunderbare Weise belohnt worden.

Endlich setzte sich der Zug in Bewegung. Marga nahm das Kopftuch ab und winkte mir nach. Das Mädchen stand ruhig da, wirkte sehr zerbrechlich; drehte sich plötzlich um und war verschwunden.

Margarete Suchy hat einen kurzen, aber unvergesslichen Eintrag im Buch meines Lebens hinterlassen.

Die Güterwagen waren notdürftig mit kleinen eisernen Öfen ausgestattet. Der Rauch wurde durch dünne Rohre unterhalb der Waggondächer ins Freie abgeleitet. Karbidlampen ersetzten elektrisches Licht.

Görlitz. Der Bahnhof war mir vertraut als letzte deutsche Station vor der polnischen Hauptstadt Warschau. Auf ihren oft wochenlangen Fahrten zur Front durch Partisanengebiete hatten die Güterzüge der Reichsbahn hier noch einmal angehalten. Im Mai 1942 hatte ich aus den geöffneten Türen des Viehwaggons wehmütige Abschiedsblicke auf diesen Bahnhof geworfen.

„Auf Wiedersehen Deutschland!"

Werner Kleine (rechts) und Herbert Kern
auf dem Transport an die Front

Drei Tage später kamen wir nach Brest-Litowsk. Im Juni 1941 hatte ich die Eroberung dieser Stadt miterlebt. Veränderungen waren nicht zu erkennen. Weder im Bahnhofsgebäude noch auf den Gleisanlagen.

Der Waggonälteste, ein Feldwebel, gab bekannt: „Wir werden umgeladen. Fertigmachen zum Raustreten."

Im neuen Güterwagen döste ich die meiste Zeit auf dem frisch aufgeschütteten Stroh liegend vor mich hin. Zeit zum Träumen. Die offene Schiebetür ließ die verschneiten Felder Weißrusslands, der Ukraine und später die endlosen Weiten des russischen Reiches an meinem Auge vorüberziehen. Manchmal sah es so aus, als würden die Masten der Stromleitungen auf und abspringen. In die marode Strecke, die uns ab polnischer Grenze empfangen hatte, war seit Jahrzehnten nichts mehr investiert worden. Das betraf die Züge wie auch die abweisenden Bahnhöfe mit den Ekel erregend verstopften Toiletten. Nachts das trübe Licht auf Bahnstationen, in denen kein Mensch einen Zug erwartete.

Der Transport in das Frontgebiet Orel dauerte 18 Tage. Kartenspiele und das Hocken vor der offenen Waggontür halfen die Zeit totzuschlagen. Stundenlang starrte ich auf endlose Flächen. Nur selten verlor sich in den malerischen Landschaften ein Dorf. Himmel und Erde. Eine Unendlichkeit, die man nie vergisst.

Doch plötzlich, irgendwo in den schneeverhangenen Waldgebieten vor Kowno, waren wir im Krieg. Der Transport wurde auf offener Strecke durch eine Explosion zum Halten gezwungen. Eine von Partisanen unter den Gleisen angebrachte Sprengladung hatte die Lokomotive zerstört.

In zwei Mannschaftswagen schrien Verwundete. Sanitätsfahrzeuge transportierten sie ab. Eine Ersatzlok war schnell zur Stelle. Mehrere Rotten Bahnarbeiter trafen ein und wechselten die kaputten Gleise aus.

Die neue Lok konnte bereits drei Stunden nach der Explosion vorsichtig anfahren. In der darauf folgenden Nacht mussten wir die Waggons mehrmals verlassen. Man sprach von reinen Vorsichtsmaßnahmen. Du musst rausspringen, nahm ich mir vor. Rausspringen, sobald Schüsse fallen, so weit wie möglich vom Zug weglaufen und dich in den Schnee werfen. Wer nicht schnell genug rennt, kann von sowjetischen Scharfschützen niedergestreckt werden. Doch es passierte nichts, und wir zuckelten weiter. Wurden auf Güterbahnhöfen abgestellt und durften die Bahnsteige nicht verlassen. Leere Lazarettzüge weckten Erinnerungen an die Sommerkämpfe von 1942. Am 25. August war ich nordwestlich von Orel verwundet worden. Ich dachte an den Genesungsurlaub über Weihnachten in Leipzig. Und war auf dem Weg zur Front.

Nach 18-tägiger Bahnfahrt erreichten wir das Ziel. „Ausladen!"

5.Februar 1943. Tief hingen die Schneewolken über dem weiten Land. Ankunft auf einem gottverlassenen Kaff, wenige Kilometer westlich vor Orel. An löchrigen Straßen standen schmucklose Holzkaten. Eisige Temperaturen. Ausladung.

„Aussteigen!" Wir verlassen die Viehwaggons

Wir verließen den Güterzug mit gemischten Gefühlen. Plumpsten tief hinunter auf eine schneematschige Wiese, die den unbefestigten

Bahnsteig ersetzte. Spätestens jetzt begann die Ungewissheit. Was würde uns erwarten?

Gegenüber der Bahnstation war ein deutscher Soldatenfriedhof angelegt worden. Das Hinterland der Front empfing uns mit frisch aufgeworfenen Gräbern. Exakt in Reih und Glied ausgerichtet standen da unzählige Holztafeln. Unter den schwarzen Eisernen Kreuzen die Namen, Dienstgrade, Geburts- und Sterbedaten. Mein Gott, so viele gefallene Kameraden.

Irgendwann im Leben eines Soldaten gibt es den Moment, da ist ihm alles egal. Er stumpft ab, er regt sich nicht mehr auf.

Schneetreiben setzte ein. Große Pferdeschlitten nahmen uns auf. Bis zu 12 Personen mit Marschgepäck. Wir trabten über die hart gefrorene Felder einer ungewissen Zukunft entgegen. Düstere Gedanken. Würde ich vorn noch ein paar alte Kameraden antreffen?

Im Schlitten zur Front

Gefechtsstand I. Bataillon Regiment 171 befand sich in einem Betonbunker. Der Spieß erwartete uns schon. Zum Schutz gegen die beißende Winterkälte hatte er sich einen Wollschal über den Kopf gezogen und sah nun recht verwegen aus. Er erkannte mich auf den ersten Blick:

„Na, Kleine, du hast's wohl zu Hause ohne uns nicht mehr ausgehalten?", fragte er spöttisch.

„Ich wäre dort lieber noch ein paar Monate geblieben, Herr Oberfeld!"

Abgesehen vom Spieß und seinem Schreibstubenbullen sah ich nur fremde Gesichter.

„Hauptmann Eidel ist noch Chef der 4.Kompanie?", fragte ich den Kompaniefeldwebel.

„Nein. Im August vorigen Jahres bekam er das Ritterkreuz, wurde zum Major befördert und ist nun unser Bataillonskommandeur".

Das war eine gute Nachricht.

Der Spieß blies Rauch in die Luft:

„Du bist für einen Funk- und Fernsprechlehrgang vorgesehen. Anschließend wirst du Melder bei Feldwebel Troitsch. Aber nur vertretungsweise für 3 Wochen."

„Jawohl, Herr Oberfeld! Darf ich wieder ans Gerät von Zimmermann?"

Der Spieß zögerte einen Moment mit der Antwort.

„Es tut mir leid, aber Zimmermann ist im September gefallen", sagte er ernst und ruhig mit ausweichendem Blick.

Der Divisionsstab befand sich weit hinter den Kampflinien. Das Grollen der Artillerie war im rückwärtigen Gebiet nur schwach zu hören, Granateinschläge musste man nicht befürchten.

Morsealphabet und Bedienung von Morseapparaten bedurften bei mir keiner Auffrischung. Mit durchweg sympathischen Teilnehmern geriet der Kursus zu einem schönen Kurzurlaub.

Das Leben an der Front begann zwanzig Tage später wieder mit bekannten Geräuschen beim Überfliegen der Artilleriegeschosse. Das Pfeifen, Singen und Dröhnen behält man für immer und ewig in den Ohren.

GESCHICHTE DER 56. INFANTERIE-DIVISION
FEBRUAR 1943

Auszug III

Das Offenhalten der langen Grabensysteme bereitete Sorgen. Der Kampf gegen den Schnee war eine Sisyphusarbeit in Anbetracht des breiten Frontabschnitts, der oft nur allzu dünn besetzt war. Postendienst im Graben und Arbeitseinsatz lösten sich daher pausenlos ab und beanspruchten die Kraft unserer Männer über Gebühr. Bei mangelhafter Einteilung und Aufsicht bestand die Gefahr, dass der Mann im Graben nicht mehr den notwendigen Schlaf bekam. Darüber hinaus war es die Aufgabe der Regimenter, durch wohlvorbereitete Stoßtruppunternehmen sich immer wieder Klarheit über Zusammensetzung, Absichten und Stärke des gegenüberliegenden Feindes zu machen. Die Führung konnte nur den einen Wunsch haben, die Truppe zu entlasten, die Frontbreiten zu verkürzen, die für die Division 40 km betrug und jede unnütze Kraftvergeudung zu vermeiden. Daher das Bestreben, die H.K.L. möglichst nicht den starken Windungen der vor der Front liegenden Suscha folgen zu lassen, sondern durch ausgedehnte Sehnenstellungen Kräfte für Reserven einzusparen.

Die weit in den Feind vorspringenden Bögen des Flusslaufs lockten die Russen zu häufigen nächtlichen Stoßtruppunternehmen, die wiederum auf unserer Seite stärkere Besetzung des Hauptkampfgrabens erforderte. Die Verluste an Menschen und Material waren nicht gerechtfertigt. Jedoch selbst die geringfügige Aufgabe von Geländeteilen erforderte gemäß „Führerbefehl" die Genehmigung des O.K.H., die nur schwer oder gar nicht zu bekommen war. Zwingende Stellungsverbesserungen dieser Art konnten daher oft nur auf eigene Verantwortung unter möglichster Tarnung auf den monatlich vorzulegenden Stellungs-Pendelkarten durchgeführt werden.

Herbert Troitsch war 28 Jahre alt, Familienvater und hauptamtlicher Parteifunktionär. Als Kreisleiter der Stadt Torgau wäre er nicht zur Wehrmacht einberufen worden. Doch der überzeugte Nationalsozialist Troitsch sah es als seine Pflicht an, sich kriegsfreiwillig zu melden. Um ein Beispiel zu geben, „dem Volke zu dienen und allzeit bereit zu sein, das eigene Leben für Großdeutschland zu opfern". Für ihn gab es keine Zweifel, dass „in dieser großen geschichtlichen Stunde" jeder echte Deutsche seine Individualität gegen eine Uniform einzutauschen hatte.

Es war fast unmöglich, sich der mitreißenden Ausstrahlung und dem politischen Sendungsbewusstsein dieses Mannes zu entziehen. Vorsichtigen Einwänden begegnete er mit penetranten Propagandasprüchen und dem Ausruf: „Kleine, das müssen Sie doch begreifen, Sie unbelehrbarer Liberalist!" Ich verstand, hörte zu und ergab mich den endlosen Monologen.

„Die Russen sind Untermenschen, die muss man vernichten, abschießen, explodieren lassen. Da gibt es nur den Tod, kein Mitgefühl und noch weniger Trauer. Kleine, Sie sind nur einer unter hunderttausenden, die ihre vaterländische Pflicht erfüllen!"

Meinem Zugführer stand ich tagsüber als Melder und Funker zur Verfügung; nachts gingen wir zusammen zur Postenkontrolle auf Patrouille. Im Bunker lag Troitsch auf der unteren, ich auf dem oberen Teil der doppelstöckigen Pritsche. Der Feldwebel nannte das unsere „Wanzengruft" und mich seinen „Kammerjäger". Vor seinem Lager brannten ständig Kerzen, in denen wir abgelesene Läuse und die aus dem Gebälk fallenden Wanzen verbrannten. Wie sie sich auf der heißen Wachsschicht versammeln, einkleben und schließlich an die Flammen verfüttern lassen mussten, das waren mitleidlose und faszinierende Spiele.

„Kleine", sagte Troitsch dazu, diese 'Wanzengruft' bleibt zwischen uns die ehrlichste Verbindung. Er sagte es mit einem Augenzwinkern und einem Lachen, das ansteckte.

Diesem Parteisoldaten begegnete ich zum letzten Mal an einem Februartag des Jahres 1945 in Bautzen. Es war nach seiner Entlassung aus der Wehrmacht. Da hatte er als mit dem „Eisernen Kreuz 2. Klasse" dekorierter, frisch gebackener Leutnant seine gesteckten Ziele erreicht. Fast schien es ihn wehmütig zu stimmen, die feldgraue Offiziersuniform gegen die braune NSDAP-Kluft eintauschen zu müssen. Er hatte es eilig und verabschiedete sich mit der Einladung: „Nach dem Endsieg müssen Sie mich als mein 'alter Kampfgefährte' in Torgau zu besuchen!"

Ende Mai 1943, nach Troitschs Versetzung zur Heereskriegsschule Dresden, wurde ich zu meiner alten Einheit abgestellt.

Vom Kompaniegefechtsstand bis zu den Stellungen meines Zuges waren es drei Kilometer. Vor mir lagen die Felder des Todes, auf denen die Bauern in besseren Zeiten Getreide angebaut hatten. Blauer Himmel, sanfte Sonnenstrahlen, keine Schussgeräusche störten diesen Frieden. Wehmütige und angstvolle Gefühle beschlichen mich bei jedem Schritt, ein undefinierbares Kribbeln im Bauch, ich kannte, was mich erwartete.

Die Unbefangenheit, die mich 1941 und 1942 nach Russland begleitet hatte, würde sich nie wieder einstellen. Ich wusste nun, dass man der Front nur durch Verwundung, Tod oder Gefangenschaft entrinnen konnte.

Die Schützengräben lagen gut getarnt in Höhe der oberen Uferböschungen an den Hängen des Flusses Suscha. Hinter Sandsäcken und Stacheldrahtverhauen waren die Infanteristen sicher verbarrikadiert.

Unsere SMG-Gefechtsstellung war gut getarnt. Über Gestrüpp und Sträucher hinweg hatte man einen freien Blick zum Flussbett hinunter. Die flachen Felder auf der gegenüberliegenden Uferseite breiteten sich bis zu einem weit entfernten Waldrand aus. Umgeben von sanften Hügeln schlängelte sich die Suscha im Sonnenschein wie ein silbernes Band durch eine reizvolle Landschaft.

Werner Kleine am SMG

Das hoch angelegte deutsche Grabensystem war uneinnehmbar. Feindliche Angriffsbewegungen auf die Ebenen jenseits des Ufers hätten durch Sperrfeuer deutscher Artillerie gestoppt werden können. Russische Infanterie wäre im Geschosshagel unsrer SMGs vernichtet worden.

Die feindlichen Auffangstellen befanden sich vor dem weit entfernten Waldrand. Der Stellungskrieg hatte mich wieder. Die H.K.L. weckte Erinnerungen an den Sommer des vergangenen Jahres. An den Angriff auf Tula. An meine Verwundung. Inzwischen hatte sich manches verändert. So gab es 1942 noch Reserveeinheiten und Ruhetage an der Front.

Der Obergefreite Tauer, ein „alter Haudegen", sozusagen ein „Frontschwein", hatte 1940 den Westfeldzug mitgemacht. Ewald stammte aus einem Dorf bei Hannover. Das war einer, der dir in die Augen sah und dabei die Hand drückte, als wolle er sie zerquetschen. Ich fühlte mich gleich zu ihm hingezogen.

„Werner, ich habe schon von dir gehört und freue mich, dass du bei uns gelandet bist", begrüßte er mich. „Du, wir sind eine dufte Truppe. Ich bin Gewehrführer seit ewigen Zeiten, du mein Schütze 1 und Fritz Block als Schütze 2." Eine gute Mannschaft ist Voraussetzung fürs Überleben, wusste ich. Ich war erleichtert, die schwere Lafette nicht mehr tragen zu müssen.

„Seit ein paar Tagen verfügen wir über das neueste Gerät", strahlte Ewald. „Unser SMG 42 ist das modernste Schnellfeuergewehr der Welt!"

Er machte mich mit den anderen Kameraden bekannt und führte mich zu unserer von Sandsack-Barrieren umgebenen SMG-Stellung.

Um keine Zielscheibe abzugeben, duckten wir uns.

„Von hier aus kannst du feindliche Truppenbewegungen gut beobachten", meinte Fritz Block.

Vertraut war der Mief im Bunker. Zum Wiedereinleben, ergo zur Trostlosigkeit des Frontdaseins, gehörte auch, von Läusen und Wanzen befallen zu werden. In den Brettern, die für den Bunkerbau von weit her aus Scheunen und Ställen herangeschleppt worden waren, saßen Wanzen und Flöhe zuhauf.

Man kann sich an vieles gewöhnen, an die ständige Gefahr, an das miserable Essen, aber nicht an die fürchterliche Enge und das Ungeziefer. Zusammengepfercht auf wenige Quadratmeter schliefen die Kameraden Uniform an Uniform. Bis man wieder von Wanzen befallen wurde und zu kratzen begann, das war im günstigsten Fall ein Zeitraum von zwei oder drei Tagen.

Aus der Feuerstelle unseres Maschinengewehrs waren je nach Wetterlage - deutlich oder schemenhaft - Kirchtürme und mehrgeschossige Häuser der Stadt Uljanowo zu erkennen.

Auf Wache blickte man auf das dahinplätschernde Wasser der Suscha hinunter. Und über Wiesen und Felder hinweg auf die feindlichen Gräben. Durch den Feldstecher ließen sich drüben, in hügeligem Gelände bei Entfernungen zwischen 600 und 800 Metern, Fahrzeuge ausmachen, meistens Pferdewagen. Bisweilen auch Menschen. Die sowjetischen Soldaten waren gut zu erkennen, aber manchmal auch nur die Umrisse ihrer Gestalten.

Wachablösung. Jede der sorgfältig auf Notizzetteln vermerkten Beobachtungen feindlicher Infanteriebewegungen musste gemeldet werden.

Beim Postenstehen erzählt man sich Lebensgeschichten. Ewald hatte auf dem kleinen Bauernhof seines Vaters gearbeitet und sich dann als Freiwilliger zur Wehrmacht gemeldet. 1941 auf dem Vormarsch bei Kiew verwundet, reichte sein Oberschenkelstreifschuss nicht für ein Heimatlazarett aus.

Ich spürte sofort: Das ist einer, der dich mitnimmt, wenn du verwundet liegen bleibst, ein treuer Kamerad, auf den in allen Lebenslagen Verlass ist.

Karl Gräser, unser Schütze 3, war ein Eigenbrötler. Wie sich herausstellen würde ein Mensch ohne Mitgefühl. Gläser war in jeder Situation darauf bedacht, seinen Vorteil wahrzunehmen. Das genaue Gegenteil von sympathisch. Anstand und Moral waren für ihn Begriffe, mit denen sich irgendwelche Leute interessant machten. Scham ein Wort ohne Bedeutung.

Der Munitionsträger Maier war ein echter Bayer. Der Alois war manchmal saugrob, aber dann meinte er es auch so, und man ging ihm besser aus dem Weg, dem Querkopf, dem Grantler. Aber eines stand fest: zuverlässiger als der Maier-Alois konnte keiner sein.

Feldwebel Helmut Karl tauchte in meinem Leben auf, als ich im Beobachtungsstand vor mich hin döste. Eine gedrungene Gestalt stand plötzlich vor mir.

„Postenkontrolle", erklang eine ruhige Stimme: „Du bist einer der Neuen, Name?" Erschrocken setzte ich mich in Pose:

„Schütze Kleine meldet gehorsamst: keine Feindbewegungen, keine besonderen Vorkommnisse, Herr Feldwebel!", rief ich zackig und starrte unsicher in ein pausbäckiges Gesicht mit Nickelbrille.

Die Hände an der Hosennaht und der Knall meines Hackenschlages schienen den Feldwebel zu amüsieren.

„Der Kasernenhof liegt hinter uns", sagte er lächelnd, „und vor dem Feind findet das Kasperletheater nicht mehr statt."

Nach festem Händedruck sagte er:

„Ich führe den ersten Zug, heiße Helmut Karl und darf geduzt werden."

Er trug das Eiserne Kreuz 1. KLASSE. Das war für Unteroffiziere und Mannschaften eine sehr hohe Tapferkeitsauszeichnung. Feldwebel Karl verabschiedete sich mit den Worten:

„Hier draußen zählt Kameradschaft. Jeder hat für den anderen da zu sein. Jeden von uns kann es erwischen. Heute oder morgen!"

Helmut Karl

Ich sah ihm nach und wusste, das war ein gütiger Mensch, einer, auf den Verlass war, einer, der dich nicht in Stich lassen würde. Helmut Karl hat mich vom ersten Moment an tief beeindruckt.

Dass der Feldwebel beliebt war, bekam ich schon 1942 zu hören. Bei Vorgesetzten und Untergebenen. Schwer zu sagen, warum das so war. Vielleicht lag das Geheimnis seiner Anziehungskraft im Verständnis für die kleinen Schwächen seiner Soldaten. Der Gier nach Alkohol und Zigaretten. Helmut Karl war auf eine ehrliche Art bereit, auf die ihm anvertrauten Männer einzugehen und nie das Unmögliche zu fordern.

Im Gegensatz zu anderen, wegen ihrer Härte und Engstirnigkeit unbeliebten Vorgesetzten war Feldwebel Karl bereit, jede Sachlage zu erklären. Dem humorvollen Menschen flogen die Sympathien einfach zu.

„Der Feldwebel raucht nicht, trinkt keinen Alkohol, erwartet solchen Verzicht aber nicht von seinen Männern", sagte Ewald.

„Das ist ein ganz besonderer Mensch", meinte Fritz Block.

„Aber auch kein Heiliger", schränkte Gräser ein.

Helmut Karl stammte aus Thalheim im Erzgebirge, war verheiratet, Volksschullehrer, 29 Jahre alt. Von seinem Beruf sprach er mit nachsichtiger Ironie.

Am Ostersonntag wurde bei ruhiger Gefechtslage im Bataillonsgefechtsstand ein Feldgottesdienst abgehalten. Anschließend erhielt jeder Soldat einen Becher mit Schnaps und einen kleinen Napfkuchen.

Ich traf Hardy Blume, der zu diesem Zeitpunkt beim Pi-Zug als Minenräumer eingesetzt war.

„Mensch Hardy, ich habe oft an dich gedacht. Wie du die Schindereien in der Strafkompanie ertragen konntest."

Er druckste herum.

„Ich kam in ein eingezäuntes Barackenlager, zuerst wurden die Kopfhaare abrasiert, dann durfte man wählen zwischen großer und kleiner Christenverfolgung."

„Was hieß das?"

Hardy winkte ab: „Vergiss das, erspare mir Einzelheiten. Man unterwarf uns. Täglich ein unvorstellbar brutaler Drill!"
Ich verzichtete auf weitere Fragen.

Während dieser ruhigen Zeit des Stellungskrieges durften wir alle vier Wochen zur Entlausung. In der Sauna war zu hören, in Orel sei für Offiziere ein Bordell eingerichtet worden.
Für Landser gäbe es dort ein Kino. Das stimmte tatsächlich. Einige Kameraden sahen einen lustigen Film mit Hans Moser.

Postempfang! Briefe und Päckchen aus der Heimat zu erhalten ist das Schönste, was es für den Soldaten an der Front geben kann. Ein Ereignis, von dem er wochenlang zehrt. Man schnappte sich seine Briefe, verzog sich, um sie ungestört lesen zu können. Gefühlsbeladen. Weil wochenlang keine Zustellungen möglich waren, trafen Feldpostbriefe manchmal gleich stapelweise ein. Post aus Leipzig und Paris. Sonia schrieb noch regelmäßig. Auf Deutsch. Ihre Krakel zu entziffern war jedes Mal ein Ratespiel, schwer lesbar, aber ein aufregendes Erlebnis. Das Schreibpapier roch nach ihrem Parfüm.
„Eine kleine tropfen d'amour". Ich atmete ihn tief ein und war in Gedanken bei ihr. Glücklich.

Werner Kleine nach dem Einsatz

210

GESCHICHTE DER 56. INFANTERIE-DIVISION MÄRZ BIS JULI 1943

Auszug IV

In den Monaten März bis Juli fand innerhalb der Division erhöhte Stoßtrupptätigkeit statt, um laufend ein klares Bild über den Feind und dessen Absichten zu gewinnen.

Den Schnee löste im Frühjahr die Schlammperiode ab, die in der Hauptzeit jeglichen Verkehr auf den Wegen und im Gelände lahmlegte. Nur Reiter und Melder hielten Post und Meldewesen, soweit es nicht durch Funk oder Fernsprecher zu erledigen war, aufrecht. Die Truppe im Graben war auf ihre Bevorratung an Verpflegung und Munition angewiesen.

Die Gefechtstätigkeit wuchs in dieser Zeit selten über den normalen Rahmen hinaus. Störend wirkten sich die Einflüge der russischen Flieger aus, die nicht nur nachts, sondern selbst bei Tage mit ihren vom Landser als „Krähen" bezeichneten leichten Maschinen auf Stellungen und Unterkünfte ihre Bomben warfen.

Ein Befehl des Divisions-Kommandeurs, dass bei feindlichem Einflug alle Rohre, vom Gewehr des Schützen beginnend, Feuer zu sprühen haben, führte an einem Frühjahrstag, als der Russe wieder einmal allzu dreist einflog, zu dem Erfolg, dass im Bereich der Grenadier-Regimenter 171 und 234 sieben russische Maschinen, darunter 4 gepanzerte Schlacht-Flieger, abgeschossen bzw. zur Landung gezwungen wurden.

Die geringe Kampftätigkeit an der Front erlaubte den Versorgungstruppen vermehrten Einsatz in der Fürsorge für die Truppe. In Orel wurde ein Erholungsheim eingerichtet, das in ständigem Wechsel Männer der Front beherbergte. Es wurde mit Kino und Fronttheatergruppen bestückt, so dass, soweit möglich, für Abwechslung und Entspannung gesorgt wurde.

Den russischen Bauern wurde vom Bolschewismus enteignetes Land wieder zu eigen gegeben. So entwickelte sich im Divisions-Bereich ein ausgesprochenes Vertrauensverhältnis zur russischen Bevölkerung.

Aus russischen Gefangenen, die sich freiwillig meldeten, wurde eine „Ostwachkompanie" aufgestellt (Hiwis), die die eigene Truppe entlastete.

Nach Beendigung der Schlammperiode führte der hier so kurze Frühling und beginnende Sommer hinter unserer Front zu Vorbereitung und Bereitstellung des Unternehmens „Zitadelle", das zum Ziel hatte, mit der 9. Armee von Norden und der 4. Panzer-Armee von Süden durch Angriff die tiefe Einbuchtung um Kursk an der Naht der Heeresgruppe Süd und Mitte zu beseitigen, die Front damit zu begradigen und die im Bogen befindlichen russischen Armeen zu vernichten.

Am 23. Juni bekam ich den Befehl, mich umgehend im Bataillonsgefechtsstand einzufinden. „Melden Sie sich in der Schreibstube, der Hauptfeldwebel weiß Bescheid!"

Ich tat wie geheißen und erlebte eine echte Überraschung. Mich erwartete ein militärisches Ehrenzeremoniell. Zusammen mit zwei Feldwebeln musste ich drei Schritte vortreten.

Auszeichnung

Nach den beiden mir unbekannten Kameraden machte auch ich eine zackige Meldung:

„Gefreiter Kleine, wie befohlen zur Stelle!"

Der Spieß übergab Major Eidel drei Kästchen, schrie „Achtung!"
und „Stillgestanden!" und rief drei Namen auf.

Der Major trat vor uns und tippte an seinen Stahlhelm:

„Kameraden", sagte er mit schneidender Stimme, „im Nahkampf gilt es gewisse Tötungshemmungen zu überwinden. Für besondere Tapferkeit werden Sie heute mit der Nahkampfspange ausgezeichnet. Herzlichen Glückwunsch!"

Mein Gott, Tötungshemmungen, wie sich das anhörte. In vorderster Linie wurde nicht gefragt, wie einem dabei zumute ist. Jede
Situation musste bewältigt werden. Einfach so.

GESCHICHTE DER 56. INFANTERIE-DIVISION
JULI 1943

Auszug V

Abwehrschlacht um Orel.

*Noch für den 11.7. abends war ein Stoßtruppunternehmen beim rech-
ten Regiment der Division, dem Grenadier-Regiment 192, geplant.
Der Erkundungsvorstoß sollte aus dem Wjashi-Bogen her-aus über die
Susha hinweg Klarheit über den Feind durch Einbringung von Gefangenen schaffen. Mitten in die Vorbereitungen für dieses Unternehmen
platzten die Erkundungsvorstöße des Russen am 11.7. früh, die den
Großangriff einleiteten und die schwachen Stellen unserer Front endgültig klären sollten. Das eigene Stoßtruppunternehmen unterblieb, der
Mangel an Reserven zwang dazu, die hierfür bereitgestellten Kräfte so-
gleich zur Abwehr einzusetzen.*

*Die 1. Pioniereinheit Regiment 156 unter ihrem Chef, Oberleut-
nant d.R. Kirchner, trat zum Gegenstoß im Wjashi-Bogen an. Sie ver-
teidigte am 12.7. das Trümmergelände der Kolchose ostw. der nicht besetzten Riegelstellung zusammen mit den Resten der 2. und 3./192.
Oberleutnant Kirchner sowie Oberleutnant Bremer, der Kompanie-*

Führer der 2./192, wurden hierbei verwundet mit vielen tapfer kämp-
fenden Kameraden, ebenso viele gaben ihr Leben hin.

Erlebnisberichte über den Beginn der Orelschlacht im Bereich unse-
rer Division, die einem späteren Teil II der Divisions-Geschichte vorbe-
halten sind, lassen klar erkennen, dass der Großangriff der Russen am
11. und 12.7. nicht nur die 262. Infanterie-Division, sondern auch
die 56. I.D. in voller Wucht traf. Der Schwerpunkt des Angriffs lag auf
der Naht der 262. und 56. I.D., die ja stets eine schwache Stelle der
Verteidigung ist, umso mehr, wenn angesichts der überdehnten Fronten
Reserven fehlen, die solche Nähte überlappen können.

Beiderseits des Panikowez-Tales - hier verlief die Divisionsgrenze
zur 262. I.D. - trat der Russe zum Durchbruch auf Orel an, in dem
Bestreben, nach erzieltem Einbruch in diesem Raum gleichzeitig die
Front der beiden Stellungsdivisionen nach Süden und Norden aufzu-
reißen und mit den bereitgestellten operativen Reserven über Orel vor-
zustoßen. Die einzige verfügbare Divisionsreserve, Divisionsbataillon
156, die hinter dem rechten Flügel der Division bereitgehalten wurde -
zunächst zur Verfügung des Korps - verhinderte in zähem, verbissenem
Kampf um Iwany und Nowaja Sloboda am 12. und 13. 7. diese Ab-
sicht.

In den schweren Abwehrkämpfen dieser Tage wurde unser tapferes und
immer wieder bewährtes Grenadier-Regiment 192 fast aufgerieben. Bis
zum 15. 7. vertrat Major Hildesheim in der Führung den Regiments-
kommandeur, da Oberst Kessler die Division führte für den noch ab-
kommandierten Divisionskommandeur, Generalmajor Lüdecke. Mit
dessen Rückkehr am 15.7. übernahm Oberst Kessler wieder die Füh-
rung seines nur noch in Teilen vorhandenen, verbluteten Regiments.

Während die Angriffe am 11.7. als ein Abtasten der Front nach den
schwachen Stellen zu werten waren, setzte am 12.7. der Großangriff
gegen die Anschluss haltenden Regimenter der beiden Divisionen ein.
An der Naht wurde die Front aufgerissen und konnte, dank der tapfe-
ren Haltung unserer Grenadiere, Pioniere, Panzer-Jäger und Kanoniere
unter Einsatz der kümmerlichen Reserven geflickt werden.

Schon im Laufe des Vormittags stießen russische Panzer beiderseits des Wjashi-Abschnitts über die Susha vor, denen keine nennenswerte Panzerabwehr entgegengestellt werden konnte. An dem tapferen Widerstand und erfolgreichen Abwehrfeuer der braven Kanoniere unserer 2./A.R. 156 unter ihrem vorzüglichen Batteriechef Oberleutnant Störl brach der russische Angriff zusammen. Oberleutnant Störl und Oberwachtmeister Schneider wurden hierfür zu unser aller Freude mit dem Ritterkreuz ausgezeichnet.

Der Erfolg des Tages war, dass der Russe den beabsichtigten Durchbruch trotz seiner 10-15-fachen Überlegenheit an Infanterie und des völligen Fehlens von Panzern oder Sturmgeschützen auf unserer Seite nicht erzielen konnte. Wjashi und Nowij Lug waren in unserem Divisionsabschnitt verloren. Die Verbindung zur 262. I.D. bestand nur in zusammenhangloser Linie. Reserven standen der Division nicht mehr zur Verfügung.

Am 13.7. setzte der Russe seine Angriffe mit neuen Kräften in unverminderter Stärke fort. Russische Panzer überrollten die H.K.L., stießen durch bis zum Regimentsgefechtsstand Gr.Regiment 192 in Kotschety und standen somit im Rücken der eigenen Artillerie. Kotschety konnte noch gehalten werden, um Jewteschow, Woskresensk und Weselaja kämpften die braven Grenadiere verbissen.

Ein weiterer Durchbruch erfolgte in nördlicher Richtung in die tiefe Flanke des Grenadier-Regiments 171. Die russischen Panzer rollten hinter der Front des Regiments zwischen Bataillonsgefechtsstand I./Gr. R. 171 und Regimentsgefechtsstand in Golowinskij hindurch in nordwestlicher Richtung. Regimentsstab und Stabskompanie igelten sich ein im Ortsteil Suworowa und verteidigten sich mit Tapferkeit und Erfolg unter der persönlichen Führung ihres vorzüglichen, ruhig-überlegten Regimentskommandeurs, Oberst d.R. Schimpff, den Nachfolger des versetzten Oberst v. Erdmannsdorf. 6-7 sowjetische Panzer wurden zum Teil im Nahkampf vernichtet. Oberst Schimpff wurde hierbei mit vielen anderen tapferen Grenadieren schwer verwundet und fiel zum Leidwesen der Division und seines Regiments für immer aus. Wir alle *hatten aber die freudige Genugtuung, dass dem allseits beliebten Regimentskommandeur für sein zähes Aushalten das Ritterkreuz verliehen wurde.*

Das I./Gr. R. 171 musste unter dem Zwang der Lage seinen rechten Flügel zurücknehmen, um die eigene Flanke zu schützen. Der klugen und umsichtigen Führung des Bataillons durch den Ritterkreuzträger Major Eidel war es zu danken, dass hier nicht der Durchbruch erfolgte. Er fing vielmehr die Reste des Gr.R. 192 auf und organisierte den Widerstand in der allgemeinen Linie Woskresensk-Gorodilowo.

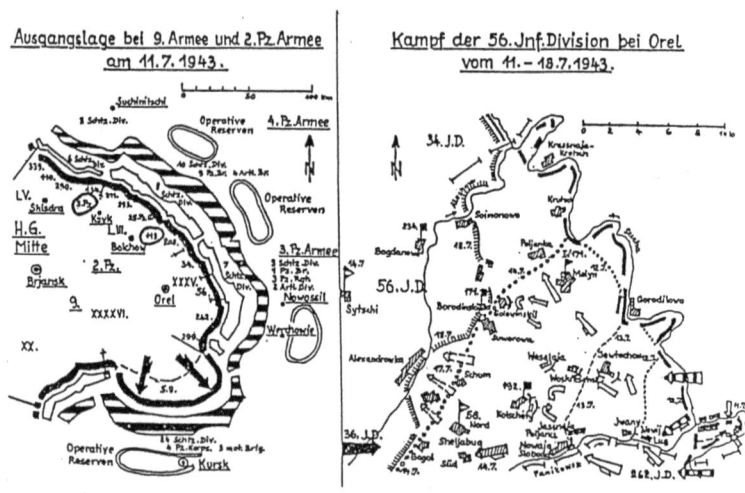

Am 11. Juli um 3 Uhr früh begann der sowjetische Großangriff im Orelbogen nördlich von Bolschow im Verteidigungsabschnitt meines Regiments 171. Wir wurden völlig überrascht. Plötzlich hagelte es Granaten. Noch nie hatte ich Vergleichbares erlebt. Unvorstellbar was das. Als hätte der Feind seine gesamte Artillerie vor uns zusammengezogen. Vom Südosten her zog sich kilometerweit eine schwarze Rauchfahne über den Morgenhimmel wie ein Trauerband für tausende gefallener Soldaten.

Stunde um Stunde trieben explodierende Artilleriegeschosse vor, neben und hinter uns tiefe Trichter in die Erde. Es war die Hölle. Granaten ohne Pause. Der Teufel zeigte seine Fratze. Es galt, die Zerstörungen des Grabensystems zu erkunden, aber niemand wagte es, auch nur für Augenblicke den Bunker zu verlassen.

Dass die sowjetische Infanterie ausschwärmte, stand nicht zu befürchten. Feindliche Angriffe über die von uns weit einzusehende Ebene hinter der Suscha wären mit hohen Verlusten bezahlt worden.

Die sowjetischen Truppen griffen lieber nördlich und südlich von uns an. Am 12.7. durchbrach die 11. sowjetische Gardearmee die deutsche Front nördlich Orel und stieß auf die Stadt zu. Drei Tage später brach die 63. sowjetische Armee östlich von Orel durch und stürmte vorwärts. Im Süden dasselbe: Am 17.7. ging die 1. sowjetische. Gardearmee bei Barwenkowa über den Donezk und drückte die deutsche Front ein; die 2. Gardearmee überschritt an diesem Tag den Mius und stieß auf Stalino - heute Donezk - vor.

Unsere Stellungen blieben weiterhin von Infanterieangriffen verschont. Doch der Geschützdonner rückte nördlich und südlich, dann auch westlich von uns näher und näher. In den Luftraum drangen sowjetische Jagdbomber ein und drehten - bevor sie ihre tödliche Fracht abwarfen - provokativ ihre Runden über uns.

Am 12.7. erreichte uns gegen 13 Uhr der Befehl zum Verlassen der Gräben. Aufbruch. Anfangs ein chaotisches Durcheinander. Hardy Blume stolperte mir über den Weg. Sein Gesicht zeigte keine Regung. Er war geistig abwesend, sah zu Boden und schien etwas zu suchen. „Wo ist dein Stahlhelm?", fragte ich, aber er reagierte nicht.

„Beeil dich, Hardy, wir müssen weg!"

„Wozu?", fragte er, „hier kommen wir doch nicht mehr raus."

Hardy verließ die Deckung, trat auf mich zu und warf mir einen seltsam flackernden Blick zu.

„Über die Gräben legt sich der Geruch des Todes", stammelte er. „Ich brauche keine Waffe mehr."

„Komm mit mir!", drang ich in ihn, aber er schüttelte nur den Kopf, warf wild gestikulierend sein Gewehr auf die Erde und folgte einer Infanteriegruppe, die in geduckter Haltung die Gräben verlassen hatte. Von Hardy Blume bekam ich nie wieder ein Lebenszeichen. Er blieb vermisst.

Rückzug

Am 13. Juli 1943 waren wir seit dem Morgengrauen in westlicher Richtung unterwegs. Immer im Eiltempo.

„Marschpause!", bestimmte ein Leutnant.

An einem kleinen, idyllisch vor einem Waldstück gelegenen See sammelten sich die Reste unsres Bataillons zur Neuaufstellung. Die meisten Kameraden warfen sich total erschöpft ins Gras. Schlafen, nichts weiter als schlafen!

Ich zog mir die schweißnasse Uniform vom Leibe und sprang kopfüber ins Wasser. Das war angenehm kühl; erfrischte und weckte meine Lebensgeister.

Helmut Karl eilte zum Gefechtsstand und kam mit sorgenvollem Gesicht zurück.

„Düstere Aussichten", sagte er bekümmert, „wir haben wahnsinnig hohe Verluste. Jeder zweite Mann verwundet oder tot."

Am späten Nachmittag setzten wir uns, neu eingeteilt, wieder in Bewegung. Im Chaos der Rückzugsgefechte war ein Munitionsträger abhanden gekommen. Der Mann blieb verschwunden, spurlos. Suchtrupps fanden am Gebüschrand zwei leere Munitionskästen. Das war alles.

„Er kann sich nicht in Luft aufgelöst haben", schimpfte Fritz.

„Richtig", sagte Ewald. „Und sein Körper nicht so zerfetzt worden sein, dass nichts von ihm übrig geblieben ist."

Dass der Kamerad zu den Sowjets übergelaufen sein könnte, mochte niemand glauben. Das war undenkbar.

Helmut Karl entschied: „Vermisstmeldung durchgeben und neuen Träger anfordern."

An diesem Tag war alles schief gelaufen.

Für den ausgefallenen Munitionsträger wurde uns nun der Gefreite Wenzel zugeteilt.

„Verheiratet, ein Kind, Beruf Buchhalter. Vor drei Tagen mit Nachschub aus Chemnitz eingetroffen", stellte er sich vor.

Wenzel hatte eine gewisse Ähnlichkeit mit dem Filmschauspieler Gustav Fröhlich. Der neue Kamerad war anfangs sehr schweigsam. Es schien, als habe er an der Front die Sprache verloren.

„Das ändert sich nach ein paar Stunden im Dreck", sagte Block voraus. Und so kam es.

„Zu Hause habe ich eine wunderbare Frau", ließ der Neue uns wissen und erwähnte beiläufig, dass er seinen Sohn noch nicht zu Gesicht bekommen hatte.

„Munitionsträger geben beim Heranschleppen der Kästen gute Ziele ab", wandte er sich mit einer unausgesprochenen Frage an Fritz Block. Niemand antwortete.

„Wurscht und egal was du hier machst, erwischen kann es dich immer, überall und noch heute!", knurrte Ewald zurück.

Der Neue taute nun langsam auf. Und er beklagte sich nicht. Niemand hörte ihn jammern. Nicht mal, als keine Verpflegung nach vorn gebracht werden konnte. Wenzel beließ es bei ein paar Scherzworten.

„Deutsche Kampfflieger!", rief Ewald begeistert aus. „Ich erkenne das Eiserne Kreuz, das sie tragen!"

Jubel brach aus. Seit wir unsere Stellungen verlassen mussten, beherrschten allein sowjetische Flugzeuge den Luftraum. Doch als direkt über uns die Kampfbomber jäh abtrudelten und im Sturzflug auf uns zugerast kamen, verwandelte sich die Freude in pures Entsetzen.

„Die Stukas verwechseln uns mit russischer Infanterie, nehmt volle Deckung!", schrie ich. Der Schock, von deutschen Stukas bombardiert zu werden, saß tief. Wir winkten nach oben, schrien und gestikulierten. Vergeblich. Es war zum Verzweifeln.

Die Piloten ahnten nicht, dass sie eingekesselte deutsche Infanterie bombardierten. Die Schmerzensschreie ihrer Kameraden waren da oben nicht zu hören. Deutsche Soldaten starben im Bombenhagel der eigenen Luftwaffe. Mich überkam Wut. Über die Ungerechtigkeiten in der Welt. Ich lag hier im Dreck. Und zur gleichen Zeit in Leipzig verdrehte mein Freund Sascha Puppa seinen Hals nach hübschen Mädchen.

Nun, wir hatten Glück. Die Bombeneinschläge lagen hundert Meter vor unserer SMG-Stellung.

Major Eidel verkörperte allein schon mit seiner Statur, mit seinen wuchtigen 1,90 Metern und der kräftigen Stimme Macht und Durchsetzungsvermögen. Jetzt ging er von einer Stellung zur anderen. Klar, dass er seinen Soldaten Zuversicht einzuflößen versuchte:

„Kameraden, wir sind vom Feind eingeschlossen worden", erklärte er mit einer kreisenden Armbewegung, „aber keine Sorge, morgen, spätestens übermorgen hauen uns die Panzer hier wieder raus!"

Wir vertrauten ihm. Was ein Offizier seines Kalibers im Kampf erreichen oder verhindern kann, hatte er oft genug bewiesen.

Da mit Nachschub nicht gerechnet werden konnte, wurde die Munition rationiert. MG-Gurte und Granaten durften nur einzeln zugeteilt werden, auch die Verpflegung wurde knapp.

„Munition sparen! Geschossen wird nur auf Befehl! Und das erst, wenn sich anstürmende Russen auf kurze Distanz, auf zwanzig oder dreißig Meter genähert haben!", befahl der Major.

Alle wussten: Jede Bewegung, jeder Handgriff musste sitzen. Am Ende eines schlammigen Pfades gruben wir uns ein. Warten. Als die ersten feindlichen Infanteristen heranstürmten, machten wir alles falsch. Wir verschossen Gurt um Gurt.

„Die machen wir fertig", brüstete sich ein ordensgeschmückter Feldwebel, „einfach voll reinhalten, hinein ins volle Menschenleben!"

Und wir taten wie befohlen. Nach der ersten Angriffswelle trat Stille ein. Aber es kam die zweite und die dritte. Die Russen stürmten wie von Furien getrieben ins Feuer unserer Maschinengewehre. Inzwischen war mein MG 42 so heißgelaufen, dass der Lauf nicht mehr berührt werden durfte. In Deckung bleiben und abwarten. Der Schlosswechsel konnte erst nach Abkühlung ausgeführt werden. Danach schossen wir wieder aus allen Rohren. Die Iwans stürmten weiter. Welle um Welle.

„Verdammt", fluchte Ewald, „die kommen uns immer näher!"

Verwundete schrien. Ich schoss und schoss und hörte nur auf, wenn Munitionsgurte eingezogen werden mussten. Lauf- und Schlosswechsel wie in Trance, und überhaupt erledigte ich mein Schusspensum automatisch und völlig teilnahmslos.

Bombensplitter eigener Sturzkampfflugzeuge hatten auch den Gewehrführer unsrer Nebengruppe getroffen.

„Meine Kameraden liegen am Boden, tot oder verwundet, rühren sich nicht mehr, fallen aus!", keuchte der Lafettenträger.

„Das Gerät muss sofort geborgen werden", herrschte Ewald ihn an. „Du übernimmst die Verantwortung, bist jetzt Gewehrführer und bildest deinen SMG-Trupp aus Munitionsträgern!"

„Mache ich sofort. Suche mir neue Leute. Das Gerät ist voll einsatzfähig."

„Deinen Männern fehlt es anfangs an Erfahrung, aber das kapieren die schnell; nach kurzer Zeit werden sie mit dem Gerät so umgehen können wie alte Hasen!", fügte Ewald aufmunternd hinzu.

„Bestimmt!", rief der Lafettenträger und kroch zurück zu seinem SMG 42.

Der Gewehrführer eines anderen Trupps tauchte auf, schimpfte:

„In unserem SMG 34 hat sich ein Gurt verklemmt!"

Ich staunte: „Was ist komisch dabei, das kann kein Problem sein!"

„Ist es aber!"

Hilfsbereit kroch ich mit Block hinüber. Zwei Munitionsschützen.- die reinsten Milchgesichter - bemühten sich in panischer Angst, die Geschossbänder auszuwechseln. Vergeblich. Der Feldwebel sah sich das an und bekam einen Wutanfall.

„Idioten", flucht er und meldete über sein Funkgerät den Ausfall eines SMG an den Kompaniegefechtsstand. Voreilig.

„Ist kein Problem", sagte Fritz.

Nach ein paar Handgriffen war das SMG feuerbereit.

Ein unbekannter Hauptmann tauchte auf: „Müller, ihr neuer Kompanieführer. Ausfallversuche sind zu unterlassen. Jeder unbedachte Vorstoß droht als Himmelfahrtskommando zu enden und wird bestraft. Das ist ein Befehl! Ob wir angreifen oder auf Entsatz warten, entscheidet der Major. In jedem Fall sind alle Verwundeten mitzunehmen!"

Am Nachmittag war Ruhe. Alles vorbei. Wie ein Spuk. Kein Schuss mehr. Nirgendwo der Iwan. Kommandeur Eidel verkündete kühl, dass wir in Kürze entlastet und Anschluss an die kämpfenden Truppen haben würden.

„Die Einkesslung ist in Kürze beendet. Spitzen der Panzer-Abteilung 156 sind auf dem Weg und kämpfen uns frei!"

Oh Wunder! Schon wenige Minuten später - wir trauten unseren Augen nicht - sahen wir deutsche Panzer. Wir empfingen sie begeistert. Mit Jubel aus vielen Kehlen. Major Eidel drückte einem ölverschmierten Panzeroffizier die Hand: „Herr Kamerad, Sie haben uns mit Bravour befreit. Ich kann den hervorragenden Einsatz Ihrer schnellen Panzertruppe nur in den höchsten Tönen loben! Im Namen meiner Männer danke ich Ihnen, dass Sie uns hier rausgeholt haben!"

Unser Kommandeur Major Eidel war ein Offizier, der alles wollte. Und das sofort: eine tolle Karriere, treue Soldaten, die für ihn buchstäblich durchs Feuer gingen.

„Und nicht zuletzt Sex mit hübschen Russinnen", verriet einer vom Bataillonsstab. Es war absurd. Wir konnten wieder lachen. Auch über einfache Dinge, wie zu hören war:
„Eine Rasierklinge kannst du von mir haben"

GESCHICHTE DER 56. INFANTERIE-DIVISION

Auszug VI

Am Abend des 13.7. war die Front zum Zerreißen gespannt, aber nicht aufgerissen. Der Anschluss an die 262 I.D. konnte bei dem Mangel an Kräften nur stützpunktartig im Verlauf der allgemeinen Linie Poljana-Woskresensk-Gorodilowo gehalten werden und musste verloren gehen, wenn am folgenden Tage nicht neue Kräfte an die gefährdeten Stellen zugeführt wurden. Das war leider nicht der Fall.

Am 14. Juli 1943. mussten die stark angeschlagenen Teile des Gr.R. 192 und das I/171 im Verein mit den Truppen des linken Flügels der 262 I.D. die unvermindert überlegenen Kräfte des Gegners, allein auf sich gestellt, abfangen.

8 russische Schützendivisionen, ein Panzer-Korps mit etwa 250 Panzern stießen am frühen Morgen des 14.7. in die stark eingebeulte, nur stützpunktartig besetzte Front. Etwa 40 russische Panzer erreichten gegen Mittag die Gegend von Sheljabug-Süd. Sie wurden teils abgeschossen, teils zum Abdrehen gezwungen. Eine breite Lücke klaffte nach Süden zur 262. I.D. Nur zusammenhanglos kämpften in diesem Raum noch einige tapfere Kampfgruppen und Widerstandsnester, die den Russen aber niederhielten. So wurde wie durch ein Wunder auch an diesem Tage der russische Durchbruch verhindert. Am Abend des 14. 7. stand die Division in der allgemeinen Linie Sheljabug-Schuma-Colowinka-Strelnikowo-Poljanka-Snamenka-Krutsch-Jelisawetinka mit Anschluss an die nördlich anschließende 34. I.D. bei der Einmündung der Aleshnja in die Susha.

Die Nacht auf den 14. Juli verbrachten wir mit Versuchen, uns auf hügeligem Gelände einzugraben. Das sternenklare Himmelszelt über uns ließ es nicht allzu dunkel werden. Die Knochenarbeit mit dem kleinen ausklappbaren Feldspaten wurde jedes Mal unterbrochen, wenn die aufblitzenden Lichter der Leuchtspurmunition den Himmel für Sekunden erhellten. Tiefe Gruben auszuheben gelang nur vereinzelt. Fast überall stieß man auf steinigen Boden.

„Die Erde ist hart wie Beton", schimpfte Ewald Tauer, „wir schaffen nicht mal den einen Meter Tiefe, den wir unbedingt brauchen!" Den meisten Kameraden ging es nicht anders. Um uns herum entstanden nur flache Schützenmulden. Man hörte gedämpfte Flüche. Die Stimmung sank auf den Nullpunkt.

Auch den Munitionsträgern gelang es nicht, sich im Abstand von zehn Metern einzugraben. Nach der erfolglosen Spatenarbeit überwältigte uns Frust. Helmut Karl besah sich die flachen Löcher und sprach den Kameraden Mut zu. Doch wir gaben auf und hockten uns ins Gras. Helmut setzte sich zu mir und blätterte in einer kleinen Bibel. Dabei sagt er tiefsinnig:

„Wer an der Front nicht an Wunder glaubt, der ist kein Realist."

Hinter den Hügelkuppen, unsichtbar für uns, wurden gegen Mitternacht sowjetische Panzerfahrzeuge in Stellung gebracht und hüllten die ganze Gegend in durchdringenden Dieselgestank. Obwohl wir wussten, dass sie in der Dunkelheit nicht losfahren konnten und erst am Morgen angreifen würden, nervte uns Stunde um Stunde das Aufheulen ihrer Motoren.

Mit Anbruch der Helligkeit überzog ein milchiger, feuchter Nebel das Gelände. Gleichzeitig kehrte Ruhe ein, die Ruhe vor dem Sturm. Der Befehl lautete abzuwarten und mit dem SMG erst zu schießen, wenn die Soldaten in den Panzern erkennbare Ziele böten. Anschließend sollten wir uns tief in die Löcher pressen und überrollen lassen. „Danach sind die Fahrzeuge von hinten unter Feuer zu nehmen!"

Wie gebannt starrten wir auf die vor uns liegende Hügelkette. Als die Sonne blassrot durch leichte Nebelschwaden hindurchzuschimmern begann, entdeckten wir am Waldrand feindliche Infanteristen.

„Achtung, Truppenbewegungen!", rief eine Stimme.

Die Panzer durchbrechen Büsche und Bäume, jetzt werden sie gleich kommen, dachte ich. Doch sie blieben zunächst unsichtbar. Aber nicht geräuschlos. Das Aufheulen der Motoren kündigte an, dass sowjetische Panzerfahrzeuge in wenigen Minuten vor uns auftauchen würden.

Dann kamen sie. Reihenweise neben- und hintereinander. Eine kilometerbreite Formation mit brauner Tarnfarbe bemalte Panzer schaukelte über die Hügelkuppen, walzte dabei Büsche und Bäume nieder. Die vordersten Fahrzeuge krochen bereits den Abhang zu uns herunter.

„Verdammt, das sind T 34!", rief ein Unteroffizier.

„Die sind auf hohem technischem Stand und mit enorm breiten Ketten verblüffend schnell und wendig!"

„Abwarten! Die marschieren unserer PAK (Panzerabwehrkanonen) direkt ins Feuer!", prophezeite Helmut Karl.

Das konnte so sein oder auch nicht. Die sowjetischen Panzer vom Typ T 34, unter ihnen ein schwerfälliges Monstrum mit drei Drehtürmen, rückten bedrohlich näher und näher. Aus allen Schlitzen schießend rasselte dieses Ungetüm direkt auf uns zu. Staub wirbelte auf. Staub, der uns umhüllte, alles durchdrang.

Dicht neben mir gruben sich Ketten in den Sand. Der spritzte auf, flog in mein Gesicht. Ich presste den Körper fest an den Boden. Das winzige Loch bot genug Platz für meine Ängste. Nun war der Panzer genau über mir. Ich war ihm ausgeliefert. Nur nicht zerquetscht werden, lieber Gott, bitte, bitte! Ich rang nach Luft, mich packte die Angst. Endlos erscheinende Sekunden im Gefühl der Ohnmacht. Du darfst nicht in Panik geraten. Und da war auch die Hilflosigkeit, die dich körperlich packte, tief drinnen, als ob du in die Erde versinkst.

Die Panzer durchbrachen unsere Linien. Wir sahen deutsche Lkw, Pkw, Kräder und pferdebespannte Fahrzeuge nach Westen fliehen. Einige fuhren sich fest, stürzten um und versperrten die Straße. Wer stolperte, kam nicht wieder auf die Beine. Wurde gnadenlos von sowjetischen Panzern plattgewalzt.

Die Luft war schwarz und dick. Wir atmeten flach. Niemand von uns redete. Kein Schuss fiel. Wenzel sah mich teilnahmslos an. Mit leeren Augen. Oben war nichts zu sehen. Infanteriemunition würde gegen Panzer nichts ausrichten. Wir verharrten in unseren Löchern. Ein sinnloses Unterfangen. Uns lähmte die Angst, von den nächsten Panzern überrollt und zerquetscht zu werden.

Keine zehn Minuten später kreuzte auf den Hügeln die zweite Welle T 34 auf. Wir sahen sie kommen und sprangen auf. Wie auf Kommando. Das SMG 42 abzubauen blieb keine Zeit. Die Munitionsträger befreiten sich von Patronengurten, ließen ihre Kästen fallen und rannten los, von der Angst gejagt, verfolgt und erschossen zu werden. Oder in Gefangenschaft zu geraten.

Vor den Panzergranaten Deckung suchend stürmten wir im Zickzackkurs zwischen Baumgestrüpp hindurch den Abhang hinunter. Wir rannten um unser Leben. Erst kurz vor einer Artilleriestellung wurden wir gestoppt. Ein Hauptmann schrie:

„Haaaalt Männer, haaaalt Leute und hier sammeln!"

Der Bataillonsgefechtsstand befand sich in einem zerstörten Gehöft. Überall bekannte Gesichter. Feldwebel Karl suchten wir vergeblich.

„Helmut muss oben geblieben sein", vermutete Ewald Tauer.

Ein jähzorniger Oberfeldwebel herrschte uns an: „Wer gab die Erlaubnis, eure Stellungen zu verlassen?"

„Ich", sagte Feldwebel Maier mit bleichem, noch vom Schrecken gezeichnetem Gesicht, „die Gründe werde ich dem Kompanieführer selbst vortragen."

Maier rauchte eine Beruhigungszigarette. Er wandte sich mir zu:

„Schwein gehabt, Kleine, weißt du was über Verluste?"

„Nein", antwortete ich, „ich weiß gar nichts!"

„Die Panzer der zweiten Welle haben kurz vor unseren Löchern abgedreht", mischte sich ein Unteroffizier ins Gespräch. „Zwei sind kampfunfähig vor unseren Linien stehen geblieben."

Ein hochdekorierter Hauptmann der Infanterie baute sich vor uns auf: „Fertigmachen zum Gegenstoß! Zurück in die Stellungen!"

Das hieß: Munitionskästen auffüllen, ein paar Schlucke Kaffee schlürfen. Verpflegung fassen hieß: Jeder durfte zwei Dosen Cornedbeef mitnehmen.

„Nun aber los! Und Beeilung gefälligst!"

Nebelartige Schwaden lagen als dichter Schleier über dem Boden. Ein beißender Geruch hatte sich ausgebreitet. In geduckter Haltung bewegten wir uns bergauf. Vorsichtig. Schritt für Schritt.

Zuerst bemerkten wir den Rauch, dann einen abgeschossenen Panzer. Der T34 stand wenige Schritte vor der SMG-Stellung, die wir verlassen hatten.

„Von einer Panzerabwehrgranate getroffen und total außer Gefecht gesetzt", staunte Ewald.

Das Geschoss hatte ein Loch von einem Meter im Durchmesser in die Stahlplatten gerissen. Kleine Flammen züngelten noch. Ein gespenstischer Anblick. Im ersten Moment verdeckten Flammen und Rauch einen toten sowjetischen Offizier. Sein Leichnam hing in der Luke. Den Kopf verbarg ein verrutschter Stahlhelm, seine Stiefel berührten den Boden. Ein zweiter Panzerfahrer lag neben ihm. Der Körper hing quer über dem Lenkrad. Das Gesicht schwarz. Verbrannt.

Vor dem T34 lag ein deutscher Soldat. Ohne Stahlhelm. Der Tote war Gerhard Wenzel. Mein Gott! Ich habe das Bild nie vergessen. In der Stirn klaffte ein tiefes Loch. Aus der Einschusswunde sickerte noch Blut. Im Höllenlärm explodierender Granaten hatte ich Wenzels tödlichen Kopfschuss nicht bemerkt.

„Den Kameraden hätte kein Arzt mehr retten können", sagte Helmut Karl und drückte ihm die weit aufgerissenen Augen zu.

„Was machen wir mit ihm?", fragte ich.

„Hier können wir ihn nicht beerdigen", sagte Ewald. „Aber zum Gefechtsstand hinuntertragen", fügte er hinzu.

„Wir übergeben seinen Leichnam dem Pfarrer", entschied Helmut.

„Der Mensch ist erst tot, wenn niemand mehr lebt, der ihn kannte. An dieses Wort sollten wir immer denken."

„Helmut, du bist auch beim zweiten Panzerangriff hier oben in deinem Loch geblieben?", fragte ich ihn.

„Ja, ich habe auch diese Welle hier oben überlebt."

Das ganz Besondere an diesem Feldwebel war, dass er uns keine Vorwürfe machte. Dieser christlich geprägte Mensch hatte so gar nichts Militärisches an sich.

Wir legten Wenzels Körper in eine Zeltplane und stolperten mühsam den sanften Abhang hinunter. Vorsichtig - als sei er nur verwundet - trugen wir ihn zum Kompaniegefechtsstand. Was wussten wir eigentlich vom Kameraden Wenzel? Nicht allzu viel. Er war tot, bevor wir Näheres über ihn erfahren konnten.

„Pfarrer Zimmer ist gleich am 11. gefallen. Legt den Toten zu den anderen!", befahl der Spieß.

„Bis vor zwei Tagen hatte ich noch keine Leiche gesehen", meldete sich ein Sanitäter mit knabenhafter Figur zu Wort, der mit dem letzten Nachschub eingetroffen war.

„Allein heute wurden bisher schon über 40 tote Kameraden geborgen."

„Was macht ihr mit ihnen?", wollte ich wissen.

„Wir lassen sie in ihren Zeltbahnen, schaufeln ein tiefes Loch und sprechen ein Gebet für sie."

„Sie kommen ins Massengrab?"

„Es gibt keine andere Lösung, wir können sie nicht mitnehmen."

Ehe die Flammen verloschen und der Rauch sich verdünnte vergingen Stunden. Gräser kroch vorsichtig zu dem abgeschossenen Panzer hinüber. Kaltschnäuzig machte er sich an den Toten zu schaffen; entnahm ihren Brieftaschen Geldscheine und Dokumente.

Fotos zeigten blutjunge Offiziere mit Eltern, Geschwistern und Freundinnen. Gräser zerriss sie und warf sie weg.

„Weshalb machst du das?", wollte ich von ihm wissen.

„Aus Langeweile."

„Leichenfledderei finde ich ekelhaft", sagte ich aufgebracht.

Gräser blickte mich hasserfüllt an:

„Halte dich ruhig für was Bessres, aber das Arschloch von uns beiden bist du!"

Ich antwortete nicht. Gräser war gefährlich. In Wahrheit hatte er nach Wertsachen gesucht. So ist das, wenn Menschen im Lauf des Krieges abstumpfen und zu Kriminellen werden. Sie sollten hart bestraft werden. Keine Gnade erwarten dürfen, egal wie ihr Rang in der Befehlskette sein mochte. Plünderer gehören hinter Schloss und Riegel.

Unsere Verluste waren höher als erwartet. Verschüttete Kameraden wurden vorsichtig aus ihren Löchern geborgen. Eine dicke Sandschicht bedeckte die Stahlhelme. Junge Gesichter von Toten, blutig und schwarz vom Rauch. „Die sind erstickt", sagte ein Sanitäter, „das sieht man."

Am 15. Juli 1943 verstummte die russische Artillerie. Alles Getöse hörte mit einem Schlag auf. Plötzlich war Ruhe.

„Nicht zu fassen", sagte ich zu Ewald.

„Die Gefechtstätigkeit scheint nachzulassen, wir setzen uns vorsichtig vom Feind ab", erklärte Feldwebel Karl nach einem Funkspruch.

In den Nebeln des Morgengrauens verließen wir die Stellungen. Seltsam war vor allem eines: die Stille. Stundenlang, fast den gesamten Vormittag weder Abschüsse noch Einschläge. Auch von feindlichen Panzern nichts zu sehen. Keine Infanterieangriffe, keine Flugzeuge, keine Befehle zum Gegenangriff. Nichts.

GESCHICHTE DER 56. INFANTERIE-DIVISION

Auszug VII

Die Zurücknahme der Divisionsfront in dieser Nacht unter ständigem Feinddruck war eine ausgesprochen schwierige Bewegung, die Disziplin der Truppe und straffe Führung erforderte. Es bedeutete die Zurücknahme der Front in einer kurzen Sommernacht um rund 15-20 km. Die gleichen Kräfte, die bis zum Einbruch der Dunkelheit vorn die Abwehr führen mussten, hatten eine fast nur auf dem Papier stehende Stellung nach geglücktem Lösen vom Feind zu besetzen. Sie war lediglich angedeutet durch Deckungslöcher und Schützennester, die in Eile begonnen waren.

Der 16. Juli war kein besonders guter Tag für uns. Nach Anbruch der Helligkeit entdeckten uns sowjetische Spähflugzeuge auf dem Rückzug. Sofort begannen sie eine erbarmungslose Jagd. Jedes mal wenn ihre Staffeln im Tiefflug heran donnerten, warfen wir uns zu Boden. Um uns herum spritzten Einschläge in die Erde.

„Zweizentimetergeschosse!", fluchte Fritz.

Ein tollkühner oder verrückter Pilot zog seine Maschine so tief herunter, dass ich - das Gesicht ins Gras gepresst - den Luftsog seiner Maschine zu spüren bekam. Blitzschnell raste er über mich hinweg. Nicht alle von uns erreichten den schutzbietenden Wald.

Weil Funk- und Fernsprechverkehr schon während der ersten Luftangriffe weitgehend ausgefallen waren, konnten Gefechtsstände und militärische Stäbe miteinander nur per Kuriere Kontakte aufnehmen und Verbindung halten.

„Wo bleibt Gräser mit seinen Kästen, wann und wo wurde er zuletzt gesehen", erkundigte sich Ewald. Keiner wusste etwas.

„Das ist schon unser zweiter Munitionsträger, der nicht mehr auftaucht", sagte Fritz. Gräser wurde als „vermisst" gemeldet.

Ich dachte an den Vormarsch im Sommer 1941. Endlos waren die Stunden im Arbeitsdienst. Täglich marschierten wir 25 oder 30 Kilometer hinter der kämpfenden Truppe. Entlang an ausgebrannten und zerschmetterten Panzern. Vorüber an den endlosen Kolonnen sowjetischer Gefangener. Zwei Jahre später befanden wir uns auf dem Rückzug. Passierten verlassene Dörfer, Flüchtlingstrecks und immer wieder auch Wehrmachtsangehörige, die russische Gefangene seitlich der Rollbahnen Panzerdeckungslöcher und Auffangsgräben ausheben ließen.

Unverändert geblieben war der Blick auf die Gerippe völlig zerschossener und verbrannter Dörfer. Wie 1941 ragten schwarz und gespenstisch standhafte Mauern. Wie damals blühten in den Gärten noch immer die Blumen. Nicht anders auch der eigentümliche Geruch, der ewig für mich an diesem Feldzug kleben wird. Das beißende Gemisch von explodierter Munition, Brand, Schweiß und Leichen.

„Wir bleiben erst mal hier. Die Bäume geben uns gute Deckung!", befahl der Kompaniechef. Für seine Leute eine willkommene Atempause. Hinter dem SMG dösten wir in voller Montur vor uns hin. Erschöpft, zusammengeklappt um uns herum die Kameraden des 1. Zuges. Schreck steckte ihnen noch in den Knochen. Der Atem ging schwer. Manche Soldaten lagen mit geschlossenen Augen und flatternden Lidern. Einige beteten. Andere, von Artilleriebeschuss und Flugzeugbomben zermürbt und fast um den Verstand gebracht, dämmerten kommendem Grauen entgegen.

Eine Mulde musste zum Kurzschlaf, ein hastig geschaufeltes Erdloch für die Notdurft herhalten.

„Im Grunde ist ja alles gut gelaufen", sagte Fritz und wischte sich den Staub aus den Haaren.

Ich bestaunte einen Marienkäfer, der mir über den Handballen krabbelte, und wünschte, dass er mir Glück bringen würde. Dann kritzelte ich noch ein paar Zeilen an meine Eltern und Uschi aufs

Papier. Schrieb einen der Feldpostbriefe, die ihr Ziel nie erreichen würden.

Zwei Stunden später wurden wir aufgescheucht.

„Aufstehen Leute, es geht weiter.“

Sich vom Feind abzusetzen hieß auch verfolgt zu werden. Sich mit schwerem Gerät streckenweise im Laufschritt zu bewegen. SMG aufbauen. Immer wieder der Infanterie Feuerschutz geben.

„Das ist wirklich zum Kotzen“, fluchte neben mir ein Gefreiter, „von den Scheißrussen ständig gejagt zu werden.“

Unteroffizier Röder vom 3. Zug sank zu Boden und umklammerte einen Baumstamm.

„Ich kann nicht mehr, lasst mich hier“, bat er und zog sich den schweißnassen Stahlhelm vom Kopf.

„Reiß dich zusammen“, schimpfte sein Zugführer, „die Russen machen kurzen Prozess mit dir!“

Röder reagierte nicht mehr. Alles Zureden blieb vergeblich.

„Lasst ihn. Der hat sich aufgegeben, dem ist nicht mehr zu helfen“, meinte Ewald. Röder blieb zurück. Allein.

Am Ende des Waldes standen wir plötzlich vor einem deutschen Soldatenfriedhof. Die Stacheldrahtzäune waren bereits zerschnitten. Die Gräber lagen auf einer saftigen Wiese. Bald würden Soldatenstiefel das Gras und die Blumen zertrampeln. Würden die Russen deutsche Soldatenfriedhöfe dem Erdboden gleichmachen?

Helmut zeigte auf die Holzkreuze:

„Mir nach. Von dort aus haben wir freies Schussfeld!“

Im Norden blitzte es am Horizont, ein dumpfes Knallen war zu hören. Der heiße Sonnentag wurde zum Alptraum. Major Eitels Befehl lautete, keinen Meter Boden mehr aufzugeben. Plötzlich ging es los. Unterstützt von Schützenpanzern und 8-cm-Flak traten wir zum Gegenstoß an. In weit auseinandergezogenen Reihen bewegten wir uns vorsichtig in geduckter Haltung Schritt für Schritt. Noch bevor wir die Bereitstellungslinie erreicht hatten, stürmten uns sowjetische Infanterieeinheiten entgegen. Gleichzeitig gerieten wir in das Bombardement sowjetischer Flugzeuge. Der Gegenstoß scheiterte, wurde zum Desaster.

„Wir ziehen uns zurück!", befahl Feldwebel Karl. Weit waren wir nicht gekommen, da detonierten in unmittelbarer Nähe Geschosse von Raketenwerfern.

Ewald schrie auf: „Stalinorgeln, volle Deckung!"

Rechts von mir, keine zwanzig Meter entfernt, breitete Helmut Karl die Arme aus, drehte sich um seine eigene Achse und stürzte wie ein gefällter Baum zu Boden.

„Helmut ist getroffen!", rief ich entsetzt. Wir rannten los und warfen uns neben ihn ins Gras. Er erkannte uns und versuchte zu sprechen, doch versagte ihm die Stimme. In seinen Augen stand Todesangst. Helmut atmete schwer, keuchte, begann zu röcheln. Sein Gesicht verfärbte sich rasch, wurde aschfahl. Der Körper versuchte sich aufzubäumen, zuckte, lag still. Ich nahm ihm vorsichtig den Stahlhelm ab.

Auf den ersten Blick war die Einschussstelle nicht zu finden, doch dann entdeckten wir das kreisrunde Loch am Hinterkopf. Ewald versuchte ihn anzusprechen, streichelte seine Hände. Keine Reaktion. Uns packte das blanke Entsetzen.

„Er ist besinnungslos, aber nicht tot", hoffte Ewald.

Ächzend und bei jedem Schritt in den weichen Lehmboden einsinkend, schleppten wir Helmuts leblose Gestalt zu einem Schützenpanzer. Wortlos und mit leeren Gesichtern hoben wir unsern besten Kameraden vom Boden und stemmten ihn auf das Fahrzeug. Helmut Karl, den Freund leiser Töne, liebten wir für seine Menschlichkeit. Helmut darf nicht sterben, wünschte ich inbrünstig.

Ewald verlor die Kontrolle über seine Gefühle. Tief betroffen und fassungslos schlug er die Hände vors Gesicht und brachte ein trocknes Schluchzen heraus. So hatte ich ihn noch nie erlebt. Als er sich gefasst hatte, sagte er leise:

„Werner, wir müssen nach vorn, wir werden gebraucht!"

Geduckt und im Laufschritt erreichten wir wenige Minuten später unsere Kameraden in der vordersten Linie. Ein hoch aufgeschossener Leutnant blickte uns finster entgegen.

„Wo kommen Sie her? Ihre Namen? Eigenmächtiges Entfernen von der Truppe ist strafbar, ich werde das melden!"

Bei mir kochte die Wut hoch. Ich fasste mich schnell und erwiderte:

„Herr Leutnant, wir versuchten, das Leben von Feldwebel Karl zu retten! Auch Sie würden wir nicht schwer verwundet im Dreck liegen und verbluten lassen!"

Der Leutnant trat von einem Bein aufs andere und zupfte nervös am Riemen seines Stahlhelms: „Wir sprechen uns noch!"

Ewald war bedient.

„Der hat doch nicht mehr alle Tassen im Schrank!"

„Ewald", erwiderte ich, „der Leutnant gehört doch zu den Leuten, die gerade angekommen sind und von denen du vor ein paar Stunden noch mitleidig sagtest, die armen Schweine aus der Heimat hat man direkt in die Scheiße geworfen."

„Stimmt!" Ewalds Antwort war knapp. Dann hüllte er sich in Schweigen.

Helmut war tot. Ein Kopfschuss hatte sein Leben ausgelöscht. Ich wusste, an der Front würde für mich nie wieder etwas sein wie zuvor. Mich überkam eine heiße Sehnsucht nach Heimat und Frieden, nach Menschen ohne Waffen, nach einem Ort tiefer Stille, weitab vom Krieg.

„Leute, wir müssen weiter!" Für Trauer blieb keine Zeit. Gerät abbauen, Gerät aufbauen. Als wir uns vorsichtig durch weit einzusehendes Gelände bewegten, beschäftigten mich seltsame Gedanken. Während ich an diesem Sonntag hier im Dreck steckte und buchstäblich um mein Leben kämpfte, flirteten in Leipziger Cafés zur gleichen Stunde elegant aufgemachte Damen mit gut gekleideten

Herren. Und beim Kokettieren durften sie die Spezialität der Corso-Konditorei, den köstlichen Baumkuchen, vernaschen.

In einer der zahllosen Senken bot sich uns ein grauenvoller Anblick. Vor uns lagen schwer verwundete und tote sowjetische Soldaten. Junge Männer mit kahl geschorenen Köpfen in Blutlachen.

„Ein Volltreffer hat sie ausgelöscht", sagte Ewald erschrocken.

Vor und neben uns wälzten sich 17- oder 18-Jährige. Manche stöhnten, andere lagen mit leeren Augen ganz still. Einer zeigte auf seinen Kopf. Was meinte, was wollte er? Wasser oder den Gnadenschuss?

Ich bückte mich zu ihm, berührte sacht seine Hand und redete leise auf ihn ein. Wissend, dass er meine Worte nicht verstand, sagte ich: „Sanitäter kommen gleich."

„Hör auf Werner, dem kann keiner mehr helfen", beendete Ewald die entsetzliche Szene.

„Tauer, Kleine, kommt endlich", schrie ungeduldig Fritz, der Lafettenträger.

Mit 21 Jahren an der Front denkst du nicht: Das sind Russen, was geht mich das an? Nein. Du fragst dich: wie viel Zeit bleibt mir noch? Der Tod ist immer da. Natürlich. Aber plötzlich siehst du ihn vor dir, und er macht dich sprachlos.

Diejenigen, die sich in Russland gegenseitig umbringen, waren vorher ganz normale junge Leute. Steckten voller Träume. Hatten vielleicht eine Freundin. Liebten ihre Familie und hatten - damals war das noch so - Respekt vor den Älteren.

„Ewald, ich fürchte mich nicht vor dem Tod, habe aber große Angst vor dem Sterben", flüsterte ich.

„Ich auch."

Zweite Verwundung

Minuten später heulten Stalinorgeln über uns. Wir gerieten mitten in das Werferfeld. Vor, neben und hinter uns schlugen Granaten ein. Waren sie mit todbringenden Metallsplittern gespickt? Hoffentlich war das nur ein Gerücht. Mich packte die Angst. Blitzschnell warfen wir uns zu Boden. Sekunden zu spät für mich. In mein linkes Ellenbogengelenk waren Streusplitter eingedrungen. Als der Schmerz kam, dachte ich: Verdammt, jetzt ist es passiert!

Ewald kroch heran, schnitt meinen Ärmel auf und besah sich die Einschusswunde.

„Werner, sieht aus wie ein klassischer Heimatschuss!"

Ein Trost war das nicht. Geschickt hantierte er mit dem Verbandspäckchen und umwickelte meinen Arm. Er brachte tatsächlich einen gut sitzenden Notverband zustande.

„Ich hab auch im Unterschenkel was abgekriegt, kannst du mal nachsehen?", bat ich.

„Mache ich." Er zog mir die Hose runter.

„Da ist nicht viel zu sehen. Im Bein können ein paar kleine Granatsplitter stecken", versuchte er mich zu beruhigen.

„Ich muss wieder nach vorn. Bleib erst mal hier liegen. Junge, mach's gut!" Weg war er. Ohne ihn war ich am Nullpunkt angekommen.

Major Eidel eilte nach vorn, sah mich liegen, blieb stehen und beugte sich zu mir herunter: „Was ist los mit Ihnen, Kleine?"

Ich war benommen, erkannte ihn aber an an seiner schnarrenden Stimme.

„Mich hat's erwischt, Herr Major", antwortete ich.

„Kann ich etwas für Sie tun?"#„Helfen Sie mir zu überleben!", bat ich.

Er nickte und befahl seinem Melder: „Kümmern Sie sich um sanitäre Hilfe für den Mann!"

Ich lag da und wartete. Erinnerte mich der ähnlichen Situation im vergangenen Jahr. Jemand würde vorbeikommen und sich meine Verwundung ansehen. Irgendwann mal. Mich mitnehmen. Vielleicht. Demnächst mal. Oder überhaupt nicht?

Helmut Karl war tot. Ich hatte einen wunderbaren Menschen verloren. Eine endlose Zeit verstrich. Hatte man mich vergessen? Oder nicht gefunden? Musste ich hier verbluten? Hilflos daliegen und von einem Ungetüm zerquetscht werden? Um mich auf Panzergeräusche konzentrieren zu können, schloss ich die Augen. Hatte man mich vergessen? Nein. Natürlich nicht.

„Komm rüber, hier liegt er", sagte eine Stimme neben mir, und schon wurde ich auf eine Trage gelegt.

Die Sanis bevorzugten den Laufschritt. Wenn sie bei Beschuss die Trage unsanft aufsetzten, spürte ich starke Schmerzen. Gestützt von meinen Rettern humpelte ich dem Verbandsplatz entgegen. Nach sachgerecht erfolgter Wundversorgung hing man mir eine Verwundetenkarte um den Hals.

Nach allem, was ich hier hörte, durfte ich von Glück reden. Andere Kameraden aus meiner Einheit waren schwerer verwundet worden als ich. Feldwebel Müller war von Stalinorgeln zerfetzt worden. Ich hatte überlebt, wurde verbunden, bekam einen Becher Rotwein und Kekse. Ein Krankenwagen brachte mich zum Bahnhof Orel.

Im Lazarettwagen fühlte ich mich wie im Luxushotel. Weiß bezogene Betten! Nicht zu fassen! Bis alle Verwundeten verladen und versorgt waren, das dauerte so seine Zeit. Stunde um Stunde verrann. Als sich der Zug in Bewegung setzte, stöhnte ein Kamerad: „Endlich. Gott sei Dank!" Ein Arzt nannte das Reiseziel: „Dünaburg, eine Stadt in Lettland."

Quietschende Bremsen und ein Netz von Gleisen gaben Hinweise auf die Ankunft. Der Bahnhof war voll gestopft mit Transportzügen. Von Dünaburg - heute: Daugavpils - war wenig zu sehen. Vorbei an weitläufigen Eisenbahnwerkstätten tuckerten wir entlang der Düna (Daugava), die in den Meerbusen von Riga mündet.

Das Feldlazarett verdiente kein Lob. Ein düsterer Ziegelsteinbau, umgeben von hohen Mauern, der schon in Friedenszeiten als Krankenhaus gedient haben konnte. Der Blick nach draußen war trist. An einigen Fenstern fehlten die Griffe Vor dem Krieg mochte das Gebäude Patienten, Ärzten und Pflegepersonal ausreichend Platz geboten haben.

Am 18. Juli 1943 aber war das Lazarett total überbelegt. Es herrschten unvorstellbare Zustände. Tragen mit Neuankömmlingen versperrten die Gänge und verhinderten ihre Versorgung. Geduld haben und warten. Schwaden von Chloroform zogen durch die Korridore und erschwerten das Atmen. Stundenlang beißende Gerüche. Über Nacht blieben die Verwundeten ihrem Schicksal überlassen. Die meisten unter Schmerzen.

„Mein Verband blutet durch, kann der mal gewechselt werden?", fragte ein Kamerad und zeigte auf seinen Oberschenkel.

„Moment noch, gleich geht's los", antwortete ein vorbei eilender Arzt. Ein schönes Wort. Denn bald wurde klar: ein solches Chaos wie in der Welt der Dünaburger Weißkittel gab es nirgendwo.

Die Kantine hatte sich in ein Bettenlager verwandelt. Alles eilig hergerichtet. Der große Raum sah trostlos aus. Keine Jalousien, schmutziges Bettzeug, graue Wolldecken, verbeulte Nachttöpfe, alte Lampen. Und über den Lagerstätten von blassen Schwerverwundeten hingen Fotos, auf denen „unser Führer" Adolf Hitler huldvoll lächelte.

Ich trauerte um Helmut Karl. Einen Menschen, von dem ich mich verstanden fühlte. Ich dachte an unsere Gespräche. Sie hatten eine wunderbare Freundschaft begründet. Zum Erinnerungswertesten meiner Fronterlebnisse gehörten die gemeinsamen Monate in der H.K.L., die diese Gefühle vertieften. Respektsperson war er und ein guter Kamerad. „Ich balanciere zwischen Distanz und Nähe", hatte er seinen Führungsstil beschrieben. Bei gefährlichen Kampfeinsätzen immer todesmutig vorneweg. Was auch passierte, Feldwebel Karl blieb beherrscht, gelassen, um seine tief verwurzelte Gemütsruhe zu beneiden. Ein grausames Schicksal hatte mich jäh und für immer von ihm getrennt.

Werner Kleine im Lazarett Dünaburg

Im Lazarett fehlte es an Ärzten, Schwestern, Betten, mithin an ausreichender Versorgung. Geschimpft wurde über zu fettarme Verpflegung. Es sprach sich herum, dass sich Offiziere lautstark über ungenießbares Essen beschwert hätten. Einige dieser Herren fanden es unmöglich, mit Unteroffiziers- und Mannschaftsdienstgraden im gleichen Raum zu liegen und beschwerten sich darüber beim Verwaltungsoffizier.

„Aber meine Herren! Ihr Aufenthalt bei uns dauert höchstens drei oder vier Tage. Dünaburg ist reine Durchgangsstation. Im Anschluss wird ein Lazarettzug alle Patienten nach Deutschland bringen", versuchte der Zahlmeister zu beschwichtigen.

„Enten sind das", vermutete mein Bettnachbar.

Am 21. Juli verdichteten sich Gerüchte zur Tatsache. Ein Feldwebel stürzte vor Aufregung fast über seine Krücken.

„Leute, wir werden heute noch verladen!", verkündete er enthusiastisch. Tatsächlich wurden wir wenige Stunden später zum Bahnhof gebracht. Und waren nun von allen Zweifeln befreit.

Der Lazarettzug stand auf einem Nebengleis. Es war kurz vor elf Uhr, es regnete wie aus Eimern, die Tropfen trommelten auf die Dächer der Waggons. Das Verladen schwer verwundeter Kameraden dauerte einige Stunden. Unverständliche Ansagen knatterten durch die Lautsprecher. Dann wurde die Stimme deutlich:

„Ich bin der für diesen Transport zuständige Reichsbahnbeamte. Alle Verwundeten werden nach Deutschland gebracht. Erste Station ist Tilsit." Das war die ersehnte Nachricht. Der Zug fuhr in die Heimat. Jubel brach aus, es verbreite sich Heiterkeit.

*

Der Lazarettzug erreichte sein Ziel in der folgenden Nacht. Auf dem schwach beleuchteten Bahnhof ließ sich der Name nur mühsam entziffern: Tilsit.

Dass die ostpreußische Stadt 1406 vom Deutschen Ritterorden gegründet worden war, wusste ich damals noch nicht. Von Tilsit würde ich nichts zu sehen bekommen. Schade.

Das Reserve-Lazarett, schon äußerlich zu erkennen, verhinderte die übliche Verdunklung. Im Inneren des Gebäudes herrschten ordentliche deutsche Verhältnisse. Es roch nach frischen Betten.

240

Freundliche Ärzte, adrette Schwestern, die meisten hübsch, und aufmerksame Pfleger erwarteten uns.

Die Einweisung von über hundert Verwundeten war gut vorbereitet, ging zu mitternächtlicher Stunde unter Anleitung von Ärzten mit Hilfestellung freundlicher Weiblichkeit geräuschlos und rasch über die Bühne. Niemand schien hier überfordert.

„Wir bekommen alles in den Griff", beurteilte der Stationsarzt die Situation und beugte sich über den durchblutenden Halsverband eines Leutnants.

„Die Verwundungen sind immer die gleichen. Abgerissene Gliedmaßen durch Granatsplitter, Kopfverletzungen, Arm- und Beinschüsse. So geht das jeden Tag, und in absehbarer Zeit wird sich daran nichts ändern", fürchtete der Mann im weißen Kittel.

Vor der Visite wollte uns die Oberschwester etwas Wichtiges mitteilen:

„Der Chefarzt schwört auf die Heilkraft der Natur. Wunden können von Sonnenstrahlen geheilt werden. Wo es möglich ist, bitte ich die Verbände und Salben zu entfernen."

„Das hat viel mit Aufklärung zu tun", meinte der Stationsarzt. „Licht und Luft bedeuten Leben und Überleben!"

Ein vorbei humpelnder Gefreiter ängstigte sich vernehmbar.

„Heilkraft der Natur? Na hoffentlich hilft das."

Ich hatte da so meine Bedenken.

In Tilsit war alles fast wie zu Hause. Vor dem Frühstück roch es in den Korridoren nach frischen Brötchen. Man wurde verwöhnt. Schattenseiten gab es auch. Mein Bett stand am Fenster. Der Blick fiel auf das hohe Eisentor des gegenüberliegenden Barackenlagers. Hoch umzäunt war es und stacheldrahtverstärkt. Das Tor bewachten Männer in schwarzen Uniformen, deren ruppiger Ton mich aufmerksam machte. Nachts war drüben der Teufel los. Kommandos und Schmerzensschreie schallten herüber. An Schlaf war nicht zu denken. Das Pflegepersonal hüllte sich in Schweigen.

„Das sind Juden. Die werden von der SS bewacht, nachts verhört und manchmal auch verprügelt", klärte uns ein Sanitätsgefreiter auf. Er sagte es so, als sei das absolut normal.

„Das Lager liegt nicht ohne Grund versteckt hinter den hohen Bretterzäunen", erläuterte er sachlich. „Aber haltet die Schnauzen!"

„Ihre Einschusswunde am Ellenbogengelenk benötigt keinen Verband mehr", erklärte der Arzt nach der ersten Woche.

Mein linker Arm wurde eingegipst und ruhig gestellt. Ich bekam einen so genannten Stuka. So lautete das Kurzwort für Sturzkampfflugzeug.

In diesen Tagen der Ruhe und Besinnung bedrückten mich viele Gedanken an Helmut Karl. Wo stand das Holzkreuz mit seinem Namen? Lag sein Leichnam in einem Massengrab? Gehörte mein guter Kamerad zu den Gefallenen, deren Grab den Angehörigen auf ewig unbekannt bleibt? Dann wäre es seiner Familie versagt, an Helmuts Grabstein zu trauern und Erinnerungen wach zu halten. Eine gemeinsame Lebensgeschichte fände keinen Abschluss. Viele Soldaten, denen Helmuts Frau künftig begegnete, würden sie an ihren verlorenen eigenen Mann erinnern und die Frage aufwerfen, warum all diese Männer noch leben dürfen, während Helmut sterben musste. Nicht zu wissen, niemals zu erfahren, auf welchem Friedhof Helmut Karl begraben wurde, das bedrückte mich sehr.

Seiner Witwe würde ich erzählen, wie oft er von ihr sprach. Auch von seinem kleinen Sohn, den kennen zu lernen ihm versagt blieb. Und dass er die Sehnsucht nach seiner Familie in Worte fasste, die mir unvergesslich bleiben:

„Ach, Werner, ich leide unter Heimweh nach meinem Gestern."

Am 8. August wurden mir 12,00 Reichsmark Sold für die Zeit vom 21.8. bis 31.8. 1943 ausgehändigt und eine Kontrollkarte für den Einkauf von Tabakwaren bis 26.08.43. Zwei Tage danach war es wieder so weit. Man verlud uns in einen fast neuen Lazarettzug. Wir verließen eine Stadt, von der ich außer dem Bahnhof und ein paar Bretterzäunen nichts gesehen hatte. Ewald Tauer sollte Recht behalten. Ich kam zurück nach Deutschland.

Der Lazarettzug bekam freie Fahrt und ratterte eilig durch viele Bahnhöfe. Er verlangsamte seine Fahrt erst auf den Gleisanlagen vor Rostock. In Dampfschwaden gehüllt und feinste Wasserfontänen ausstoßend, kam die Lokomotive, das fauchende, pfeifende Ungetüm, im Bahnhof endlich zum Stillstand.

„Rostock! Endstation des Verwundetenzuges!" Die Stimme des Bahnhofsvorstehers überschlug sich fast.

Rot-Kreuz-Schwestern liefen eilig durch die Gänge des Zuges und riefen in die Abteile: „Alle liegend transportierten Schwerverwundeten werden ausgeladen und auf hiesige Lazarette verteilt." Eine vorgesetzte ältere Dame fügte hinzu: „Für Gehfähige gibt es eine Eisenbahnverbindung zur Ostseeküste mit der Endstation Kühlungsborn."

Gemeinsam mit anderen Leichtverwundeten verließ ich den Zug. In Bad Doberan stiegen wir in eine Schmalspurbahn. Nach einer Strecke von sechs oder sieben Kilometern hielt sie auf überdachten Gleisen an.

„Heiligendamm, hier müssen Sie raus", sagte ein Zugbegleiter.

Der Bahnhof war ein älterer Ziegelbau. Nach längerer Wartezeit wurde das unschlüssige Umher stehen durch einen herbeieilenden Herrn in Zivil beendet. Er führte die soeben eingetroffene Gruppe durch gepflegte Parkanlagen an herrschaftlichen Villen vorbei zu einem Gebäude mit moderner Glasfassade.

„Dieser Flachbau in unmittelbarer Nähe zur katholischen Kirche lässt sich leicht finden", erklärte unser Abholer. „Fragen Sie nach dem Kindererholungsheim in der Kühlungsborner Straße."

Die Ankunft zehn Neuer schien in diesem Klinikum rege Betriebsamkeit und helle Aufregung auszulösen. Es war, als sei der Anflug eines feindlichen Bombergeschwaders angekündigt worden. Schwestern und Pfleger hasteten über die Korridore und lieferten sich lautstarke Wortgefechte.

Die Aufnahmeformalitäten nahmen viel Zeit in Anspruch. Nach Begrüßung und Belegung der Stuben wurden wir von einem streng blickenden Assistenzarzt in die Tagesabläufe eingewiesen:

„Sie befinden sich hier in einer provisorischen Rehabilitationsklinik. Alle Neuzugänge melden sich morgen früh Punkt 8 Uhr bei Herrn Dr. König im Heereslazarett Rostock. Die Abfahrtszeit wird noch bekannt gegeben. Für die Dauer Ihres Lazarettaufenthaltes gilt grundsätzlich: Jeder Patient hat sich täglich den Klinikärzten vorzustellen. Wer davon befreit wird, hat uns eine Bescheinigung vorzulegen. Diese Kombination aus kompetenter ärztlicher Betreuung in der Hansestadt und Phasen persönlicher Freizeitgestaltung in Heiligendamm ist für unsere Patienten der ideale Weg, um neue Kraft zu schöpfen und bald gesund zu werden!"

Im Sekretariat wurden die mitgeführten Krankenblätter von einer selbstbewusste Dame geprüft und eingesammelt. Zwischendurch verlautbarte sie auch nützliche Informationen.

„Nach Heiligendamm zu kommen ist für jeden Verwundeten ein Glücksfall. Das älteste deutsche Ostseebad ist reich an Sehenswürdigkeiten. Ob Sie dem Münster in Bad Doberan einen Besuch abstatten oder die Schwalben an der Steilküste beobachten, das Mitnehmen eines Fernglases lohnt sich immer."

Herzog Friedrich Franz I. habe sich - ganz in seiner Nähe - ein Seebad nach englischem Vorbild gewünscht. Auserwählt wurde Heiligendamm. Ostsee, Strand und ausgedehnte Wälder machten diesen Ort bis heute zu einem beliebten Bade- und Kurort. Nun gut. Der Heimatverein ließ grüßen.

Der Linoleumboden in den kleinen und engen Zimmern roch frisch gewachst. Tische und Stühle waren passend für Zehnjährige. Bett an Bett kaum Kniefreiheit, teilten sich sechs Männer ein Zimmer. Nachts war Verdunklung angesagt. Von den Decken hingen verdreckte Glühbirnen, die nur noch wenig Licht geben konnten.

Da saßen wir nun, und keiner wusste so recht, was mit ihm geschehen würde. Ergo beschloss man, ein Würfelspiel zu machen.

Mein Bettnachbar, ein Feldwebel, kramte in seiner Tasche herum und zauberte eine Flasche Korn auf den Tisch. Nahm einen tiefen Schluck und rief: „Alle mitsingen, Leute!"

„Das Leben ist ein Würfelspiel. Wir würfeln alle Tage. Dem einen bringt das Schicksal viel. Dem andern Müh und Plage. Drum frisch auf Kameraden den Becher zu Hand, zwei Sechsen auf den Tisch - ja auf den Tisch -, die eine ist für das Vaterland. Die andere ist für mich."

Unsere dröhnenden Männerstimmen lockten Neugierige an.

„Euer Gesang, die reinste Chordarbietung", lobte einer aus dem Nebenzimmer.

Der Feldwebel, ein kleiner drahtiger Rothaariger, rief lachend:

„Wir werden viel Spaß haben, Kameraden, lasst uns singen, würfeln und Skat kloppen! Die Patienten aus Zimmer sechs sind die fidelste Truppe im ganzen Haus!" Gelächter.

„Und dass mir keiner damit anfängt, uns hier seine Fronterlebnisse aufzutischen, das verbitte ich mir."

„Darüber wird kein Wort verloren", versprach ich.

Ein Unteroffizier riss die Tür auf, hantierte nervös an seinem Gesichtsverband, begann zu schimpfen:

„Ich habe schon verdammt viel erlebt, aber das ist die Spitze!"

„Was ist denn los?"

„Geht mal zur Toilette. Auf die winzigen Klobrillen passt kein ausgewachsener Männerarsch."

„Reg dich nicht auf, du wirst dich schnell daran gewöhnen", antwortete ein Vorübergehender. Der Mann trug einen grauen Kittel und war vermutlich der Hausmeister.

„Ich empfehle dir mecklenburgische Gelassenheit!", riet er.

Auf der Fahrt nach Rostock stach mir die im Ostseeraum übliche Backsteingotik ins Auge. Doch widmete ich meine Aufmerksamkeit nicht der hanseatischen Architektur, sondern schöneren Dingen. Viel lieber sah ich mich nach Mädchen in hübschen Sommerkleidchen um. In den Zugabteilen saßen leider nur Nachrichtenhelferinnen. Uniformen nehmen den Frauen ihre naturgegebene Anmut.

Das Heereslazarett in Rostock war voll gestopft mit Verwundeten. Lange, hässliche Gänge führten zu den Warte- und Behandlungsräumen. Die Patienten, überwältigt vom penetranten Chloroformgeruch, kämpften gegen Ermüdungserscheinungen und hatten sich auf lange Wartezeiten einzustellen. Sie taten das schicksalsergeben und mit Gleichmut unter dem Motto: Jede Stunde geht vom Krieg ab.

Die Tagesabläufe wurden auch während der folgenden Wochen von Bahnfahrten und Arztbesuchen in Rostock bestimmt. Das Hafengelände durfte nur mit Sonderausweis betreten werden. Vor großen Hinweisschildern mit der Aufschrift SPERRZONE wachten Kontrollposten an allen Zufahrtsstraßen. Unübersehbar ragten die Hafenkräne steil in die Höhe. Sie verdeckten die Sicht auf am Kai ankernde Kriegsschiffe. Ihnen beim Einlaufen in Rostock-Warnemünde zuzuschauen blieb mir leider versagt.

Der Weg nach Kühlungsborn, umgeben von Wiesen, Feldern und Wald, führte durch eine hügelige Landschaft. Aber sobald man die Gleise der Schmalspurbahn überquert hatte, waren es bis zum Strand allenfalls noch tausend Schritte. Unter hoch gewachsenen Buchen entlang der Küste überraschten wunderschöne Durchblicke auf das Meer. Ein bisweilen stürmischer Wind von der See her hatte so manchen Baum stark verformt.

Hinter Büschen, fast verdeckt von Zweigen und Blättern, entdeckte ich eine Bank. Der Ausblick auf das Meer war überwältigend. Zum ersten Mal in meinem Leben genoss ich solche Erhabenheit. Gewaltige Wolken türmten sich über einer unendlichen Wasserfläche. Dunkelgrau zogen sie am Himmel auf und vereinigten sich zu bedrohlich tief hängenden Gebilden. Ein Steg war zu sehen, der sich im Wasser spiegelte, und ein Fischer auf seinem Kahn. Am Horizont, weit draußen vor der Küste, lagen zwei Schiffe.

In diesem Moment wünschte ich mir sehnlich, den Krieg zu überleben. Und in ferner Zukunft über das Mittelmeer nach Ägypten reisen zu können, um die Pyramiden zu sehen. Das wäre schön.

„Ein herrlicher Blick aufs Meer, diese friedliche Idylle mitten im Krieg", unterbrach eine Stimme meine Gedankenverlorenheit.

Kaplan Eckhard Thomas verzog sein schmales Gesicht zu einem freundlichen Lächeln. Der Geistliche, stets auf Distanz bedacht, hatte vorher noch nie das Wort an mich gerichtet. Er setzte sich neben mich und und begann zu schwärmen:

„Ein wunderbares Fleckchen Erde. Man kann einen Sonnenaufgang beobachten und die Möwen am Himmel. Zu erleben, wie ein glutroter Feuerball aufsteigt und das Meer in ein sanftes Licht taucht, das bleibt ein unvergessliches Erlebnis."

„Romantik pur", stimmte ich zu.

„Ich sitze oft hier", sagte der Kaplan. „Einmal flüchtete ich vor den Möwen, weil mich ihr Kreischen so sehr an das Schreien von Verwundeten erinnerte. Das werden Sie nachfühlen können."

„Gewiss."

„Besichtigen Sie in Bad Doberan das Münster", empfahl er mir. „Die hochgotische Basilika mit ihrer mittelalterlichen Ausstattung ist einmalig. Auch sollten Sie sich Zeit nehmen für ein geistiges Zentrum des Mittelalters, das Zisterzienserkloster."

Ich nahm mir vor, diese Hinweise zu befolgen. Ratschläge eines Mannes anzunehmen, den ich bisher nach flüchtigen Begegnungen als „komischen Heiligen" eingestuft hatte.

Eckhard Thomas nickte mir zu, erhob sich, sagte „Grüß Gott" und ging seiner Wege. Der katholische Hilfsgeistliche gab Rätsel auf. Ein Kaplan mit Mannschaftsdienstgrad war nicht alltäglich. Zumal er alle Kameraden beharrlich mit „Sie" ansprach. War Thomas verwundet oder degradiert? Es kursierten die üblichen Gerüchte und Verdächtigungen. Der Kaplan hüllte sich in Schweigen. Und so blieb es bei vagen Vermutungen. Stubenkameraden berichteten, dass der Kaplan sonntags in der katholischen Kirche die Frühmesse las. Seine Kirche war mit ihm im Reinen. Aber wen interessierte das schon.

Die üppigen Wälder zu durchwandern überließ ich anderen. Mir genügten Spaziergänge. Und die abwechslungsreiche, mal flache, mal steile Ostseeküste bot dafür das ideale Umfeld.

Abend für Abend hockte ich mit den Stubenkameraden an den viel zu niedrigen Tischen. Die Front in Russland war weit weg. Es ging uns gut. Wir schlugen die Zeit tot und hatten viel Spaß. War die Luft rein, kloppten wir Siebzehnundvier. Ein Kartenspiel, das bei Androhung von Strafe für Wehrmachtsangehörige verboten war. Das störte uns nicht im Geringsten. An Besichtigungen historischer Gebäude bekundeten meine Kameraden kein Interesse.

Ich überlegte, wie sich mein Lazarettaufenthalt um ein paar Wochen verlängern ließe. Welche Möglichkeiten boten sich an? Den Granatsplitter operativ entfernen zu lassen! Ich sprach darüber mit dem Stationsarzt. Aber der junge Mann war erfahrener, als ich ihn eingeschätzt hatte. Er lehnte meinen Vorschlag rundweg ab:

„Total überflüssig", meinte er. „Der Granatsplitter kapselt sich ein."

Auch der Oberarzt verneinte: „Wozu ein Operation? Durch Krankengymnastik bekommt das Ellenbogengelenk wieder seine volle Bewegungsfähigkeit!" Einwände ließ er nicht gelten:

„Ihren Fall spreche ich nicht nochmal durch!" Das klang abweisend, war ein Basta. Ich hatte mich damit abzufinden. Nun gut.

Unter dem Verband war seit Wochen ein stärker werdender Juckreiz zu spüren. Nachts wurde er geradezu unerträglich. Ich meldete das bei der Visite: „Von Tag zu Tag wird das quälender, Herr Unterarzt!"

„Da sind Läuse mit eingegipst worden", vermutete der Doktor.

Der unappetitliche Gedanke, dass die kleinen Blutsauger, so genannte Nissen, ihre Eier unter meinem Verband abgelegt haben könnten, löste Abscheu aus.

„Mit 'ner dünnen Stricknadel' kannst du dich unterm Gipsverband kratzen", rief ein Pfleger. „Ich bring dir eine, bin schon unterwegs." Eilig verließ er den Raum.

Unter der Post aus Leipzig befand sich ein Schreiben meiner Dienststelle an die Anschrift meiner Eltern. Ein kleiner Pappkarton war beigefügt.

Dienststelle m. Feldp. Nr. 02791
Einsatzort, 3. September 1943

Einschreiben!

Betr.: E.K. 2.Klasse

Die Dienststelle macht Ihnen hiermit die erfreuliche Mitteilung, dass Ihnen das Eiserne Kreuz 2.Klasse verliehen wurde, welches Sie anbei erhalten.
Herzlichen Glückwunsch!
Das Besitzzeugnis liegt noch nicht vor. Als Bestätigung können Sie dieses Schreiben vorläufig verwenden.

Meyer,
Oberleutnant und Kp.-Chef

Anlage

Bald würde mir das große Glück beschieden sein, meine Mutter und meine Schwester wiederzusehen. Welche Freude.

„Nächste Woche werden wir dich besuchen", schrieben sie.

Am Bahnhof Bad Doberan durfte ich sie acht Tage später überglücklich in die Arme schließen. Muttel war unverändert. Uschi, nun inzwischen im siebzehnten Lebensjahr, zum „Backfisch" herangereift.

„Mein Gott", schluchzte meine Mutter, „was zwischen Abschied und Wiedersehen alles mit uns passiert ist!"

„Wir machen uns ein paar wunderschöne Tage", versprach ich.

Der Himmel war tiefblau, es wehte kein Wind. Es war später Nachmittag, und wir bekamen noch Lust, den Strand aufzusuchen. Erwartungsvoll und hochgestimmt schlenderten wir durch die Straßen. Meine Mutter bewunderte die Prachtbauten, deren unvergleichliche klassizistische Schönheit seit Kriegsbeginn durch graue Farbanstriche und Tarnnetze stark beeinträchtigt wurde.

Nicht, dass sich die Hotelgäste von an weißen Hauswänden reflektierenden Sonnenstrahlen geblendet gefühlt und einen augenschonenden Anstrich verlangt hätten. Keineswegs. Der einzige Grund für die Tarnfarben war die Hoffnung, sie böten bei Tagesangriffen feindlicher Flugzeuge einen gewissen Schutz.

Ostseebad Heiligendamm

Muttel fand die Verwandlung der ursprünglich „Weißen Stadt am Meer" in eine graue und triste „im höchsten Maß bedauerlich".

Die Villenreihen am Meer, auch Burg Hohenzollern, fast alle der imposanten Gebäude gehörten zur Sperrzone. Der dazugehörige Strand war menschenleer. Die schönsten Häuser blieben der Admiralität vorbehalten.

„Reserviert" stand abweisend in großen Lettern auf Schildern.

„Die hohen Herrschaften möchten lieber unter sich bleiben", kommentierte boshaft eine weibliche Zunge.

Der Badebetrieb war eingestellt worden. Im Sand standen noch zahlreiche Strandkörbe herum.

„Das Meer, den Strand und die Sonne, genau das haben wir uns doch gewünscht", strahlte Uschi.

„Und wie schön, dass die Temperaturen so mild sind", fügte Muttel hinzu. Wir genossen den Blick hinaus aufs Meer und erlebten das Wiedersehen erfüllt von Dankbarkeit.

„Meine Lieben", unterbrach ich nach einiger Zeit die Stille, „es fällt schwer, aber irgendwie müssen wir uns losreißen."

Werner Kleine mit seiner Schwester Uschi und Muttel
im Ostseebad Heiligendamm

Uschi schrak auf und sagte: „Na klar, wir müssen ja noch eine Unterkunft finden."

Die Quartiersuche verlief enttäuschend. „Hotels und Pensionen sind seit Kriegsbeginn für Wehrmachtsangehörige beschlagnahmt. Versuchen Sie ein Privatzimmer zu bekommen", empfahl uns ein Fräulein vom Amt und schrieb gleich ein paar Adressen auf.

In der Nähe des Kindererholungsheimes war noch ein Zimmer zu haben, doch die kleine Tochter der Vermieterin warnte uns ungewollt:

„Bei uns gibt es keine Flöhe mehr", verriet das Mädchen und trieb seiner Mutter die Zornesröte ins Gesicht.

Weil die dampfbetriebene Kleinbahn „Molli" den Fahrbetrieb aus unerfindlichen Gründen eingestellt hatte, blieb Muttel und Uschi nichts anderes übrig, als Straßenfahrzeuge anzuwinken, um ihr Glück in Bad Doberan zu versuchen.

Ein Pferdefuhrwerk, das gemächlich über das Pflaster zuckelte, hielt an. Der Mann auf dem Bock war hochbetagt, sein ländlich gegerbtes Gesicht zerfiel in tausend winzige Pergamentfältchen.

„Ich nehme Sie mit, steigen Sie ein", rief er mit hoher Stimme.

„Seit meine Söhne in Russland sind, muss ich wieder jeden Tag die Milch ausfahren", erzählte er den beiden Frauen.

Muttel fragte, ob er eine Übernachtungsmöglichkeit wisse.

Er schüttelte verneinend den Kopf. „Mein Gehöft ist mit Bombenflüchtlingen aus Hamburg belegt. Dort kostete der Luftangriff vor vier Wochen an die 50.000 Menschenleben. Nun mussten bei uns auch die Verwandten untergebracht werden. Aber ein Notquartier für eine Nacht kann ich anbieten."

Mutter und Tochter überstanden die Fahrt zwischen den scheppernden Milchkannen recht gut. Und auch die Nacht in einem Schuppen verging, wo über zwei zusammengeschobene Holzböcke eine Matratze gelegt wurde, die ständig schwankte und wenig Schlaf zuließ.

„Für die körperliche Reinigung am frühen Morgen konnten wir auf die vorhandene Kernseife gut und gern verzichten", erzählte Uschi am Tag darauf.

„Weil ich immer noch Seife von Sonia Warin bei mir habe, die sie aus Paris schickte."

„Du glaubst ja nicht, wie einzigartig sie duftet", sagte Muttel bewundernd.

Das Plumpsklo allerdings erschien ihnen gewöhnungsbedürftig. Zwischen Kühen, Ziegen und gackernden Hühnern stapften sie über den matschigen Hof. Doch für das ungewohnt harte Lager entschädigte die beiden ein vorzügliches Frühstück mit Ei.

Gut gelaunt erklärte Uschi:

„Wir mussten uns umstellen, nun gut, kein Problem. Dafür fanden wir am nächsten Morgen in Bad Doberan ein urgemütliches kleines Hotel, in dem noch ein Dachzimmer frei war. Glücklicherweise." Unerwünschte nächtliche Ruhestörungen wurden in Kauf genommen. Merkwürdige Geräusche durchdrangen den Raum, die zunächst für Nagelaute von Mäusen eingeschätzt wurden. Sie erfuhren, dass sie Siebenschläfern zuzuordnen waren.

„Ein bisschen unheimlich war das schon, aber wir fühlen uns dort sehr gut aufgehoben", beruhigte mich meine Mutter.

„Das Stadtzentrum von Bad Doberan gefällt mir gut", erzählte sie. Kein Wunder. Neben historischen Giebelhäusern und kleinen plätschernden Brunnen luden beruhigende Grünanlagen zum Verweilen ein. In der Innenstadt mit ihren herrschaftlichen Bauten hatten fast alle Geschäfte, Restaurants und Cafés geschlossen. Kriegsbedingt, wie es hieß.

Aber wo anders als in Bad Doberan konnte man schon mit der Eisenbahn mitten in der Stadt durch schmale Gässchen rollen, vorbei an winkenden Passanten und entlang einer schönen Lindenallee bis direkt ans Meer? Uschi fragte die Schaffnerin, warum die Kleinbahn „Molli" heiße. Die junge Frau lachte:

"Verbürgen kann ich mich nicht, aber eine Geschichte dazu will ich gern erzählen:

Eine Dame war mit ihrem Mops „Molli" unterwegs, der die Bahn für ein fauchendes Ungeheuer hielt und darauf losstürzte. Die Frau schrie aus Leibeskräften: „Molli, bleib stehen." Der Lokführer glaubte, der Ruf gälte ihm, und bremste sofort den Zug. Seit dem also heißt der Zug Molli."

In der achten Woche nach meiner Verwundung schälte der nette Stationsarzt meinen linken Arm aus dem Gipsverband. Der lange Zeitraum war niemandem aufgefallen. Endlich besann man sich darauf. Entsetzt blickte ich auf mein spindeldünnes Ärmchen. Rot war es und übersät von Läusestichen.

„Der Arm schmerzt bei der geringsten Bewegung, Herr Doktor", beschwerte ich mich erschrocken beim Stationsarzt, „hoffentlich bleibt der nicht steif."

„Keine Sorge, alles in Ordnung", lautete die beruhigende Antwort.

Die Sommermonate waren vorüber. Im September konnte niemand mehr in der Sonne brutzeln. Am Tag vor dem Abschied eiferten wir den Strandwanderern nach. Uns packte die Sammellust. Es gab viele Schätze zu entdecken. Auf der Suche nach Bernstein und Seesternen liefen wir mit gesenkten Köpfen am Ufer entlang. Doch das Meer gab nichts preis. Wir fanden nur kleine Muscheln und glatt geschliffene Steine.

„Ist doch egal", meinte Uschi. Muttel hingegen war enttäuscht.

„Ein Andenken hätte ich schon gern mit nach Hause genommen, eine Erinnerung an diesen wunderschönen Aufenthalt."

„Dann machen wir doch besser ein paar Fotos", schlug Uschi vor und stellte sich gleich an einen Strandkorb in Pose.

Ich staunte. Meine Schwester hatte sich verändert. Die rührende Schutzbedürftigkeit ihrer Kindheit war verschwunden. Uschi war durch den Krieg erwachsener geworden.

Ob in Heiligendamm, Bad Doberan oder Rostock, auf Schritt und Blick begegnete man Uniformen. Militärisch gekleidete Männer und Frauen beherrschten das Straßenbild. Rot-Kreuz-Schwestern, Marine- und Nachrichtenhelferinnen. Soldaten aller Truppenteile, zumeist verwundete, waren ständig unterwegs. Uschi registrierte durchaus alle Männerblicke, die ihr folgten, gab sich aber betont gelangweilt. Tat, als schenke sie diesen Signalen keine Beachtung. Verlegenheitsröte schoss ihr ins Gesicht, als ein Marinesoldat, der sie unverhohlen fixiert hatte, zu seinem Begleiter sagte:

„Haste gesehen?"

„Nee, was denn?"

„Bei der Kleinen wölbt sich schon was Erfreuliches unter der Bluse."

Beim Abschied auf der kleinen Bahnstation Heiligendamm kam Sentimentalität gar nicht erst auf. Uschi drückte die Fensterscheibe runter, beugte sich zu mir und drückte meine Hand.

„Das waren sechs wunderschöne Tage!", sagte sie. Meine Mutter strich mir über den Kopf und fand erinnerungswert, „dass wir gestern noch Kühlungsborn besuchen konnten".

„Auf baldiges Wiedersehen, mein Junge!", sagte sie, und es klang positiv.

„Ja", antwortete ich, „in drei oder vier Wochen könnte das möglich sein. Weil mir nun wieder zwei Wochen Genesungsurlaub zustehen. Entlassen werde ich zu meinem Ersatztruppenteil in Bautzen. Dort reiche ich ihn sofort ein. Dann sehen wir weiter."

Der Zug setzte sich nach einem durchdringenden Pfeifton langsam in Bewegung. Ich winkte den beiden nach, bis die Rauchschwaden der Dampflok Molli meinen Blicken entschwanden.

Mein dünnes Ärmchen wurde nun täglich von einer Schwester gequält. Sie sprach von krankengymnastischer Behandlung. Berufsbedingt erwies sich die junge Frau als mitleidloses Wesen. In Verkennung der Tatsachen und vornehmer Zurückhaltung bezeichnete sie das schmerzhafte Traktieren meines Ellenbogengelenkes als Heilgymnastik. Zugegeben: Von Tag zu Tag erzielte ihre Methode erkennbare Fortschritte.

Ich schrieb an Marga Suchy. Das rassige Mädchen antwortete post-wendend: „Ich wurde zum Nachrichtendienst einberufen und be-finde mich seit acht Wochen in Kiel. Alle Briefe an Dich kamen mit dem Vermerk 'Unzustellbar. Feldpostnummer unbekannt', aus Russland zurück."

Die anfänglich „fidele Truppe von Stube sechs" existierte nur kurz, war im Verlauf abendlicher Kartenspiele total zerstritten. Der als Stimmungskanone gepriesene Feldwebel hatte sich umquartieren lassen. Da ging jeder seiner Wege.

*

Meine Entlassung aus dem Lazarett Heiligendamm erfolgte am 30. September. Versehen mit meinen Krankenberichten und dem für Wehrmachtsangehörige obligatorischen Freifahrtschein der Reichs-bahn fuhr ich nach Bautzen.

In der Kantkaserne durchlief ich den üblichen Aufnahmepro-zess.

„Du musst heute noch zum Doktor", tat sich der Schreibstuben-bulle wichtig. Der diensthabende Arzt kam nicht auf die Idee, nach meinen Krankenpapieren zu fragen. So behielt ich sie für mich. Er untersuchte mich flüchtig und gab mir eine Einweisung für die Ge-nesungskompanie.

„Melden Sie sich im ersten Block rechts auf der Schreibstube", verabschiedete er mich. Ich wusste Bescheid. Der erste Block rechts war mir in guter Erinnerung. In der Vorweihnachtszeit 1942 hatte ich dort ungetrübte Tage verlebt.

In der Genesungskompanie herrschte tagsüber die übliche Lange-weile. Marga fehlte mir sehr. Bautzen ohne sie, ohne die Liebe, war eine andere Stadt; viel weniger romantisch und nur noch halb so schön. Unverändert war die Kneipenszene der Altstadt.

Vor einem Jahr waren Herbert Kern, Hermann Sachse und ich im „Wallenstein" Stammgäste. Oft hatten wir in dieser gemütlichen Gaststätte die Dienstzeit beim Bier „ausgesessen". Als ich Monate später nun plötzlich wieder auftauchte, war der Wirt überrascht.

„Karpfen wie vorige Weihnachten ist leider passee", meinte er bedauernd.

Sonst hatte sich nichts verändert. Tagsüber schallte das Gebrüll der Unteroffiziere über den Kasernenhof:

„Einzeln am Ausbilder vorbeimarschieren heißt, wir üben das Grüßen im aufrechten Gang. Müller, so geben Sie eine schlappe Figur ab! Dasselbe noch einmal, der erste Mann aaaanfangen!"

Abends waren wir unterwegs auf Kneipentour. Ich schloss mich Horst Zinke an. Mein Zimmernachbar war groß, breitschultrig und zwölf Jahre älter als ich. Seine massige Gestalt ließ sich nicht übersehen. Die linke Gesichtshälfte überzog vom Kinn bis zum Nasenflügel eine schmale Narbe.

„Ein Streifschuss?", fragte ich ihn.

„Nein", sagte er, „ich war noch nicht an der Front. Der 'Schmiss' ist Folge eines Fechthiebs, das Resultat eines studentischen Zweikampfes aus meiner Zeit bei einer 'Schlagenden Verbindung'."

„Erzähl mal."

„Nun, bei einer so genannten Mensur wird ohne die üblichen Schutzvorrichtungen und mit entblößter Waffe gefochten."

Die Narbe verlieh Horsts Gesicht einen Ausdruck von Starre und Arroganz. Zahnarzt Zinke war ein bedächtiger Mensch. Einer der nachdachte und druckreife Sätze sprechen konnte. Mit feinsinnigem Spott verziert, offenbarten sie Erkenntnisse, die mich aufhorchen ließen.

„Als Arzt eigne ich mich weder zum Kommandieren noch zum Gehorchen. Das Kasernenleben finde ich rundherum zum Kotzen", erklärte er mit verblüffender Offenheit.

„Rührt euch" und „Stillgestanden!", „Präsentiert das Gewehr!", grüßen, salutieren, im Kreis marschieren. Nicht nur ein paar Wochen. Immer und immer wieder. Jede Situation tausendmal geübt. Wie schon die Väter, Großväter, Urgroßväter das bis zum Gotterbarmen taten!"

Ich pflichtete ihm bei und ergänzte:

„Hinzu kommt der Militärjargon, diese Art von Sprache verstellt einem das Denken. Wenn man nur noch von Aktionen, Truppenbewegungen, Systemen und Zielen redet, kommt nicht mehr zum Ausdruck, was gemeint ist und in Wirklichkeit geschieht."

„Stimmt", sagte Horst. „Man sollte klar sagen, dass getötet werden soll."

Wir dachten und empfanden ähnlich. Daraus entstand eine freundschaftliche Beziehung.

Liebe auf den ersten Blick

Dass ich nach Entlassung aus der Kantkaserne über die Verwundeten-Sammelstelle Hoyerswerda zur Gefangenenbewachung nach Leipzig versetzt wurde, verdankte ich meinem ehemaligen Lehrer Paul Flämig. Als stellvertretender Kommandeur eines Lagers, in dem über 5000 kriegsgefangene französische Offiziere einsaßen, kannte er die Ärzte der Sammelstelle von gemeinsamen Kasino-Abenden. Da genügte ein erklärendes Wort des Majors, und mein Heimatwunsch wurde erfüllt.

In Leipzig war schon lange vor Oktober 1943 der Kriegsalltag eingezogen. Auch das Straßenbild hatte sich verändert. Man sah fast nur noch Uniformierte. Auffallend viele junge Frauen trugen Trauerkleidung.

Die Verwaltungsstelle des Landesschützen-Bataillons 369 befand sich nahe der Galopprennbahn Scheibenholz in der Pestalozzi-Schule, Ecke Wundtstraße/Karl-Tauchnitz-Straße. Der Spieß, Oberfeldwebel Stamm, warf einen Blick in meine Papiere und begrüßte mich freundlich:

„Na, wieder 'ne Runde gedreht?"

Ich rief: „Jawoll, Herr Hauptfeld", und schlug die Hacken zusammen.

„Sie werden der 1. Kompanie zugeteilt und melden sich zur Bewachung französischer Kriegsgefangener in der Gemeinde Wiederitzsch", verriet der Spieß gut gelaunt.

„Wo befindet sich das Lager?"

„Das kennt dort jeder, ab mit Ihnen!"

In Wiederitzsch wusste man schon Bescheid. Der Wachthabende empfing mich mit den Worten: „Hier schiebt man eine ruhige Kugel. Fahr erst mal nach Hause. Wir sehen uns morgen."

Die Wiedersehensfreude war groß. Ich wurde stürmisch empfangen „Papa ist seit dem 1. Oktober zu den Landesschützen eingezogen worden. Wahrscheinlich kommt er heute Abend", begrüßte mich Muttel.

„Die Uniform hat ihn verändert", klagte Uschi.

„Sein Erscheinungsbild?"

„Nicht nur das."

Auf das Wiedersehen mit meinem Vater freute ich mich nach der langen Trennung ganz besonders. Nun sah ich ihn zum ersten Mal in Uniform.

Er drückte mich an sich, sah verhärmt und niedergeschlagen aus und wirkte durch den Waffenrock auch sehr fremd. Das durfte ich mir nicht anmerken zu lassen.

„Der Frack stand dir besser, Papa", versuchte ich zu scherzen, „du wirktest darin viel eleganter."

Mein Vater lächelte wehmütig: „Das mag so sein, aber danach wird keiner gefragt."

„Was ist los mit dir, was hast du?", drang ich in ihn.

"Ich bewache im Barackenlager Heiterblick so genannte Fremd-arbeiter. In Wahrheit Zwangsverschleppte für die Rüstungsbetriebe der Erla-Maschinenwerke.

„Was wird da produziert?"

Werner Kleine mit seinem Vater

„In den drei Werken Mockau, Heiterblick und Abtnaundorf Flugzeuge, unter anderen der Typ Me 109."

„Und diese Menschen leben und schuften unter erbärmlichen Bedingungen?"

„Ja. Aber viel dreckiger geht es polnischen, sowjetischen und jugoslawischen Kriegsgefangenen. Die werden in werkseigenen Baracken von der SS bewacht und wie KZ-Häftlinge behandelt. Italiener, Franzosen, Holländer, auch Angehörige anderer Nationalitäten haben es besser, werden menschenwürdig von uns behandelt und bekommen regelmäßig ihre Carepakete."

Mein Vater wirkte bedrückt.

„Ich mache mir große Sorgen. Im Wehrmachtsbericht war zu hören, dass sowjetische Truppen am 6.Oktober eine Herbstoffensive auf der Linie Schwarzes Meer-Witebsk begonnen haben. Die Russen kommen auch nach Leipzig, das ist nur eine Frage der Zeit. Und was passiert dann mit uns?", fragte er deprimiert.

„Befass dich nicht mit Fragen, die heute noch kein Mensch beantworten kann, das bringt nichts", riet ich erschrocken.

Wenzels Ehefrau schrieb aus Chemnitz, sie wünsche über den Tod ihres Mannes von mir Näheres zu erfahren. Ein paar Tage später saß mir eine zierliche Erscheinung im schwarzen Kleid - das hellblonde Haar zu einem Nackenknoten verflochten - am Wohnzimmertisch gegenüber. Frau Wenzel erzählte mit verweinten Augen, dass die Nachricht vom Tod ihres Ehemannes im Familienkreis tiefes Leid ausgelöst hat.

Ich beschönigte nichts und schilderte ihr, wie die letzten Stunden seines Lebens abliefen.

„Ihr Mann ist von einer Sekunde auf die andere tot gewesen. Er fand einen schmerzlosen und gnädigen Tod."

„Das ist kein Trost für mich", sagte sie leise.

„Nach dem Krieg, sobald das möglich ist, möchte ich sein Grab aufsuchen. Bitte helfen Sie", bat sie.

„Präzise Angaben kann ich dazu nicht machen, aber eine Skizze von der Region werde ich Ihnen gern überlassen." Frau Wenzel verabschiedete sich gefasst. Ihr Besuch hat mich erschüttert.

Was meinen Dienst in Wiederitzsch betraf, so führten Soldaten im Krieg nur selten ein so angenehmes Leben wie die Wachmannschaften dieses Barackenlagers. Die Gefangenen, früh geweckt und um 7 Uhr bei ihren Arbeitsstellen abgeliefert, wurden tagsüber vom Werksschutz übernommen und abends wieder von uns abgeholt. Zwischenzeitlich konnten wir tun, was Spaß machte.

Ich erinnerte mich an Horst Zinke. Er hatte aus unerfindlichen Gründen nicht promoviert. Der Verzicht auf die Doktorwürde erwies sich als problematisch, weil er keinesfalls für einen Dentisten - einen Zahnarzt ohne Hochschulprüfung - gehalten werden wollte.

Ein achtwöchiger Arbeitsurlaub sei ihm gewährt worden, hatte er mir in Bautzen erzählt.

„Weihnachten und Silvester verbringe ich in Leipzig, du könntest mich doch mal besuchen", forderte er mich auf.

Ende November bat ich telefonisch um einen Behandlungstermin.

„Komm am Freitag, den 3. Dezember, um 9 Uhr", sagte Horst.

Seine Zahnarztpraxis befand sich am Anfang der Delitzscher Straße im Hochparterre einer herrschaftlichen Villa.

Ich war pünktlich. Und zunächst der einzige Patient. Wenige Minuten nach mir betrat eine junge Dame das Wartezimmer. Mir fielen die Augen aus dem Kopf.

Eine schöne Frau zu betrachten, zu bewundern, vielleicht mit ihr zu sprechen, das wünscht sich jeder Mann.

Sie nickte mir kurz zu, setzte sich und schlug ihre gut geformten Beine lässig übereinander. Schöne Beine sind nicht jeder Frau gegeben. Ich war fasziniert. Dieser Anblick war ein erotischer Genuss. Ihr Haar war mittellang, glatt, in der Mitte gescheitelt. Schönheit, dachte ich, kann überall sein, wo unsere Sinne sie wahrnehmen möchten. Ich fand sie in dem sinnlich ansprechenden Gesicht mit den großen braunen Augen, der leicht gebogenen Nase und dem fein geschwungenen, dezent nachgezogenen Mund. Fand sie in den Augen, die, wenn sie für Sekundenbruchteile auf mir ruhten, ihre Ausstrahlung geheimnisvoll veränderten.

Ein paar Sekunden hatten genügt, meine Phantasie anzuregen. Diese Frau, gepflegt und damenhaft, könnte mein Leben verändern. Schon ertappte ich mich bei dem Gedanken, ihr Interesse zu wecken.

Beschwingt begann ich ein Gespräch über den Maler Carl Spitzweg, dessen Werk „Der arme Poet" als Farbdruck an der Wand hing. Ich bat die junge Dame, das Bild mit mir zu betrachten, und atmete alsbald den Duft eines berauschenden Parfüms.

Ihr knabenhafter Körper, das rege Mienenspiel, der Klang ihrer dunklen Stimme, die grazilen Bewegungen und Gesten machten das Mädchen begehrenswert. Ich war wie verzaubert.

Vielleicht war's die „Liebe auf den ersten Blick"?

Ich würde alles daransetzen, das göttliche Wesen wiederzusehen.

Horst Zinkes Stimme riss mich aus allen Träumen.

„Komm bitte mit ins Behandlungszimmer."

„Die junge Dame im Wartezimmer muss ich unbedingt wiedersehen", bat ich. „Wie heißt sie und wann hat sie den nächsten Termin?"

„Du erwartest sehr viel von mir." Mein Kamerad lächelte nachsichtig.

„Allerdings!"

„Fräulein Anneliese Guth wohnt in meiner unmittelbaren Nachbarschaft."

„Wie ist ihre Adresse?"

„Petzscher Straße 10."

„Was macht diese bezaubernde Frau beruflich?"

„Meines Wissens arbeitet sie in der Rüstung, ich glaube bei den Junkers-Werken in Mockau. Ihre Zahnbehandlung sollte heute abgeschlossen werden, aber wenn es der "Coup de foudre" für dich ist, will ich dir gern helfen."

„Ich spreche kein Wort französisch, übersetz mir das bitte!"

„Der Blitzschlag der Liebe! Ruf mich des Termins wegen morgen an!"

Noch im Zustand erotischer Aufladung sprang ich mit einem Satz in die Straßenbahn und fuhr, in der Hoffnung auf ein Wiedersehen mit Fräulein Guth, nach Wiederitzsch ins Gefangenenlager.

Schlafen konnte ich in dieser Nacht nicht. Ununterbrochen sah ich dieses schöne Mädchen vor mir und verlor mich in sinnliche Träumereien.

Kurz vor Mitternacht heulten die Sirenen. „Feindliche Flugzeuge im Anflug auf Leipzig", meldete das Radio. Als um 4 Uhr erneut Alarm gegeben wurde, dachte ich zunächst an den Rückflug verspäteter Flieger. Aber plötzlich waren Detonationen von Bomben zu hören. Wir weckten die Gefangenen und brachten sie in den Luftschutzkeller.

Wie die Innenstadt durch rote Zielmarkierungen und Leuchtbomben abgesteckt und aufgehellt wurde, bevor binnen 16 Minuten das Zerstörungswerk vollendet war, erlebte ich auf dem Dach der Baracke zunächst nur aus der Entfernung mit. In Minuten standen Häuser, dann Wohnblocks und schließlich ganze Straßenzeilen in Brand. Ringsum stiegen gewaltige Rauchwolken in den rot gefärbten Himmel. Ich sah eine Brandkette ohne Ende, die der gewaltige Sog immer neu entfachte. Das war ein ebenso schrecklicher wie grandioser Anblick!

Plötzlich war auch um uns herum die Hölle los. Pausenlos dröhnten die Motoren feindlicher Flugzeuge. Welle auf Welle warfen die Bomber ihre todbringende Luftfracht über Leipzig ab. Die Einschläge ließen die Lampen im Luftschutzkeller pendeln, gespenstisch dunkler und heller werden, um plötzlich ganz zu verlöschen.

Die Nacht vom 3. auf den 4. Dezember 1943, als 536 britische Halifax- und Lancaster-Bomber den Flugplatz Mockau und die um ihn residierenden Junkers-Werke bombardierten - wobei die gesamte Leipziger Innenstadt innerhalb von 20 Minuten in Schutt und Asche versank -, die Nacht, als Leipzig in einem unvergleichlichen Feuersturm unterging, kann niemand, der sie erlebte, vergessen.

Mein erster Gedanke galt meinen Eltern und Uschi. Was ist mit ihnen? Ich musste nach Connewitz, sofort! Von Wiederitzsch in die Meusdorfer Straße zu gelangen, das war unter den Bedingungen dieses Bombardements kein Katzensprung. In größter Sorge um meine Angehörigen stolperte ich durch das Inferno. Sah die brennenden Straßenzüge, drängte mich an Häusern vorbei, die in Flammen standen, überall lagen Reste abgebrannter Brand- und Phosphorbomben im Schnee. Mir begegneten Frauen in Männerhosen, die Kopftücher trugen, und Männer in Schlafanzügen. Manche Menschen schienen um Jahre gealtert zu sein. Schlimm sah es in der

Gegend um den Westplatz aus. Unheimlich gähnten schwarze Fenster, qualmende Balken hingen drohend herab. Auf der Adolf-Hitler-Straße fuhren Löschzüge. Trillernden Feuerwehrwagen folgten graue Sanitätsautos mit dem großen roten Kreuz. In der Kaiserin-Augusta-Straße versperrte mir der riesige Trichter einer Luftmine den Weg. Vorbei an Räum- und Eimerketten. Soldaten warfen brennende Möbel auf die Straße.

Die Schenkendorfstraße. Nur rauchende Schuttberge. Hörte ich anfangs die Feuer knistern, steigerte es sich zum Brausen, je weiter ich vordrang. Beizender Brandgeruch nahm mir den Atem. Aus der Feuer- und Rauchwand tauchten Ausgebombte auf. Geschwärzte, stumme und gebeugte Gestalten, die Handwagen zogen, Kinderwagen schoben oder die gerettete Habe unterm Arm schleppten.

Markthallenstrasse, altes Grassimuseum

Schenkendorfstrasse

265

Ich hielt mich in der Straßenmitte. Rechts und links in sich zusammengesunkene Häuser, brennende Deckenbalken, einstürzende Wände. Keine Zeit zu erkennen, ob in Kellern mit eingebrochener Decke noch jemand am Leben war. Manches war mit herabgerissenen Fahrleitungsdrähten und gebrochenen Masten bedeckt.

Am Connewitzer Kreuz loderten helle Flammen. Im Kino CT war der vordere Teil fast schon niedergebrannt. Aus den schwarzen Höhlen der Kellerfenster glimmte es unheimlich.

In Angst und Schrecken um meine Angehörigen stolperte ich durch das Inferno der brennenden Bornaischen Straße. Ständig aufgeschreckt durch Explosionsgeräusche, erreichte ich endlich die Meusdorfer Straße. Ein banger Blick - Erleichterung. Das Haus vor dem Friedhof mit der Nummer 76 stand noch.

Meine Mutter und Uschi kamen mir mit rußgeschwärzten Gesichtern entgegen. Sie waren unverletzt. Überglücklich fielen wir uns in die Arme. Ich war unendlich dankbar. Nach dem Flammenmeer und den furchtbaren Zerstörungen, die es angerichtet hatte, zählte allein, überlebt zu haben. Der Zustand unserer Wohnung war katastrophal.

„Im Wohnzimmer ist die Wand zur Nachbarwohnung eingestürzt", erklärte Uschi. Durch die hohle Öffnung blickte man auf zersplitterte Möbel.

„Im Bad fehlt die Außenmauer, das ist unbenutzbar, da steht man im Freien", ergänzte meine Mutter. Es war nicht nur das. Die Explosion der Bombe hatte die Türen aus den Angeln gerissen und zersplittert. Der Balkon war zur Hälfte weggerissen worden. Durch Türen und Fenster pfiff ein eisiger Wind.

„Wir müssen die Küche bewohnbar machen", sagte meine Mutter, „einen Ofen und Heizmaterial haben wir."

Ich nahm den Teppich aus dem Wohnzimmer und hing ihn vor die Korridortür. Dann nagelte ich Holzplatten an die Fenster.

Uschi sah mich mitleidig an:

„Ich muss etwas loswerden, Wern."

„Sag es!"

„Im Luftschutzkeller drängten wir uns zusammen wie Tiere in einem schweren Unwetter."

„Und weiter?"

„Deine Schallplattensammlung ist kaputt."

Ich nahm es gefasst zur Kenntnis. Es gab schlimmeres.

„Uschi", sagte ich, „gestern Vormittag habe ich die Frau meines Lebens kennen gelernt!"

Meine Schwester legte Schaufel und Besen aus der Hand.

„Und wo?", wollte sie wissen.

„Im Wartezimmer eines Zahnarztes, mit dem ich in Bautzen war."

„Das freut mich", lachte Uschi und machte sich wieder an den Glasscherben zu schaffen.

„Hör zu", bat ich, „das meine ich ernst. Als das Mädchen den Warteraum betrat, ging ein Stern auf, der mich erleuchtete."

„Wie poetisch", sagte Uschi amüsiert mit einem spöttischen Unterton.

„Verstehst du was ich meine?", fragte ich meine Mutter.

„Sehr gut, und ich wünsche dir von Herzen viel Glück."

„Wir sind noch mal davongekommen", sagte meine Schwester, „das Wohnhaus von Bayers auf dem Nachbargrundstück ist völlig zerstört."

„Bayers haben überlebt?"

„Ja, Gretel war verschüttet, ist Gott sei Dank von ihrem Neffen Dieter aus den Trümmern gerettet worden."

Es gelang mir, die zerstörten Fenster mit Papier und Fetzen aus Stoff notdürftig abzudichten. Meine Mutter und Uschi hausten nun in der bombengeschädigten Wohnung einigermaßen zumutbar. Als ich mich verabschiedete, stand ein Sofa in der Küche, und der Ofen heizte wieder.

„Der strahlt schon wieder Wärme ab", freute sich meine Mutter.

Ein paar Tage nach dieser schrecklichen Nacht schrieb ich ein paar Zeilen an Anneliese Guth. Ich drückte meine Besorgnis um sie aus und bat um ein Wiedersehen. Den Brief adressierte ich: Leipzig C1, Petzscher Str. 10. Zwei Wochen später beklagte ich mich, wiederum schriftlich, keine Antwort erhalten zu haben. Postwendend wurde ich erlöst.

Wir sind ausgebombt, aber noch am Leben, schrieb sie. Die Nacht auf den 4. Dezember werden meine Eltern nie vergessen. Die Häuser in unserer Straße gingen in Flammen auf, es hagelte Brandbomben herunter. Wir könnten uns treffen. Am 14. Dezember am Chausseehaus. Ich bin um 11 Uhr an der Straßenbahnhalte-stelle. Anneliese Guth.

An diesem Tag zeigte sich zum ersten Mal seit dem Angriff wieder eine flache Wintersonne. Ihre Strahlen verklärten meine Vorfreude. Anneliese! Ich entdeckte sie auf den ersten Blick. Im schwarzen Mantel mit Pelzbesatz und einer knallroten Kapuze aus Strickwolle, die den Mittelscheitel ein paar Zentimeter freigab, stieg sie aus dem letzten Wagen. Entzückend sah sie aus.

Ihr Lächeln war hinreißend und ausschließlich für mich bestimmt: „Ihren Brief bekam ich erst vor drei Tagen", sagte sie entschuldigend.

„Kein Wunder, aber was passierte Ihnen in dieser Nacht?"

„Wir wurden ausgebombt, mein Elternhaus ging in Flammen auf."

„Wie schrecklich."

„Wir sind froh und dankbar, noch am Leben zu sein."

„Sie wohnen bei Ihren Eltern?"

„Nein, in der Hamburger Straße zur Untermiete. Während des Angriffs übernachtete ich aber zu Hause."

„Ihren Angehörigen ist nichts passiert?"

„Nein. Alle Hausbewohner entkamen dem Feuer durch einen Mauerdurchbruch ins Nebenhaus, das dann auch ausbrannte."

„Wie lief das ab?"

"Der Durchbruch wurde aufgeschlagen, mein Vater kroch als erster rüber und sah, dass es da noch nicht so schlimm war wie bei uns, wo der Rauch immer stärker geworden war und die Feuerfunken durch die kaputten Kellerfenster hüpften. Unser Dachboden stand in Flammen, verursacht durch Brandbomben, die verstreut in die Böden und oberen Wohnungen gefallen waren.

Vom Nachbarhaus aus ging ich, als keine Einschläge mehr zu hören waren, an die Ecke Delitzscher Straße, von dort weiter bis zum Chausseehaus und zurück durch die Theresienstraße. Auf beiden Seiten sah ich brennende Gebäude. In der Petzscher Straße sind fast alle Häuser zerstört. Vor unserem Haus und in den Gärten liegen noch zahlreiche ausgebrannte Stabbrandbomben herum.

Vati ging uns verloren. Mit starken Rauchvergiftungen brachte man ihn ins Klassenzimmer meiner alten Schule, die als Auffangstelle diente. Als wir ihn abholen wollten, war er nicht mehr aufzufinden. Drei Tage blieb er verschwunden. Fast erblindet fand ihn Mutti dann endlich im Krankenhaus St. Georg. Wie alle Ausgebombten bekam ich eine Woche Sonderurlaub für dringende Aufräumungsarbeiten und nutzte die Gelegenheit für einen Kurzbesuch bei meiner Tante in Schneeberg."

Das erklärte auch, weshalb mein Brief erst so spät in ihre Hände gelangte. In einem Lokal nahe dem Eutritzscher Markt hatte ich für uns eine Flasche Wein hinterlegt, was als Überraschung gedacht war.

„Und was machen wir jetzt?", fragte ich unternehmungslustig.

„Ich habe Bezugsscheine für zwei Kleider und ein Paar Schuhe und muss versuchen, im Zentrum etwas einzukaufen", sagte sie resolut.

Bis zum Hauptbahnhof waren es drei Straßenbahn-Haltestellen. Überall sah man Brandruinen.

„Endstation!", rief der Fahrer. „Am schwer getroffenen Hauptbahnhof müssen zerstörte Gleisanlagen neu verlegt werden, bitte aussteigen!"

Draußen umnebelten uns Asphaltdämpfe. Sie überzogen den Bahnhofsvorplatz und erschwerten das Atmen. Anneliese hüstelte und nahm ein Taschentuch vor Mund und Nase:

„Beißende Gerüche", keuchte sie.

Auf dem großen Platz herrschte reges Treiben. An den Straßenbahnhaltestellen bildeten sich endlose Warteschlangen. Braune Uniformen, die sich nur in Farbnuancen voneinander unterschieden, boten ein vertrautes Bild.

Frauen, zumeist ältere, zogen mit Hausrat und Kleinmöbeln bepackte Handkarren über die Schienen.

„Das sind Ausgebombte, die ihr letztes Hab und Gut in Sicherheit bringen", vermutete meine Begleiterin.

„Auch ich besitze ja nur noch, was ich am Leibe trage", fügte sie ohne Bitternis hinzu.

Arbeitskolonnen in erdbraunen Uniformen verstellten Passanten den Weg.

„Beachten Sie die Absperrungen vor den Dampfwalzen!", rief ein Verkehrspolizist.

Reichsarbeitsdienstmänner, die Trupps in Reihen aufgestellt, warfen sich Bausteine zu; von Hand zu Hand geworfen und aufgefangen. Sand und Lehm wurden von Lastwagen heruntergeschaufelt. „Macht Tempo!", schrie ein Truppführer.

„Die Bombentrichter müssen schnell zugeschüttet werden, denn Leipzigs wichtigster Verkehrsknotenpunkt ist das zentral gelegene Schienennetz auf dem Bahnhofsvorplatz", meinte der Schaffner.

„Mein Gott, auch das Hotel Astoria wurde getroffen und weist schwere Schäden auf!" Fräulein Guth zeigte erschrocken hinüber.

Der Dachstuhl und ganze Wände des im Halbrund erbauten Gebäudetrakts waren auf den Blücherplatz gestürzt.

Das Hotel Astoria war mit 200 Betten und 60 modern ausgestatteten Bädern „erstes Haus am Platze". Jahrzehntelang hatten Filmstars und Prominente vieler Länder hier ihren Aufenthalt genommen. Es stand zu befürchten, dass mit der Hauschronik für alle Zeiten auch viele illustre Namen ausgelöscht worden waren.

Gegenüber, auf der Ostseite des Hauptbahnhofs, stand das Hotel Continental. Hatte seine moderne Stahlkonstruktion den Bomben standhalten können? Beim Näherkommen war zu erkennen:

das berühmte „Continental" war nur noch ein rauchendes Stahlskelett.

„Offene Kaufhäuser oder Läden mit Kleider- und Schuhsortiment werden schwer ausfindig zu machen sein", wagte ich zu prophezeien. Fräulein Guth ließ sich die gute Laune nicht verderben:

„Mein Optimismus ist ungebrochen. Sie dürfen mich nicht entmutigen. Und klappt es heute nicht, dann eben morgen. Vielleicht bringen Sie mir dabei Glück!", verkündete sie temperamentvoll.

Die Innenstadt war zu einer Geisterstadt verkommen. Überall gespenstische Brandruinen, abgerissene Oberleitungen, eingestürzte Dächer und herabgefallene Steinblöcke bedeckten die Straßen. Und aller paar Meter tiefe Bombentrichter.

Am Augustusplatz bot sich das gleiche Bild. Das Neue Theater, die Hauptpost, das Museum der bildenden Künste, das Augusteum; Café Felsche, alles nur noch Ruinen. Nur die Universitätskirche, eigentlich Paulinerkirche, war - wie durch ein Wunder - unzerstört geblieben. Auf dem Platz tummelten sich zahlreiche Schaulustige. Kommandos schallten:

„Achtung, hier werden Bombentrichter aufgefüllt und Sprengungen vorbereitet!"

Vor dem Mendebrunnen standen Zelte. Aus einem Postfahrzeug heraus wurden Briefmarken verkauft. Das Winterhilfswerk hatte Verpflegstellen eingerichtet. Aus zwei Gulaschkanonen dampften appetitliche Gerüche. Eine junge Frau reichte uns Blechnäpfe:

„Die Suppe kostet nichts", gab sie freundlich Auskunft.

Unsere Speisung fand im Stehen statt und dauerte keine halbe Stunde.

„Gehen wir weiter", drängte Anneliese Guth.

„Mich zieht es zum Warenhaus Theodor Althoff. Ich hoffe, dass es noch steht", erläuterte ich mein Vorhaben.

„Einverstanden."

Vor einer Absperrung sagte eine Frau: „Kommen Sie mit, ich weiß, wo wir hier durchkommen."

Kaufhaus Althoff war stark beschädigt, aber noch glimpflicher weggekommen als andere Häuser in unmittelbarer Nachbarschaft. Den Eingang Neumarkt hatte eine Sprengbombe zerstört, der Personaleingang bestand aus Trümmern. In der Petersstraße sah es nicht anders aus. Durch ausgebrannte Schaufenster sah man auf verkohlte Möbel und Reste von Stoffballen.

„Ihnen beim Anblick des zerstörten Gebäudes meine Gefühle zu beschreiben fällt mir nicht leicht. Drei Jahre verbrachte ich hier täglich acht und mehr Stunden mit netten Kolleginnen, eifrigen Substituten und auf Distanz bedachten Abteilungsleitern in Büros und unter den großen Lichthöfen verbracht; 1940 dann meine kaufmännische Lehre abgeschlossen. Von einem Tag auf den anderen sind die Gedanken an lustige Episoden und erkenntnisreiche Erfahrungen nun plötzlich ein Teil meiner Vergangenheit, liebes Fräulein Guth."

„Ich kann das nachfühlen", sagte sie leise.

Bedrückt ging ich neben ihr her.

„Es war eine schöne Zeit", unterbrach ich das Schweigen.

„Hinter den Stoffballen und in überfüllten Lastenfahrstühlen elektrisierten mich erste harmlose Berührungen mit jungen Frauen. Das Romantische, das Geheimnisvolle bleibt in Erinnerung, vieles andere wird vergessen", sagte ich wehmütig.

„Das klingt sehr melancholisch."

Meine reizende Begleiterin lächelte ermutigend, nahm meinen Arm, hakte sich bei mir unter und passte sich meinem Schritt an.

„Nicht der Vergangenheit nachtrauern; bestimmt wartet da auch noch das Glück!", meinte sie schelmisch. Wir erreichten den Markt. Am Alten Rathaus sah man schwere Beschädigungen. Das Siegesdenkmal war zerborsten, haufenweise zertrümmerte Steine.

In der Grimmaischen wie in der Burgstraße bot sich ein ähnliches Bild. Die meisten Gebäude nicht mehr bewohnbar. Vom Thüringer Hof stand nicht mehr allzu viel.

Ein Junge in HJ-Uniform rief uns zu: „Vorsicht, gestern ging hier noch ein Blindgänger hoch."

„Wenn alle Opfer geborgen sind, müssen die Ruinen wegen Einsturzgefahr gesprengt werden", gab ich zu bedenken.

„Die Innenstadt abzusperren, das wird wohl nicht gehen", glaubte Anneliese. „Ich besuche meine Eltern im Musikviertel, begleiten Sie mich noch ein Stückchen?"

„Es gibt nichts, was mir angenehmer wäre!"

Über dem Dachstuhl des Neuen Rathauses stieg eine dünne Rauchfahne in den Himmel. Der monumentale Gebäudekomplex schien die Dezemberkatastrophe 1943 einigermaßen überstanden zu haben.

Dann der Blick von der Karl-Tauchnitz-Brücke auf das Reichsgericht. Der wuchtige Klotz bot - noch mit allen Kuppeln versehen - zunächst den vertrauten Anblick. Die Bomben hatten dem riesigen Gebäude nicht viele Zerstörungen zufügen können. Vom Reichsgerichtsplatz aus ließ sich erkennen, dass die vor dem Hauptportal stehenden großen Säulen unversehrt geblieben waren.

Erst in der Beethovenstraße erkannten wir, dass auch das Reichsgericht großen Schaden genommen hatte. Vor Bombentrichtern versperrten uns zertrümmerte Steine eingestürzter Außenmauern den Weg in Richtung Universitätsbibliothek.

„Und das Gewandhaus?", fragte Anneliese, auf das Schlimmste gefasst. Der Stammsitz von Leipzigs bedeutendstem Orchester war durch die Bomben fast ausgebrannt. Das Ausmaß der Schäden ließ sich nicht einschätzen. Auf den ersten Blick war nicht zu erkennen, ob das historische Gebäude saniert werden könnte.

Würde das weltberühmte Orchester hier wieder Konzerte geben können?

„Dieses Gebäude war mir vertraut", sagte Fräulein Guth gedankenverloren, „ich habe dort viele Konzerte besucht. Mein Onkel Rudolf Windgen wie auch sein Sohn Jochen gehören als Cellisten dem berühmten Orchester an. Beide zeigten sich hell empört, als im November 1936 auf Ersuchen der NSDAP das vor dem Gewandhaus errichtete Mendelssohn-Denkmal über Nacht beseitigt wurde. Onkel Rudolf weiß auf humorvolle Art viele hübsche Geschichten über Dirigenten zu erzählen, unter denen er gespielt hatte. Er schwärmt von Arthur Nikisch, der die Herzen der Musiker gewonnen habe. Keinem seiner Nachfolger Wilhelm Furtwängler, Bruno Walter und Hermann Abendroth sei das in diesem Maße gelungen."

In der Grassistraße und Ferdinand-Rhode-Straße sah man auf ausgebrannte Obergeschosse. Anneliese entdeckte ein Pappschild. Überrascht las sie vor:

„Das Lokal - jetzt als Teestube im Souterrain - ist geöffnet."

Erfreut sagte ich: „Das steuern wir an."

Der kleine Gastraum, behelfsmäßig wieder hergerichtet, war eiskalt.

Anneliese. Für mich war sie das schon. Ich war verliebt und sah nur ihre wunderschönen Augen. Sie schaukelte und balancierte auf einem Stuhl, der knarrende Geräusche von sich gab. Fröstelnd empfahl sie:

„Wir behalten die Mäntel besser gleich an."

Die Wirtin, eine ältere Dame, bat um Verständnis:

„Die Heizung ist kaputt. Gegen die Kälte kann ich weder Grog noch Glühwein anbieten. Leider. Allenfalls Tee, aber auch den ohne Rum!", fügte sie bedauernd hinzu.

Das war zu erwarten und berührte uns nicht.

„Angesichts der schrecklichen Bombardements muss man sich heute vorstellen, dass nach den ersten Luftangriffen auf Leipzig 1940 hunderte von schaulustigen Menschen unterwegs waren, um Bombensplitter zu sammeln", empörte sich Anneliese.

„Ich weiß das und finde es unmöglich", pflichtete ich ihr bei.

„Nach den ersten Bombenabwürfen auf Leipzig drängten sich vor den Absperrgittern die Souvenirjäger, um ein paar Brocken Metall oder Beton mit nach Hause nehmen zu können."

„Dass die meisten von uns vor drei Jahren noch in einer fast heilen Welt lebten, kann man sich heute kaum noch vorstellen", sagte Anneliese nachdenklich.

So war es. Das Leben der Zivilbevölkerung hatte sich völlig verändert. Die Zahl der Opfer schnellte in die Höhe. Mit Beginn der Flächenbombardements, seit auch die Menschen in Deutschland zunehmend Spielball militärischer Aktionen wurden, durchlitten sie den Krieg von einem Tag auf den anderen immer erbarmungsloser.

„Die Bevölkerung ist psychisch und physisch erschöpft. Nacht für Nacht Bombenalarm. Stundenlang, wer soll das aushalten?", fragte Anneliese.

„Wir alle stehen auf Gottes Liste", jeder von uns kann der nächste sein, den es trifft", philosophierte die Wirtin und trippelte aus dem Raum. Eine Antwort schien sie nicht zu erwarten.

„Meine Eltern sind in der Beethovenstraße untergekommen. Ein befreundeter Militärarzt hat ihnen eine Etage zur Verfügung gestellt", erzählte meine Traumfrau.

„Zum Glück möbliert", fügte sie hinzu.

Die junge Dame sah auf ihre Uhr, zögerte einen Moment, sagte bedauernd: „Meine Eltern erwarten mich, ich muss mich verabschieden. Wollen sie mich noch ein Stück begleiten?"

Ich verbarg meine Enttäuschung und sagte nur:

„Selbstverständlich."

Nach kurzem Weg bremste Anneliese ihre Schritte und verhielt vor einem schmiedeeisernen Tor. Wir befanden uns vor einer gepflegten Parkanlage. Im Hintergrund erkannte ich eine Villa. Mit dieser bezaubernden jungen Frau würde es ein Wiedersehen geben. Meine innere Stimme versprach es.

„Darf ich mich wieder melden?", fragte ich zuversichtlich.

„Gern", antwortete sie lächelnd, „ich würde mich freuen!"

Sie streifte den Handschuh ab und gab mir die Hand, dann drehte sie sich um und lief leichtfüßig über den Kiesweg. Bevor sie im Hauseingang verschwand, winkte sie noch einmal zurück.

Diesen ersten Tag mit Anneliese, unsere Wanderung durch Trümmerfelder und Ruinen des Leipziger Zentrums würde ich all die Jahre, die uns beschieden waren, in genauer Erinnerung behalten.

Tatendurstig und entschlossen, Deutschlands Feinde von der Heimat fern zu halten, hatte ich mich schon mal zu Späh- und Stoßtrupps oder anderen Himmelfahrtskommandos freiwillig gemeldet. Solche Risiken wollte ich nicht mehr eingehen. Ab sofort würde ich alles tun, um den Krieg zu überleben.

Anneliese Guth und ich kamen uns schnell näher. Drei Tage nach dieser Begegnung besuchte ich sie in der Hamburger Straße. An der Haustür überraschte sie mich mit einer Umarmung. Von diesem Augenblick an waren wir unzertrennlich. Vier Wochen später verlobten wir uns heimlich. Im Kreis der Familie wurde meine Freundin überaus herzlich aufgenommen.

„Wir werden uns gut verstehen, ganz bestimmt", versprach meine Mutter. Der aufrichtige Tonfall ihrer Stimme war Ausdruck von Zuneigung und Lebensweisheit.

Auch mein Vater und Uschi fanden Anneliese gleich „sehr sympathisch. Vom ersten Händedruck an."

Am 23. Dezember empfing mich meine Mutter mit Anteil nehmenden Blicken.

„Für dich ist ein Trauerbrief gekommen."

„Woher?"

„Aus Oelde in Westfalen. Mein Gott, eine Todesanzeige so kurz vor dem Fest", sagte sie leise.

Ich wusste sofort Bescheid. Doch fehlte es mir an Mut, das schwarz umrandete Kuvert zu öffnen. Am späten Abend überwand ich mich. Vor meinen Augen verschwammen die Buchstaben. Ewald Tauer lebte nicht mehr. Mein bester Kamerad wurde gerade mal 26 Jahre alt. Ich brach in Tränen aus.

Ewalds Tod traf mich tief. Sein stilles Wesen, seine Aufrichtigkeit und Zuverlässigkeit, seine positive Haltung hatten mir in schwierigen Situationen Halt gegeben, oft Zuversicht eingeflößt. Einer, auf den man sich fest verlassen konnte, war nicht mehr da. Ich hatte nicht nur den Kameraden, sondern auch einen engen Freund verloren.

Ich fuhr zu Anneliese und redete mit ihr auch über Helmut Karl und andere Kameraden, die gefallen waren. Das war ein melancholisches Erinnern an menschliche Verluste, geflüstert und tränenreich.

In dieser Nacht ließ mich Anneliese nicht gehen. Frau Albers, ihre Vermieterin, mochte denken, was sie wollte. Es war uns egal.

„Die Zeit ist absehbar, ich muss wieder nach Russland!", versuchte ich sie darauf vorzubereiten.

Ihre Antwort kam nach einem langen Kuss:

„Du kommst wieder, das weiß ich genau!"

„Am 1. Feiertag wirst du meine Eltern kennen lernen", eröffnete sie mir.

„In der Beethovenstraße?"

„Nein, in der Petzscher Straße. Wir treffen uns vor unserem Grundstück."

„Weshalb?"

„Ich habe Mutti gesagt, du würdest versuchen, ihre Schmuckkassette auszugraben", erklärte sie mir.

Ich staunte. „Das hast du klug eingefädelt!"

„Ja, das ist ein triftiger Grund. Meine Eltern sind schon sehr gespannt."

Über Weihnachten war traumhaft schönes Wetter, strahlender Sonnenschein, vereinzelt Schleierwolken. Anneliese beschleunigte ihre Schritte:

„Meine Eltern sind schon da", sagte sie erfreut.

Der Bombenangriff hatte die Petzscher Straße in eine beidseitige Ruinenlandschaft verwandelt. Man blickte auf ein großes Trümmerfeld. Überall roch es nach Rauch. Vier oder fünf Häuser mochten noch bewohnbar sein, aber von den meisten Gebäuden standen nur noch die Außenmauern. Der Rest war dem Erdboden gleichgemacht. Die Fassaden ragten anklagend gegen den Himmel, drohend und unheimlich. Das Haus auf dem Grundstück Nummer 10 war nur noch eine Ruine.

Ein älterer, schmächtiger Herr - ich schätzte ihn auf zweite Hälfte Fünfzig - und eine etwas größere, schlanke Dame standen unschlüssig vor dem, was noch von ihrem Haus übrig geblieben war. Fassungslos betrachteten sie die auf dem Boden liegenden Trümmer, die an einigen Stellen noch dampften und von Glut bedeckt waren.

Herr Guth kam etwas steifbeinig auf mich zu und drückte mir die Hand.

„Guth", verkündete seine sonore Stimme, „gut, bis es besser wird."

Anneliese Guth mit ihren Eltern

Ich musste lachen. Der Bann war gebrochen. Mein künftiger Schwiegervater war mittelgroß. Seine Hakennase markant. Der Oberlippenbart verlieh dem Gesicht eine gewisse Strenge. Herr Guth schien auf sein Äußeres großen Wert zu legen. Die einfarbige

Krawatte saß punktgenau unter dem Stehkragen und war präzise auf das Oberhemd abgestimmt. Auch sein Filzhut passte in Form und Farbe genau zu dem mit Hamsterpelz gefütterten Mantel.

Annelieses Mutter schenkte mir ein freundliches Lächeln. Zu ihrem schmalen Gesicht mit der Goldrandbrille war der braune Aufschlaghut gut gewählt.

„Sie wollen meine Schmuckkassette ausgraben?", fragte sie erwartungsvoll.

„Das will ich gern versuchen, versprechen lässt sich das aber nicht", antwortete ich abwiegelnd.

„Uns ist nicht viel geblieben", sagte Frau Guth wehmütig.

„Die Fabrik meines Vaters wurde dem Erdboden gleichgemacht."

„Aber sein Wohnhaus in der Riebeckstraße blieb unbeschädigt", spendete Herr Guth seiner Frau etwas Trost.

Um das Grundstück betreten zu können, musste ich - der Glut wegen, die wenige Zentimeter unter dem Boden noch brodelte - Pflastersteine auslegen, um einen Pfad zu bilden.

Frau Guth und Anneliese betraten ihn vorsichtig, orientierten sich kurz und gaben mir Handzeichen.

„Das Schlafzimmer hat sich in diesem Bereich befunden, und die Kommode mit meiner Schmuckkassette vermute ich ungefähr da!", rief Frau Guth aufgeregt und zeigte auf eine Stelle nach oben, die anscheinend nur in ihrer Vorstellung existierte.

„Die Kommode stand neben dem Fenster, das könnte so stimmen", pflichtete ihre Tochter bei.

Ich nahm den Spaten zur Hand und begann unter der bezeichneten Stelle zu graben. Unter einer Schicht Asche löste Glut einen Funkenflug aus. Wenige Minuten später stieß mein Spaten auf einen harten Gegenstand.

„Frau Guth, ich habe etwas gefunden!", rief ich froh gestimmt.

„Sie sind ein Engel!"

„Haben Sie bitte noch etwas Geduld!"

Das rußbeschmutzte Kästchen für Wertsachen musste erst abkühlen, bevor ich es anfassen konnte. Wie nicht anders zu erwarten, war der Schmuck noch vollzählig vorhanden.

„Dass ich mein Diadem wiederhabe!", rief Frau Guth erleichtert und umarmte mich spontan.

„Mutti ist selig", freute sich Anneliese. Mit dieser Aktion hatte ich wertvolle Punkte bei ihrer Mutter gesammelt.

Herr Guth reagierte kontrollierter. „Da hast du aber Glück gehabt, mein Häschen, dass Herr Kleine deinen Schmuck aus der heißen Asche rausholen konnte."

Häschen? Diesen hübschen Kosenamen hätte ich dem gravitätischen Herrn gar nicht zugetraut.

In der Petzscher Straße 10 waren alle Keller erhalten. Hinter der Tür des Kamins entdeckte ich ein sicheres Versteck.

Im Mai 1945, nach Abzug der Amerikaner und Einmarsch der Russen, würde ich meine Pistole in Ölpapier wickeln und dort verstecken. Trotz „Ankündigung der Todesstrafe bei Waffenbesitz" hatte ich sie nicht abgeliefert. Die Russen konnten mich mal.

„Erich, die Klöße sind fertig!"

Der Tag, an dem ich Herrn Guth um die Hand seiner Tochter bat, war sonnig und kalt. Im Musikviertel, auf dem Weg zu ihren Eltern, versuchte Anneliese mich auf das Gespräch mit ihrem Vater schonend vorzubereiten:

„Vati wird Fragen stellen. Falls sie unangenehm werden, bleib gelassen, Liebes", sagte sie lächelnd. Ich nickte verunsichert.

Heiratsanträge, an die sich 'hochnotpeinliche Befragungen' anschließen konnten, waren für mich antiquierte Rituale, die man hinzunehmen hatte. Ich machte mir Mut. Herr Guth, dachte ich belustigt, sieht in langen Unterhosen auch nicht anders aus als ich.

Ich betrat die 1. Etage der Villa in der Beethovenstraße zum ersten Mal. Die Eleganz ihrer Einrichtung war beeindruckend.

Im Salon stand ein Konzertflügel. Der Korridor war mit Parkett, die Innenräume mit weißem Linoleum ausgelegt. Vor den Fenstern hingen schwere blaue Seidenvorhänge. Die kostbare Ausstattung - stuckverzierte Decken, Gemälde an mit Seide tapezierten Wänden - blieb nicht ohne Wirkung auf mich. Na hoffentlich geht das gut, quälte ich mich mit Zweifeln.

Anneliese schwebte vor mir her, verschenkte vor dem Herrenzimmer noch ein ermutigendes Lächeln, klopfte kräftig an die Tür und rief mit einschmeichelnder Stimme:

„Vati, Herr Kleine ist da."

„Soll eintreten!"

Annelieses Vater schlurfte mir auf quietschenden Schuhen ein paar Schritte entgegen. In Anbetracht des bevorstehenden Vier-Augen-Gesprächs fiel die Begrüßung etwas steifer aus als gewöhnlich. Das Gesicht leicht gerötet, knetete er die Hände. Ein leichtes Wippen in den Knien verriet eine gewisse Nervosität. Herr Guth verschanzte sich hinter einem wuchtigen Schreibtisch. Nach Abtausch der üblichen Höflichkeitsfloskeln kam er zur Sache.

„Was verschafft mir die Ehre Ihres Besuches, Herr Kleine?", fragte er etwas hintergründig.

Ich fasste mir ein Herz. Mit einer Stimme, die mir heiser vorkam, vielleicht auch nur unsicher, sagte ich:

„Gestatten Sie mir, gleich zur Sache zu kommen. Mein Besuch betrifft Ihre Tochter Anneliese."

„Aha, na dann schießen Sie mal los!", bekam ich zur Antwort.

„Ich bitte Sie um die Hand Ihrer Tochter!"

Herrn Guths Gesichtsausdruck zeigte zunächst Verblüffung, veränderte sich, wurde ernst. Er nahm Haltung an, seine schmalschultrige Gestalt straffte sich. Annelieses Vater verwandelte sich in einen würdevollen Patriarchen.

Nach angemessener Pause, in der ich mich durchdringenden Blicken ausgesetzt sah, zelebrierte mein Schwiegervater in spe beinahe lustvoll Autorität und Macht.

„So, so", wiederholte er nachdenklich, „es geht um meine Tochter Anneliese."

Die Umgebung des Schreibtischs war inzwischen vom Zigarrenrauch vernebelt.

„Ihr Antrag ehrt mich, wie darf ich mir Ihre Zukunft nach dem Krieg vorstellen, was möchten Sie werden?"

„Am liebsten reich genug, um Ihre Tochter zu verwöhnen!", erklärte ich schlagfertig.

„Reich werden, nun gut. Und wie schaffen Sie das beruflich?"

„Ich setze mir hohe Ziele", antwortete ich im Brustton der Überzeugung, „und mache mich selbstständig!"

Er lächelte nachsichtig, fand meinen Optimismus übertrieben.

„Aber Herr Kleine, etwas konkreter dürften Sie schon werden. Es geht mir nicht nur um Ihre Perspektiven, direkter gefragt, wie sind Ihre Vermögensverhältnisse?"

Diese Frage brachte mich in Verlegenheit. Ich schwieg betreten. Annelieses Vater setzte ein missmutiges Gesicht auf.

„Pläne sind wichtig, aber zunächst nur Absichtserklärungen, die auf Luftschlössern basieren."

„Ich werde meine Vorhaben realisieren", versprach ich trotzig.

Herr Guth blies Rauch in die Luft. Ein junger Mann wollte seine Tochter heiraten, ohne seine Vermögensverhältnisse preiszugeben. Das fand er unangemessen. Vergeblich kramte er in seinem Jackett nach einem Taschentuch.

In diesem Moment klopfte es an der Tür. Unüberhörbar. Frau Guth steckte den Kopf ins Zimmer und rief den mir unvergesslichen Satz:

„Erich, die Klöße sind fertig, kommt bitte zum Mittagsessen!"

Das klang harmloser, als es gemeint war.

Hatten die Damen, um Unheil abzuwenden, an der Tür gelauscht? Meiner zukünftigen Schwiegermutter gelang es, das unerfreuliche Rollenspiel diplomatisch zu beenden. Ein heikles Thema war zunächst einmal ausgestanden. Ende einer peinlichen Befragung.

Elisabeth Guth gefiel mir. Als Lady ohne Allüren. Ihr Make-up war damenhaft dezent, ihr Lächeln gewinnend. Lachfalten umspielten ihre Augen, die mich schelmisch anblickten. Annelieses Mutter zeigte ein liebenswürdiges, fast herzliches Verhalten. Sie wirkte gelassen.

Der Tisch war festlich gedeckt. Nach der Suppe erhob Herr Guth sein Glas:

„Herr Kleine, Sie haben Glück, die Damen sind auf Ihrer Seite. Wir beide haben allerdings noch einiges zu bereden. Zunächst werden wir wegen notwendiger Gütertrennung einen Termin beim Notar Müller vereinbaren, das ist ein Logenbruder von mir."

Die Klöße blieben mir nicht im Halse stecken. Nein. Aber taktvoll war das nicht. Besorgte Schwiegerväter können gewaltig nerven.

Ich verbeugte mich artig. Annelieses Mutter war von meinen Dankesworten sichtlich bewegt und ließ sich spontan umarmen.

Ich fand diese Frau sympathisch. Das war von Anfang an Zuneigung auf den ersten Blick. Ich bewunderte ihre eleganten Manieren. Und, genau wie bei meiner Mutter, die disziplinierte Haltung in Stunden der Luftalarme und Bombenabwürfe. Frau Guth lachte gern. Auch über sich. Später würde ich erkennen, dass Selbstironie eine gewisse Distanz zur eigenen Person verrät.

Anneliese war die Erleichterung anzumerken. Nach dem Essen nahm sie mich beiseite:

„Vati hat ein sehr gutes Herz", glaubte sie ihren Vater verteidigen zu müssen.

„Ich habe ihn nicht kritisiert", sagte ich verwundert.

„Nein? Umso besser. Übrigens äußerste er sich über das Gespräch mit dir zufrieden und meinte, du habest dabei eine ansprechend gute Figur gemacht."

„Erklär mir bitte, weshalb seine Schuhe auf Schritt und Tritt diese knarrenden Geräusche von sich geben. Das passt irgendwie nicht zu seiner gepflegten Erscheinung."

Anneliese wiegelte ab:

„Vati leidet unter Senk-, Spreiz- und Plattfuß. Deswegen muss er orthopädische Schuhe mit Einlagen tragen."

Beim nächsten Vier-Augen-Gespräch würde ich Herrn Guth über meine Vermögensverhältnisse reinen Wein einschenken. Die Wahrheit sagen hieß, dass ich weder über Kapital, noch Haus- und Grundbesitz verfügte und von meinen Eltern nichts zu erwarten hätte.

An das schöne Herrenzimmer, die schweren Möbel aus kostbaren Hölzern, verschwendete Herr Guth keinen Blick. Wehmütig beklagte er den Verlust seines Hauses in der Petzscher Straße.

„Mein Vater hat es gebaut, und ich habe viel Geld investiert, um es mit allem auszustatten, was heute technisch möglich ist. Wegen dieser Verbrecher ist mein Haus nun eine Ruine", schimpfte er, und Zornesröte schoss ihm ins Gesicht.

Unsere Unterredung nahm einen anderen Verlauf, als ich erwartet hatte. Zu meiner Überraschung gab sich Herr Guth als Freimaurer zu erkennen und hielt mir einen Vortrag über die Logen. Dabei erfuhr ich, dass Annelieses männliche Vorfahren väterlicher- wie mütterlicherseits Freimaurer in Leipzigs ältester Loge waren. Unter dem Namen „Apollo Balduin zur Linde" war sie 1741 über Hamburg und Berlin nach Leipzig gekommen und hatte ihr Anwesen in der Elsterstraße 2. Aus ihr ging 1742 die Loge „Minerva zu den 3 Palmen hervor", die durch französische Kaufleute gestiftet worden sein soll.

Herr Guth kramte aus einer Schublade ein Pergamentblatt hervor und bat mich, den Text - er klänge etwas umständlich und sei in alter Rechtschreibung abgefasst – vorzulesen.

„Sehr gern", sagte ich und nahm das Blatt zur Hand.

Man wirft der Maurerei vor, daß ihr formeller Theil eine große, abspannende Spielerei sei, während sie den menschlichen Geist in die Fesseln einer einseitigen und philisterhaften Tugend geschlagen habe, welche die Freiheit der That raube, vorzüglich nachdem die Maurerei alles mögliche thun mußte, um ihre politische Nichtigkeit zu beweisen um sich von den Verdächtigungen zu reinigen, die sie bei den Regierungen zu dulden hatte: immer bleibt doch fest stehen, daß sie von jeher ein Verein der Bessern und Gebildetern gewesen ist, daß sie durch reiche Wohltätigkeit, durch das Streben nach Selbstveredlung, durch die Verwirklichung der Wahrheit, des Lichts und Rechts unter den Menschen sich ausgezeichnet hat und namentlich in Sachsen diesen Ruhm gewann. Leipzig hat seinen Maurern viel zu danken.

Bis zu diesem Gespräch war die Freimaurerei für mich ein Geheimkult nur für Eingeweihte. Herr Guth erläuterte mir auch den Auftrag der Logen. Die freimaurerischen Gemeinschaften würden die Gesellschaft zur sittlichen und geistigen Veredlung der Menschen nach liberalen Humanitätsprinzipien führen.

„Nationalsozialisten und Faschisten, Sozialisten nicht weniger, unterdrücken alles freiheitliche Gedankengut. Deswegen sind wir ihre Gegner", erklärte Herr Guth mit Nachdruck.

„In Deutschland, Italien und Spanien, in der Sowjetunion, überall wo Diktaturen existieren, hat man uns Freimaurer zuerst unterdrückt und dann verboten", sagte er verbittert.

Das stimmte. Hitler zum Beispiel hatte die Logen nach de Machtübernahme 1933 sofort ausgeschaltet.

Aus Herrn Guths Worten war unschwer herauszuhören, dass er mich nach dem Krieg, der seiner Auffassung nicht zu gewinnen war, sehr gern in der Familientradition sehen würde. Unser Gespräch endete bedeutungsvoll: „Man muss Menschen um sich haben, mit denen über die politische Lage offen und frei von allen Rücksichten gesprochen werden kann."

„Gibt es seit dem Verbot der Logen noch geheime Verbindungen?", wagte ich zu fragen.

„In Leipzig existieren noch einige Herrenrunden, die sich einmal im Monat treffen."

Herr Guth verabschiedete sich mit einem festen Händedruck.

„Zur gefälligen Information gebe ich Ihnen noch einige Bücher mit auf den Weg", entschied er. Aber auch eine Warnung.

„Vorsicht! Alle Bücher über die Logen stehen auf dem Index."

Ich vertiefte mich mit großem Interesse in diese Literatur, fand zur Freimaurerei aber keinen Zugang.

„Mit den Logen kann ich mich nicht anfreunden", gestand ich Anneliese. Sie reagierte gelassen. „Sag vorläufig nichts davon. Vati wäre enttäuscht."

Abends trafen wir uns am Eutritzscher Markt. Ich erwartete sie an der Straßenbahnhaltestelle. In unmittelbarer Nähe existierte noch eine gemütliche Kneipe. Oft waren wir die einzigen, fast immer die letzten Gäste.

Annelieses Zimmer zu betreten wäre unschicklich gewesen. Artig saßen wir im Wohnzimmer nebeneinander auf dem Sofa. Uns gegenüber thronte die Vermieterin. Frau Albers verstand sich als sittenstrenge Aufsichtsperson, ließ uns keinen Moment aus den Augen. Allabendlich. Nur selten war sie zu überlisten. Umarmen durften wir uns erst draußen vor der Haustür. Den Weg zur Straßenbahn gingen wir Hand in Hand. Für Küsse und zärtliche Berührungen blieb an der Haltestelle noch genügend Zeit.

Die Nachricht kam telefonisch. Und überraschend wie ein Blitz aus heiterem Himmel. „Meine Eltern ziehen nach Schleußig um", berichtete Anneliese.

„Wann?"

„So schnell als möglich. Muttis Cousin ist verstorben, meine Eltern bekommen seine Wohnung."

„Wo ist sie?"

„In der Steubenstraße."

„Wer war dieser Cousin?"

286

„Albert Meschke, Offizier Ersten 1. Weltkrieg. Er sei aus Verdun als Sonderling heimgekehrt, meint Mutti."

„Aber deine Eltern besitzen keine Möbel."

„Sie haben Glück im Unglück. Meschke war Junggeselle. Mutti erbt sein gesamtes Mobiliar! Leider befindet sich die Wohnung in chaotischem Zustand. Alle Räume sind total verschmutzt. Im Lauf der Jahre wurden im Schlafzimmer alte Zeitungen bis zur Decke hoch gestapelt. Als Mutti das sah, brach sie in Tränen aus. Uns erwartet dort buchstäblich eine Drecksarbeit."

„Wann können deine Eltern einziehen?"

„Am 20. Februar."

Die Luftangriffe vom 20. Februar 1944 galten in erster Linie dem Rüstungsstandort Leipzig, für den sich das Provisorium, unter dem seit Dezember 1943 nun Hunderttausende zu leben gezwungen waren, als stimmungsbeeinträchtigend erwies. Die Rüstungsindustrie litt darunter, dass Tausende wochenlang ihrer Arbeit fernblieben. Der Straßenbahnverkehr, besonders im Zentrum, blieb wie der Eisenbahnverkehr am Hauptbahnhof über Wochen blockiert.

Um 2.54 Uhr war Fliegeralarm ausgelöst worden, doch erst von 3.40 bis 4.20 Uhr registrierte man in der Stadt die Bombenabwürfe. Insgesamt fielen in dieser Nacht nach englischen Angaben fast 1000 Tonnen Sprengbomben mehr als am 4. Dezember 1943. Die Bomber griffen Leipzig aus nördlicher uns nordöstlicher Richtung an und warfen ihre Last vor allem im Süden (Wohngebiete von Connewitz) und Westen (Wohngebiete von Schleußig und Kleinzschocher) ab.

Die englischen Bombergruppen hatten während des Anflugs hohe Verluste erlitten - insgesamt 78 Maschinen gingen bei diesem Angriff verloren. Über Leipzig selbst entwickelten sich chaotische Verhältnisse. Zu früh über der Stadt angekommene Bomber mussten kreisen und das Eintreffen der Himmelsmarkierer abwarten. Die Besatzungen, die ihren Flug zeitlich abgestimmt hatten, trafen über der Stadt ein Gewimmel eigener Bomber an, die aus allen Himmelsrichtungen über Leipzig kreuzten, was mindestens den Absturz von vier Bombern durch Fron-

talzusammenstöße zur Folge hatte. Zudem verhalfen die kreisenden Bomber der Leipziger Flak zum Abschuß von 20 britischen Flugzeugen.

An diesem Sonnabend traf Leipzig in den Mittagsstunden ein weiterer Großangriff, ausgeführt von der 8. Air Force. Nach amerikanischen Angaben griffen 239 B-17 von 13.42 bis 13.55 aus 6.200 bis 7000 Metern Höhe alle Flugzeugwerke in Leipzig an. Der amerikanische Tagesangriff vom 20. Februar war das erste Präzisionsbombardement Leipzigs, das vor allem die Luftrüstungsindustrie traf.

In der Nacht auf den 20. Februar 1944 stand ich in Wiederitzsch auf Wachposten. Fliegeralarm wurde bei meiner Landesschützeneinheit 2.54 Uhr ausgelöst. Ich weckte die Gefangenen und brachte sie vorschriftsmäßig in den Luftschutzraum. Meine Kameraden, die wenigsten stammten aus Leipzig, waren einverstanden, dass ich sofort meine Angehörigen aufsuchen wollte.

Während das unheimliche Aufheulen der Sirenen anhielt und vereinzelt schon das Krachen von Bombeneinschlägen zu hören war, trat ich, auf dem Weg zu Anneliese, in die Pedalen meines Fahrrads.

Beim Anblick der Hamburger Straße überkam mich Erleichterung. Auch bei Dunkelheit ließ sich erkennen, dass die Häuserzeilen noch unversehrt standen. Ich klingelte Sturm. Anneliese strahlte mich an:

„Gott sei Dank, dir ist nichts passiert!"

„Dass diese Straße von Bomben verschont blieb, damit habe ich nicht gerechnet und bin heilfroh", sagte ich.

„Dem Krachen nach sind die Bomben nicht weit von hier runtergekommen, bestimmt auf die Junkers-Werke!", vermutete Anneliese und beschloss: „Wir müssen uns sofort um unsere Angehörigen kümmern!"

Der 20. Februar war ein Sonnabend mit wolkenlosem Himmel. Nach Connewitz durchzukommen war kein Problem. Das Haus in der Meusdorfer Straße 76 stand noch. Als ich plötzlich vor ihnen stand, waren Muttel und Uschi überrascht.

„Wir hatten Glück, aber auf das Nachbargrundstück stürzte eine Sprengbombe. Zwei Kinder von Bayers kamen durch Splitter ums Leben", berichtete meine Schwester fassungslos.

Meine Mutter sagte erschüttert:

„Unvorstellbar! Unser Nebenhaus ist auch bei diesem Angriff wieder getroffen worden."

Ausgebombt. Ein Schlagwort? Nein. Alle Menschen traf dieses Schicksal hart. Manche nicht nur einmal. Meine Eltern und Uschi entgingen ihm zweimal. Aber nur knapp.

„Ihr seid wohlauf. Verzeiht bitte, aber ich will jetzt schnell ins Musikviertel rüber, um nach Guths zu sehen", bat ich um Nachsicht.

Meine Mutter umarmte mich: „Wir kommen hier schon zurecht. Mach dich auf den Weg, Werner!" Sie zeigte Verständnis. Wie immer.

In der Beethovenstraße empfing mich Anneliese mit verrußtem Gesicht.

„Als ich vor wenigen Minuten hier eintraf, stand das Dach in hellen Flammen. Mutti und Vati kamen mit dem Schrecken davon; er steht noch in ihren Gesichtern."

„Das Dach wurde von kleinen Brandbomben getroffen", äußerte Herr Guth.

„Wir fanden keinen Schlauch. Ich will Mutti dabei helfen, Eimer mit Wasser zu füllen", erklärte mir Anneliese.

„Prima", sagte ich, „aber sucht lieber erst mal nach Gefäßen. Dein Vater soll sie zum Dachboden hochbringen, wo ich versuchen werde, die Flammen zu löschen!"

Rasch mussten wir einsehen, dass die Villa so nicht zu retten war.

„Ohne Hilfe wird sie niederbrennen", verkündete ich.

Im Erdgeschoss waren ältere Männer dabei, ihre Möbel auszuräumen und vor dem Ausgang Grassistraße 8 auf dem Kiesweg abzustellen.

„Helfen Sie bitte, den Dachbrand zu löschen", forderte ich sie auf.

„Wozu denne, nee, das hat doch überhaubt gor geen Zweck mehr", schimpfte eine Frau, „da wer mor liebor unsre Glamodden redden."

Uniformen verleihen nicht nur Würde, sondern auch Autorität.

„Das Haus ist zu retten. Alle bilden jetzt eine Eimerkette!", verkündete ich im Befehlston. Und der zeigte Wirkung. Man erwies mir Respekt. Nach knapp drei Stunden waren die Dachbrände gelöscht.

Gegen Mittag - wir waren noch dabei, die wenige Habe, die Annelieses Eltern verblieben war, auf einen Leiterwagen zu verladen - wurde ein weiterer Anflug schwerer amerikanischer Kampfverbände gemeldet. Die Alliierten besaßen zu diesem Zeitpunkt bereits über Deutschland die Lufthoheit.

Der Weg in die Steubenstraße führte durch den König-Albert-Park. Doch für die schönen Spazierwege in den prächtigen Anlagen hatten wir keine Blicke. Meter um Meter holperte der Wagen über das Kopfsteinpflaster. Im Musikviertel, anfangs noch vorbei an den Ruinen, im Park dann entlang der Eichen und Linden. Wir zogen den Leiterwagen mit der Unbekümmertheit junger Menschen über die König-Albert-Alle tobten herum wie Kinder auf der hintersten Schulbank. Passierten Einschlagkrater britischer Sprengbomben und überquerten einen mit Wasser vollgelaufenen Betongraben.

Aufheulende Sirenen meldeten Luftgefahr. Ich warf einen Blick auf die Uhr: 12.41. Kurz darauf wurde erneut Fliegeralarm ausgelöst. Wir befanden uns noch im König-Albert-Park und rannten los. Vor dem Rondell umkurvten wir einige Bombentrichter und schoben den Wagen unweit des Brunnens ins Gebüsch. Dort warteten wir ungeduldig auf Annelieses Eltern, die hinter uns hergekeucht waren.

„Fliegeralarm, da müssen wir doch Schutzräume aufsuchen!", rief Herr Guth aufgebracht.

In diesem Moment tauchten mit Blickrichtung über die Baumwipfel feindliche Flugverbände auf. Deckung suchend kletterten wir in einen Bombentrichter. Mein künftiger Schwiegervater starrte teilnahmslos in die Luft. Er hatte die traumatischen Erlebnisse der Nacht auf den 4. Dezember 1943 noch nicht bewältigt.

Zeitgleich mit dem zweiten Aufheulen der Sirenen war ein kontinuierlich anschwellendes Dröhnen zu hören. Obwohl das Krachen der Einschläge entfernt aus nordöstlicher Richtung kam, spürten wir ein leichtes Beben der Erde. In die Detonationen der Bomben mischte sich Flugabwehrfeuer. Am Himmel tauchten Formationen abfliegender Bomberverbände auf. Sie brummten in Richtung Westen. Gut zu erkennen waren auch aufsteigende deutsche Jagdflugzeuge. Im Luftkampf getroffene Maschinen trudelten ab. Ob feindliche oder deutsche ließ sich nicht ausmachen.

Wo bleibt unsere Bodenabwehr?", fragte ich mich.

In diesem Moment setzte schlagartig rund um uns herum ein ohrenbetäubender Lärm ein. Am Krachen und Bellen der Geschütze ließ sich erkennen, dass wir von Flakstellungen umgeben waren. Die Flugbewegungen am Himmel lösten sich auf. Als wir unseren Weg fortsetzten, war die übermütige Stimmung verflogen.

Die neuen Mieter Elisabeth und Erich Guth betraten in der Steubenstraße 35 a eine blitzblanke 3-Zimmerwohnung. Der große Erker mit der eleganten Sitzgarnitur, eine kostbare, intarsienverzierte Kommode, überhaupt das gesamte Mobiliar im Wohnzimmer erregten meine Bewunderung.

Am Tag darauf berichtete mir Anneliese: „Vati sah sich in Alpträumen vor feindlichen Tieffliegern durch Leipzigs Straßen gehetzt."

Am 25. Februar erreichte mich eine Meldung des Kompaniefeldwebels: „Der Gefreite Kleine hat sich heute um 15 Uhr beim Truppenarzt vorzustellen!" Ich wusste Bescheid.

Mich erwartete nur eine flüchtige Untersuchung: „Tief einatmen, Luft anhalten, langsam ausatmen", sagte der Stabsarzt.

„Sie sind kriegsverwendungsfähig! Alles Weitere erfahren sie auf der Schreibstube!"

Zwei Stunden später drückte mir der Spieß die Marschpapiere in die Hand und befahl: „Sie melden sich morgen im Laufe des Tages bei Ihrem Ersatztruppenteil in Bautzen!"

Anneliese bestand darauf, mich zum Hauptbahnhof zu begleiten. Eng umschlungen auf einem Straßenbahnsitz gingen mir ihre traurigen Augen nahe. Die bevorstehende Trennung warf ihre Schatten. Niedergeschlagen stiegen wir aus.

Im überfüllten Wartesaal saßen Soldaten und ihre Frauen mit gefassten Gesichtern. Gesprächsfetzen. Abschiedsszenen. Ich fragte Anneliese: „Noch eine Tasse Tee?" Sie verneinte.

Sirenengeheul unterbrach zärtliche Berührungen.

„Fliegeralarm!" Eine harte Frauenstimme meldete sich über den Lautsprecher: „Bitte bewahren Sie Ruhe beim Aufsuchen der Luftschutzräume!"

Im heftigen Gedränge, aber ohne Panik, ergoss sich der Menschenstrom in die unterirdischen Gewölbe. Die Treppen nahmen kein Ende. Um nicht auseinander gerissen zu werden, umklammerten sich unsere Hände. Unten verloren sich die Menschen im Halbdunkel. An den Wänden flackerten ein paar Lämpchen. Manchmal flammte ein Streichholz auf.

„Rauchen verboten!", schrie eine Frau hysterisch.

Zwei Stunden später verkündete eine heisere Männerstimme: „Entwarnung! Die feindlichen Flugverbände haben Leipzig überquert!"

Wir verabschiedeten uns in der Westhalle. Annlie war sehr gefasst. Ein paar Tränen rannen, dann die letzte Umarmung. Auf den

Treppenstufen drehte sie sich noch einmal um und winkte. Ich sah ihr nach, bis der letzte Zipfel ihres Mantels in der Drehtür verschwunden war.

Bautzen. Kaserne. Marschkompanie. Dienst. Dumpf und stumpfsinnig. 2.März 1944. „Verladung" auf dem Güterbahnhof Bautzen. Wie üblich verfrachtete man uns in Viehwaggons. Während der ersten Stunden des Transports dachte ich sehnsuchtsvoll an Anneliese.

Ich schob die Schiebetür auf, ließ die Kameraden schimpfen: „Tür zu Idiot, es wird kalt", starrte geistesabwesend auf schneebedeckte Felder und Wiesen und wünschte alles durchzustehen, was vor mir lag.

In Posen wurde der Transportzug auf ein Nebengleis abgestellt. Nach meinen Erfahrungen würde er viele Stunden, wenn nicht Tage hier stehen müssen. Ich entschloss mich, Anneliese anzurufen.

Auf der Suche nach dem Hauptpostamt rannte ich durch Posens breite Hauptstraßen. Den freudigen Aufschrei und ihre dunkle Stimme zu hören, das berührte mich tief. Das Gespräch und was ich mit ihm auslöste, vergesse ich nie.

Das Frontleben hat mich wieder

Der Transport nach Russland verlief ohne Zwischenfälle. Die Waggonkameraden blieben mir fremd. Während der zehntägigen Fahrt kursierten verrückte Prophezeiungen. Das absolut unoriginellste Latrinengerücht besagte, in Warschau würden wir umgeladen und nach Frankreich verbracht.

„Wir kommen direkt nach Paris", verkündete ein dicker Feldwebel im Brustton der Überzeugung. „Das stammt aus sicherer Quelle, direkt vom Transportoffizier. Leute, das ist verdammt streng vertraulich!" Hirngespinste. Dass wir in den Pripjet-Sümpfen gegen Partisanen kämpfen sollten, klang schon überzeugender. Aber ich wusste es besser. Der Stammersatz des Regiments 171 kam, wie stets auch vorher, an die Front. Die Kampfeinheiten warteten dringend auf Truppennachschub.

Erinnerungen wurden wach. Auch an den Vormarsch 1941. Damals war ich bis Mogilew, Bobrujsk, Gomel und Smolensk gekommen. Seitdem auch wieder durch Weißrussland gefahren. Zur Front in Güterwagen, und zurück in Lazarettzügen.

Am 10. März hielt der Zug auf freier Strecke.

„Wir sind irgendwo zwischen Orscha und Witebsk", rief jemand.

„Ende der Fahnenstange", wusste ein Leutnant, „hier werden wir ausgeladen!"

Der erste Ort am Wegrand war ein unberührtes Idyll, mit Holzhäusern, die sich unter dicken Schneeteppichen duckten. Der Gefechtsstand war gut getarnt. Zur Begrüßung durch den Kompanieführer sollte die Nachschubeinheit Aufstellung nehmen. „Aber ganz locker, wenn ich bitten darf!", rief der Spieß.

Ein Oberleutnant, ordensgeschmückt und steifbeinig, empfing uns mit markigen Worten:

„Kameraden, wir kämpfen für unser Vaterland. Ein Held zu sein ist ruhmvoll, im Kampf zu sterben ehrenhaft. Kameraden, belasst es nicht bei eurer Pflicht! Überläufer sind Feiglinge und Volksverräter, sie verdienen keine Gnade! Lang lebe unser Führer! Hoch Großdeutschland!"

Der Kompaniefeldwebel und andere Vorgesetzte waren mir unbekannt. Auch die Schreibtischbullen. Keinem war ich in den Jahren zuvor begegnet. Weder beim Regimentsgefechtsstand noch beim Bataillon war ein bekanntes Gesicht zu entdecken.

Die Suche nach Kameraden, die ich kannte, erwies sich als vergebliche Mühe. Personen und Namen, nach denen ich mich erkundigte, waren unbekannt. Meine Hoffnung, Näheres über den Tod Ewald Tauers zu erfahren, erfüllte sich nicht.

Ich fragte den Spieß nach Major Adolf Eidel.

„Kennen Sie ihn?", wollte er wissen.

„Ja, seit Mai 42. Er war mein Kompanieführer und damals gerade Hauptmann geworden."

Der Hauptfeldwebel grinste über beide Ohren:

„Herr Major Eidel wurde kürzlich im Führerhauptquartier das 'Eichenlaub zum Ritterkreuz' verliehen. Von Adolf Hitler persönlich!"

Der Stolz war unüberhörbar.

„Major Eidel ist schon seit einigen Monaten Regimentsführer 171. Mit seiner Beförderung zum Oberstleutnant ist in Kürze zu rechnen!"

GESCHICHTE DER 56. INFANTERIE-DIVISION

Auszug VIII

Abwehrkämpfe um Nevel - Witebsk

Ende Februar wurde die Korps-Abteilung dazu bestimmt, an einem anderen Brennpunkt der Ostfront eingesetzt zu werden. Sie wurde aus bisherigen Stellungen herausgelöst, um den hart ringenden Divisionen an der Nevel-Front Entlastung zu bringen und abgekämpfte Truppen der 3. Panzerarmee nordwestlich Witebsk abzulösen.

In Bahntransporten über Mogilev - Orscha - Polozk wurden die Einheiten der Korps-Abteilung nacheinander in den Raum nordwestlich Witebsk gebracht, westlich Schumilino ausgeladen und lösten nach Eintreffen jeweils Teile der arg mitgenommenen Kampfgruppe der 5. Jägerdivision ab.

Der Feind hatte seit Ende Dezember 43 die Front der 3. Panzerarmee durch zangenartig angesetzten Angriff beiderseits Witebsk zu durchbrechen versucht, ohne wesentliche Erfolge erzielen zu können. In harten Winterkämpfen waren dort eingesetzte Truppen nur schrittweise zurückgedrückt worden, jedoch hatte der Zusammenhalt der Front gewahrt werden können. Es war aber nicht zu verhindern gewesen, dass geringe Geländegewinne seitens des Feindes in Kauf genommen werden mussten. Nordwestlich Witebsk war die wichtige Eisenbahnlinie Polozk - Witebsk erreicht und als Nachschublinie unterbrochen worden. In diesem Abschnitt also wurde die Korps-Abteilung D eingesetzt, es galt nun, jedes weitere Vordringen des Feindes zu verhindern; war dieser doch schon bis auf 5 km an die Düna heran und dadurch seinem Ziel, den deutschen Frontbogen um Witebsk abzuschneiden, sehr nahe gekommen. Die Division nahm eine Stellung ein, die sich aus den jeweiligen noch andauernden Kämpfen ergeben hatte, mit dem Auftrag, keinen Fußbreit Boden mehr herauszugeben. Um das Ergebnis dieser Kämpfe vorwegzunehmen, erfüllte die Division das in sie gesetzte Vertrauen und hielt in harten Stellungskämpfen die neu übernommene Linie. Bei der Schneeschmelze im März erstarben dann die Kämpfe, und der Russe stellte seine Durchbruchsversuche an dieser Front ein.

Es begann nun der Stellungskrieg, der auch an ruhiger Front in seinen Anstrengungen und Entbehrungen jedem Frontsoldaten dieses Krieges bekannt war. An einem regelmäßigen Ablösungsturnus war auch hier nicht zu denken, da die große Breite des Div.-Abschnitts den Einsatz aller Teile bis auf geringe örtliche Reserven verlangte. Im Raum westlich Beschenkowitsch wurden stärkere deutsche Kräfte bereitgestellt, um in den Waldungen zwischen Polozk und Lepel befindliche starke Partisanenkräfte zu vernichten. Dieses Ziel wurde auch erreicht, und der für die Kämpfe im Spätsommer so wichtige Raum von Partisanen fast gesäubert. Nach Durchführung dieser Aufgabe kamen unsere abgestellten Divisions-Teile zur Korps-Abteilung zurück, die in der Zwischenzeit Generalmajor Pamberg als Kommandeur übernommen hatte.

Ganz gleich, welche Aufgaben unserer Division bevorstehen sollten, waren wir für die weitere Zeit sehr hoffnungsfroh, da alle Einheiten der Division wieder zu kampfkräftigen Verbänden in der Hand ihrer Führung geworden waren.

Um den Bunker, dem ich zugeteilt worden war, heulte zu meiner Begrüßung ein trockener, eisiger Wind. Unter dem klaren Himmel beobachteten frierende Wachtposten die russischen Gefechtsstellungen. Aus der Ferne näherte sich das Dröhnen feindlicher Flugzeuge. Hoch über unseren Köpfen drosselten sie die Motoren und begannen zu kreisen. Die Bombeneinschläge ließen nicht lange auf sich warten.

Das Frontleben hatte mich wieder. Mich einzugewöhnen war nicht leicht, besonders während der ersten Tage. Im Bunker stank es nach Männerschweiß und Kippen. Ich musste mich wieder an den scharfen Geruch gewöhnen. Und gehäufte Aschenbecher entleeren. Ich säuberte sie flach atmend.

Gefreiter Werner Kleine vor dem Bunker

Manches hatte sich geändert. Die Jahrgänge der Offiziere und Unteroffiziere. Auch die Mannschaften waren nun meistens zwischen dreißig und vierzig und zum ersten Mal an der Front. In meinen Erinnerungen sind meine neuen Kameraden blasse Erscheinungen geblieben, ohne besondere Merkmale und charakterliche Züge. Männer in Feldgrau mit Stahlhelmen und Gewehren, unzureichend infanteristisch ausgebildet: für Soldaten in den vordersten Gräben wäre das vor 1944 nicht vorstellbar gewesen.

Ich war der Gruppe Vogel als Gewehrführer überstellt worden. Zu den Kameraden bekam ich, trotz Bemühungen, kaum Kontakte. Ratschläge wurden für überflüssig erachtet. Gab ich zu bedenken, was die Sicherheit der Gruppe gefährden würde, regte sich unausgesprochener Widerstand. Fronterfahrung? Ach bitte nein, die gewinnen wir schon selbst.

In diesen Tagen kreisten die Gedanken wehmütig um Menschen, die ich liebte. Ich erinnerte ich mich an die eher beiläufig ausgesprochenen Worte meiner Mutter, nachdem ich ihr Anneliese vorgestellt hatte:

„Werner, nun wirst du wohl nie mehr zu uns in die Meusdorfer Straße zurückkehren?"

„Aber Muttel, die Frage stellt sich allenfalls, wenn der Krieg endlich vorbei ist, falls wir ihn überhaupt überleben."

Feldwebel Paul, Zugführer der benachbarten Infanteriekompanie, hatte vor wenigen Wochen noch an einem Schreibtisch in Hamburg gesessen. Auch Meier, einer seiner Unteroffiziere, absolvierte den ersten Fronteinsatz. Ein geistig oft abwesender Eigenbrötler, der Fragen unbeantwortet ließ und überhaupt ein merkwürdiges Gebaren an den Tag legte. Was mochte los sein mit ihm? Mit Meier schien etwas nicht zu stimmen. Wenn er mir zu nahe trat, konnte ich hartnäckig schweigen.

Ich spürte die Ohnmacht des Einzelnen in einer Gruppe, die ihn nicht akzeptiert. Doch meine Bemühungen, neben dem Du auch ein Wir zu finden, fanden keine Beachtung.

Unteroffizier Vogel war selbstsüchtig, skrupellos und unerträglich direkt. Schon früher hatte ich gehört, der merkwürdige Vogel wäre ein leidenschaftlicher Fotograf, der seine Bilder im Stahlhelm entwickle. Manchmal sei der erste Teil eines Films noch von Kameraden belichtet worden, die inzwischen tot waren.

„Der ist verrückt", behauptete ein Munitionsträger.

„Verrückt?"

„Ja, dem ist nicht mehr zu helfen. Der fotografiert dauernd Gesichter von toten Soldaten."

„Die Front ist ein unheimlicher Platz", erwiderte ich nachdenklich.

„Weiß Gott!"

Die vorderste Linie hatte kein zusammenhängendes Grabensystem. Unsere Erdbunker, in unregelmäßigen Abständen verstreut, waren notdürftig durch Stacheldrahtverhaue geschützt.

Auf den schneebedeckten Feldern vor uns lagen hunderte toter sowjetischer Infanteristen. Mal liegt da ein einziger mit hoch gereckten Armen, mal ist es eine ganze Gruppe. Leblose Gestalten in weißen Tarnanzügen. Ihre Positionen ließen die Abläufe von drei Angriffswellen erkennen, die von unseren Maschinengewehren gestoppt und niedergemäht worden waren. Buchstäblich. Wir hatten viel Zeit, die Leichenfelder zu beobachten. Wo man hinsah, überall lagen tote Soldaten. An manchen Stellen drei leblose Körper übereinander, ihre Gliedmaßen in widernatürlichen Verrenkungen erstarrt. Im Minenfeld, keine fünfzig Meter vor den Stellungen: Menschenbündel in Schneemänteln erstarrt.

Dunkle Flecken auf weißem Grund. Auch im Schnee bewahrt weiße Tarnfarbe nicht vor dem Sterben. Vom Tod umgeben zu sein heißt, düstere Gedanken abzuschütteln. Blieb man von Fronterlebnissen zeitlebens gezeichnet? Nein. Das Grauen würde sich verdrängen lassen.

Ab Mitte April wehte ein lauer Wind über die Äcker und tilgte den Schnee von den Leichnamen. Mein Munitionsträger fluchte: „Unter jedem Schneemantel stinkt ein gottverdammter Russe, das ist nicht auszuhalten!"

Der süßliche Verwesungsgeruch schwächte sich in kühleren Nächten ab. Tagsüber konnte ihm niemand entrinnen. Einsetzendes Tauwetter ließ ihn aufsteigen und sich ausbreiten. Er drang in die Bunker. Die Leichen zu verbrennen oder zu begraben ließ der fest gefrorene Boden nicht zu. Und wohl deshalb fanden die Toten, deren Hände und Gesichter weiß gepudert aussahen, keine Ruhe auf den Feldern.

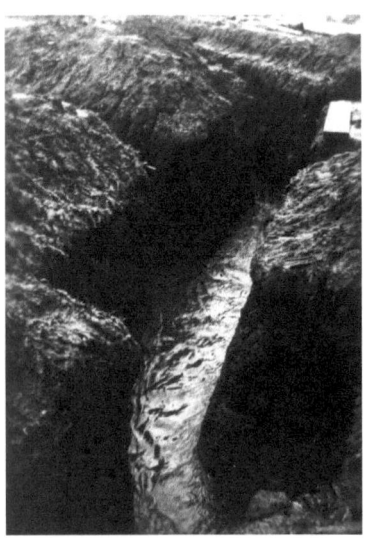

Der Winter geht, das Wasser steigt!

Keine fünfzig Meter vom Unterstand entfernt diente ein zerstörter sowjetischer Panzer als vorgeschobener Beobachtungspunkt. Zwei Stunden musste dort ausgeharrt werden, unmittelbar neben dem

Leichnam eines toten Panzersoldaten. Seine Arme baumelten aus dem Cockpit. Trotz des Tuches vor der Nase blieb der Leichengeruch penetrant. Aller paar Minuten der Blick auf die Uhr. Doch die Zeit ließ sich Zeit. Die Nächte waren das Grauen. Am Tag war es auch nicht besser. Alles so bedrückend, wo ich hinguckte Leichen.

Im Blickfeld dieses Beobachtungsstandes lag ein anderer abgeschossener sowjetischer Panzer. Seine Männer waren verbrannt. Schwarze Klumpen aus zwei Leibern zusammengeschmolzen.

Am 20. April 1944 verließ Unteroffizier Meier die Fahne. Im Morgengrauen, ausgerechnet an Führers Geburtstag. Eine schemenhafte Gestalt im Laufschritt überwand Stacheldraht, Leichen- und Minenfelder, verschwand von der Bildfläche, kam plötzlich wieder zum Vorschein, schleppte sich hundert Meter durch das Niemandsland und sackte zusammen. Kein Schuss war gefallen.

„Das Schwein desertiert!", schrie Unteroffizier Vogel aufgebracht.

„Das kann auch Selbstmord gewesen sein", gab jemand zu bedenken.

„Der ist auf eine Mine getreten, der verreckt", behauptete Vogel schadenfroh.

Nach diesem Vorfall lebte Anneliese für mich in einer fernen, fremden Welt, unendlich weit von mir entfernt. Ich sehnte mich nach ihr. Inmitten der schrecklichen Leichenfelder bekam ich Heimweh. Ach, Deutschland.

Dritte Verwundung

Am 1. Mai 1944 stand ich am Panzer auf Vorposten. Genau wieder an dieser Stelle. Ein schlecht stehender Wind machte den Verwesungsgeruch nahezu unerträglich. Punkt 15 Uhr hörte ich Stimmen. Wachablösung. Ich verließ die Deckung und trat meinem Kameraden ein paar Schritte entgegen. In diesem Moment muss ein sowjetischer Scharfschütze meinen Körper präzise in seinem Visier gesehen haben. Scharfschützen sind Spezialisten, sie treffen punktgenau.

Sein Infanteriegeschoss durchlöcherte meinen Brustkorb. Ich stürzte zu Boden und rang nach Luft, gab röchelnde Laute von mir, glaubte Hilfe zu schreien, stammelte aber nur Wortfetzen.

Lass mich schnell sterben, betete ich, mach, dass es schnell vorbei ist.

„Kriech zu mir!", sagte eine Stimme. Du Idiot, dachte ich, wie soll ich das machen.

„Lieg still", befahl jemand, „wir holen dich!" Das ging auch. Irgendwie.

„Ich bring Dir einen Sani, das dauert keine Minute", beruhigte mich die Stimme. Endlich: zwei Mann mit einer Trage. Danach verlor ich das Bewusstsein. Für Sekunden oder Minuten?

„Er wird wach", sagte eine sonore Stimme. Ich kriegte die Augen ein bisschen auf, sah den Schrecken im Blick meiner Kameraden, versuchte mich aufzurichten.

„Bleib liegen!", sagte die Stimme. Das klang wie ein Befehl.

„Was passiert jetzt?", wollte ich fragen, aber das ging nicht, weil ich beim Sprechen Blut spucken musste.

Ein Sanitäter begann mich vorsichtig aus der Uniform zu schälen. Er legte fachmännisch einen Notverband an und verabreichte eine Spritze.

„Legt ihn auf eine Trage und bringt ihn zum Bunker", war jemand zu hören.

„Am Arsch leckt's mi", sagte der Sani und machte weiter.

„Der braucht Sauerstoff, Ersatzblut und Schmerzmittel."

Am Bunker bekam ich noch mit, dass Unteroffizier Vogel seine Kamera zückte und gefragt wurde: „Willst du ihn etwa knipsen?"

„Ja doch! Wenn er überlebt, wird er mir später dankbar sein."

Undeutliches Stimmengewirr. Auch Feldwebel Paul zeigte Mitgefühl, beugte sich über mich, sagte leise und anteilnehmend:

„Kleine, dich hat's schwer erwischt, ich kümmere mich um einen Arzt!"

Tröstlich, aber natürlich wusste ich nur zu gut: In vorderster Frontlinie standen Ärzte nur selten zur Verfügung. Hier war man schon dankbar für jeden Sanitäter.

Irgendwann wurde ich hochgehoben und vorsichtig auf einen Wagen bugsiert. Pferdegeruch. Ich musste über den Knüppeldamm. Vom Pi-Zug gebaut, überbrückte er die Ausläufer nahe liegender Sumpfgebiete. Gerüttelt und geschüttelt, beim Atmen von Schmerzen gequält. Wollte die Zuckelei kein Ende zu nehmen? Nein. Über holprige Waschbrett- und Schlammpisten ging die Fahrt weiter. Weiter. Immer weiter. In höchster Atemnot zum Hauptverbandsplatz. Minuten erschienen mir wie Stunden. Irgendwo ein Stopp.

Ein Gesicht beugte sich über mich: „Bleib ruhig, ich hefte dir nur eine Verwundetenkarte an."

Klar, dachte ich, beim Militär muss bekanntlich alles seine Ordnung haben.

„Du kriegst auch das Verwundetenabzeichen."

So ein Blechding bekam ich 1942 in Bronze. Nun, nach der dritten Verwundung, stand mir die Medaille in Silber zu.

Ein zweiter Sani sagte: „Hör gut zu, Junge: ich gebe dir jetzt eine Spritze. Danach fühlst du dich wie neugeboren!" Die tiefe Stimme dieses Samariters beruhigte mich. Na, hoffentlich hatte er Recht.

Am Ziel. Endlich. Hauptverbandsplätze waren Zufluchtsorte menschlichen Leidens. Weckten Hoffnungen aufs Überleben.

Vor einem großen Zelt lagen Verwundete auf Tragen und warteten auf ihre Operation. Die Nacht war kalt und erfüllt von Stöhnen. Jedes Mal, wenn für kurze Momente ein Lichtschein aufglühte, trug man einen der Verletzten hinein zu den Ärzten. Danach rückten die Sanis alle Tragen ein paar Meter weiter nach vorn in Richtung Zelteingang.

Das war wie eine gefechtsmäßige Selektion. Die Ärzte mussten entscheiden, wer vorrangig war. Und jeden operieren, der noch eine Überlebenschance besaß.

Als ich an diesem Maitag anno Domini 1944 endlich an die Reihe kam und auf den Operationstisch gelegt wurde, empfand ich das als eine Erlösung. Man befreite mich aus meiner Uniform und verabreichte mir eine schmerzlindernde Injektion. Dann vernahm ich eine ruhige Stimme: „Brustdurchschuss. Es besteht ein Pneumothorax."

Der Arzt beugte sich über mich, seine Stimme wurde sanft:

„Sie merken von der Operation nichts, sondern schlafen gleich ein."

Bei dem Wort „Operation" verengten sich seine Augen für einen Moment. Ausdruck von Mitgefühl, war mein Gedanke.

Was Ärzte und ihr Pflegepersonal auf den Verbandsplätzen leisteten, gehört zu den wenigen Ruhmesblättern der unerbittlichen Kämpfe an den Fronten im Feindesland.

Ich wachte am helllichten Tage in einem weiß bezogenen Feldbett auf und wusste, das mir in dieser Nacht manches abhanden gekommen war. Auch der Wille, ein Held zu werden. Vorher meinte ich ganz sicher zu sein, den Krieg zu überleben. In den letzten Stunden überwogen die Zweifel. Es gab Menschen, die auf mich warteten. Ich wollte und durfte nicht zu denen gehören, die sich sinnlos auf dem Schlachtfeld opfern lassen.

„Er wird wach", sagte ein Krankenpfleger.

Ich versuchte, ein Bein über die Bettkante zu bringen.

„Lassen Sie das sein, Sie können noch nicht aufstehen", hieß es, „bleiben Sie ganz ruhig liegen!"

Ich dämmerte im Halbschlaf vor mich hin, verlor jedes Zeitgefühl. Während der ersten Tage wusste ich manchmal nicht mehr, ob es Tag oder Nacht war.

Die Geduld der Krankenpfleger war unendlich. Aller Minuten stand einer an meinem Bett und fragte: „Brauchst du 'ne Flasche?"

Sie umsorgten uns vorbildlich. Mit Schmerzmitteln, Verbandsmull, Nadeln, Kanülen.

„Mit dir ist alles in Ordnung?"

„Ja, danke!"

Von Ausnahmen abgesehen, traf man auf den Hauptverbandsplätzen kurz hinter der Front Männer als Pfleger an. Krankenschwestern kamen in rückwärtigen Feldlazaretten zum Einsatz.

Zwei der Pfleger waren so genannte Priestersoldaten. Auf der Grundlage des Konkordats mit dem Vatikan durften katholische Geistliche als Militärseelsorger wirken, aber zum Waffendienst nicht gezwungen werden.

Die Priestersoldaten genossen hohes Ansehen. Mit freundlichen Gesichtern, barmherzig und würdevoll verrichteten sie selbst die niedrigsten Arbeiten. Kein barscher Ruf nach Urinflaschen oder Schiebern, kein erneut notwendiges Wechseln von Laken war ihnen zu viel.

Was ein Pneumothorax ist, erfuhr ich vom Stationsarzt:

„So nennen wir Mediziner die Ablösung des Lungengewebes vom Brustfell. Zur Linderung Ihrer Schmerzen bekommen Sie Morphium!"

Der Chefchirurg, ein Herr mit Gelehrtengesicht, Glatze und kurzen schnellen Schritten, war der beliebteste Arzt auf dem Hauptverbandsplatz. Eine charismatische Persönlichkeit. Dr. Kochs Visiten brachten Abwechslung in die Tristesse, wurden mit Freude erwartet.

„Was machen die Lungen meiner Jungen, und wie geht es heute meinen Bäuchen an den Schläuchen?" Verhaltenes Gelächter.

Der Chefchirurg fand für die Schmerzpatienten aufmunternde Worte. Auf jeden Tag, den Schwerverwundete überlebten, blickte er mit Erleichterung zurück. Dr. Koch flößte Zuversicht ein und ließ Todkranke neuen Mut schöpfen. Seiner Ausstrahlung vermochte sich niemand zu entziehen.

Dieser Arzt konnte den Menschen bittere Wahrheiten sagen ohne ihnen die Hoffnung zu nehmen.

Der Unteroffizier im Bett neben mir quälte sich nach einem Bauchschuss.

„Lasst mich in Ruhe sterben", jammerte er, sobald vor seinem Bett ein Krankenpfleger auftauchte. Der Stationsarzt wurde gerufen.

„Mann Gottes, nehmen Sie sich doch zusammen!" Eindringlich sprach er auf ihn ein: „Ihre Operation ist komplikationslos verlaufen. Sie haben genug Darm, um hundert Jahre alt zu werden."

Schweigen.

Weder Ärzte noch Pfleger vermochten etwas auszurichten. Alles gute Zureden blieb vergeblich.

„Ich habe genug von Krieg und Operationen. Die sollen Ruhe geben und mich in Frieden sterben lassen", flüsterte er.

„Der Mann ist nicht mehr mit Argumenten zu erreichen", resignierte der Stationsarzt und ließ Dr. Koch rufen.

Der Chefarzt sprach mit leiser Stimme auf den Bauchoperierten ein und gab den Pflegern ein paar Anweisungen. In der Nacht darauf erwachte ich durch das Aufblitzen von Taschenlampen und ein halblautes Gemurmel. Am Nachbarbett hantierten drei Pfleger.

„Sauerstoff, Ersatzblut", rief jemand.

Kaum hörbar wimmernd und mit verebbender Atmung lag der Unteroffizier auf seiner Matratze. Man hob ihn vorsichtig aus den Kissen, bettete ihn auf eine Trage und brachte sie raus.

Wenige Minuten später kam der Stationsarzt zurück:

„Der Mann ist tot! Tot, weil er sterben wollte. Er hätte überleben können."

Der hat's so gewollt und auch geschafft, war mein Gedanke. Für ihn war nun Schluss mit dieser blutigen Geschichte.

Trotz meiner Schmerzen gab es keine Sekunde, in der ich aufhören wollte zu leben. Ich betete zu Gott und dachte an zu Hause. Ich stellte mir vor, wie schön dieser Moment war, in dem der Lazarettzug in Leipzig eintraf, und die drei Frauen, die mir wichtig waren, am Bahnsteig standen und mich umarmten.

Bis ich transportfähig war, vergingen drei lange Wochen. Wie fast alle Operierten verbrachte ich die meiste Zeit schlafend unter der Wirkung von Morphium. Die Pfleger spritzten es, sobald wir danach verlangten.

Meine Eltern wurden schriftlich über meinen „Zustand nach Lungendurchschuss" unterrichtet. Die postwendende Antwort aus Leipzig wurde mir vorgelesen. Meine Mutter sprach mir Mut zu.

„Ich weiß, dass du gesund zurückkommen wirst!"

Uschi schrieb so lieb und anteilnehmend, dass mir die Tränen kamen. Anneliese schickte mir drei neue Porträtaufnahmen von sich.

„Hoffentlich gefalle ich dir darauf. Wann kommst du endlich nach Hause?"

Briefe von zu Hause enthielten zumeist traurige Mitteilungen. Meldungen über Todesfälle. Nachrichten über Menschen, die man gut kannte, die nun in Russland gefallen waren oder als vermisst galten. Aus dem Nachbarhaus sei Gerd Brodauf, Kapitänleutnant zur See, mit dem U-Boot von Feindfahrt nicht zurückgekehrt. Untröstlich seine Eltern.

Fast alle Briefe enthielten Berichte über Bombenangriffe auf Leipzig. Mein Vater, inzwischen zur Wehrmacht einberufen, schrieb, er habe sich nicht vorstellen können, als 51 jähriger Weltkriegsteilnehmer noch mal Soldat werden zu müssen. Das Landesschützenbataillon bewache holländische, belgische und französische Kriegsgefangene.

Meine Bewunderung galt den Chirurgen. Was diese Ärzte leisteten, war unbeschreiblich. Sie lebten fast ohne Schlaf. Und keiner von ihnen beklagte sich.

Am 1. Juni erfuhren wir, dass der Hauptverbandsplatz wegen Frontbegradigung noch vor Anbruch der Nacht verlegt würde.

„Und was wird aus den frisch Operierten?", fragte ich einen vorübereilenden Sanitäter.

„Der Chef sorgt dafür, dass alle mit zurückgenommen werden können", rief er zurück. Die Verabschiedung von den Ärzten und Pflegern ging mir nahe. Sanitätsfahrzeuge brachten uns zu einem Lazarettzug. Mein Bett befand sich in halber Höhe des Fensters. So blickte ich während der Fahrt entspannt in die Landschaft. Ich rollte mich in eine bequeme Lage, stopfte zwei Kissen zwischen Bett und Glasscheibe, zog mir die dünne Decke über den Leib und empfand das herrliche Gefühl, mich Kilometer um Kilometer von der Front zu entfernen. Das Leben war schön.

Die Strecke führte von Witebsk über Minsk, Baranovici und Brest nach Warschau. Auf jedem Bahnhof wurden verwundete Soldaten ausgeladen und in Feldlazarette überführt. So lautete korrekt die Bezeichnung für Krankenhäuser in den von deutschen Truppen besetzten Gebieten.

Vom Feldlazarett aus wurde man wieder an die Front geschickt. Ohne Genesungsurlaub. Nur das nicht, dachte ich. Ich musste nach Warschau! Von dort in ein Heimatlazarett verlegt zu werden bot, dieser Eisenbahnknotenpunkt eine Chance. Das war sonnenklar. Ich nahm mir vor: Deutschland, ich komme!

In Brest-Litowsk wurden die letzten Leichtverwundeten ausgeladen. Der Bahnhof erinnerte mich an die toten russischen Soldaten, die ich im Juni 1941 hier gesehen hatte.

Ich wollte unbedingt nach Deutschland. Um in ein Heimatlazarett zu kommen, bedurfte es einer rührenden Erzählung. Als der Transportarzt an mein Bett trat, um mich von zwei Sanitätern auf eine Trage umbetten zu lassen, sah ich ihn flehend an und sagte mit weinerlicher Stimme:

„Herr Oberarzt, ich habe eine große Bitte! Lassen Sie mich nach Warschau weiterfahren. Mein Vater ist dort als Bahnhofsvorsteher eingesetzt. Nach vielen Jahren der Trennung könnten wir uns endlich wiedersehen."

Der Arzt war beeindruckt. Er wies darauf hin, dass mich während der sechsstündigen Weiterfahrt niemand versorgen könne. Weder mit Medikamenten noch mit Nahrung und Getränken.

„Der Zug ist dann leer. Und in keinem Wagen befindet sich noch Sanitätspersonal", gab er zu bedenken. Mit diesen Argumenten konnte er mich nicht von meinem Vorhaben abbringen.

„Nun gut", entschied der Assistenzarzt, „aber das müssen Sie allein verantworten und mir unterschreiben!"

„Einverstanden", sagte ich erleichtert.

Ich war ein Glückspilz. Oder besaß ich vielleicht nur den Instinkt dafür, wie man sich am cleversten durchschlägt?

Es war ein schönes Gefühl, einfach entspannt auf dem Bett zu liegen, durch das Fenster zu schauen und sich weit weg von der Front zu wissen. Auf Bahnhöfen zu beobachten, wie Bäuerinnen mit Kopftüchern ihre Ziegen von den Schienen trieben.

Quietschende Bremsen, langsamere Fahrt, Schienennetze von unendlicher Ausdehnung. Tuckernd durch Vororte, vorbei an endlosen grauen Häuserreihen, an halbverrosteten Hallen, die von Reichsarbeitsdienstmännern bewacht wurden. Irgendwann kam der leere Lazarettzug auf einem Nebengleis zum Stillstand. Abgestellt und verdeckt von Güterwagen. Menschen waren nirgendwo zu entdecken. Nach stundenlanger Wertezeit erfasste mich Unruhe. Ich überlegte, wie ich mich bemerkbar machen könnte, bevor der Zug ins Frontgebiet zurückfahren würde. Und wurde von Stunde zu Stunde nervöser. Mit Anbruch der Dunkelheit erfasste mich Panik. Als polnische Wörter zu hören waren, kam Hoffnung auf. Ich begann zu rufen und gegen die Fensterscheibe zu trommeln. Aber die Bahnarbeiter, vertieft in eine lautstarke Auseinandersetzung, gingen gestikulierend und sich beschimpfend an meinem Abteil vorbei.

Am nächsten Morgen konnte ich mich bemerkbar machen. Ein zum Dienst eilender Lokführer erkannte meine Lage.

„Ich rufe gleich an, in ein paar Minuten werden Sie abgeholt", versicherte er. Zweifel blieben. Endlich, nach einstündiger Wartezeit, erlöste mich der Anblick eines Krankenwagens. Gott sei Dank, dachte ich, der Bahnbeamte hat dich nicht vergessen!

Das Lazarett befand sich in einem Park mit Fichten und Tannen. Ein roter Klinkerbau mit gusseisernen Treppengeländern, langen Fluren und Krankenräumen wie Wartesäle. Die hohen Gewölbe mit endlosen Korridoren legten die Vermutung nahe, dass es sich um eine ehemalige Schule handelte.

Mein Bett stand in einem Saal mit Schwerverwundeten. Lautlos huschten zwischen dreißig weiß bezogenen Betten deutsche Rot-Kreuz-Schwestern durch die Gänge. Der Anblick von Weiblichkeit und ihre Anziehungskraft machten bewusst, dass man lange in einer Männerwelt gelebt hatte. Wieder von Frauen umgeben zu sein, war das schön!

Der Morphiumentzug machte mir schwer zu schaffen. Klassische Schmerzmittel, die mir ersatzweise gegeben wurden, blieben wirkungslos. Doch ich hatte Glück. Ein neu eingelieferter Sanitätsfeldwebel wurde mein Bettnachbar. Er verfügte über einen Vorrat an Morphium und ließ sich erweichen, mir mit winzigen Dosen über die ersten Tage hinwegzuhelfen.

Man traktierte mich mit Bluttransfusionen. Mit Traubenzucker wurde ich geradezu gefüttert. Zum Frühstück wurde regelmäßig ein großes Glas Rotwein mit Ei gereicht. Des Tages schönste Mahlzeit und gleichzeitig auch eine Therapie.

Willi Dötsch im gegenüberliegenden Bett bekam die gleiche Behandlung. Sein Lungenschuss war komplizierter. Nach quälenden Hustenanfällen spuckte er Blut. Ich rief nach den Schwestern, die sofort herbeistürzten, beherzt zugriffen und Willi kurz darauf aus dem Saal schoben. Das wiederholte sich. Nach Injektionen lag er meist matt in den Laken und rührte sich nicht. Doch seine Lebensgeister kehrten schnell zurück.

Willi stammte aus Düsseldorf und schwärmte von dem rheinischen Liedersänger Willi Schneider, der häufig im Radio zu hören war.

„Ich bin Musiker und liebe meinen Beruf."

„Was für Instrumente spielst Du?", unterbrach ich ihn.

„Saxophon und Klarinette." Für einen Bläser mit Lungenschuss keine aussichtsreiche Perspektive.

Wie er da hockte auf seiner Pritsche, die Hände gefaltet und - unterbrochen von langen Pausen - von seinen Auftritten erzählte oder wie er verwundet wurde und was er dabei ertragen musste, war Willi ein Mensch, der in einer anderen Welt lebte. Das schiere Gegenteil eines heldenhaften Kämpfers.

Nachts empfingen wir mit dem kleinen Radio auf seinem Tischschränkchen heimlich Nachrichten von Radio London. Nach der Landung der Alliierten in der Normandie am 6. Juni hörten wir, dass aus den südenglischen Häfen eine Flotte von 6697 Schiffen zum Angriff auf die „Festung Europa" ausgelaufen wäre. Zu ihrer Unterstützung würden 14600 Bomber und Jagdflugzeuge eingesetzt.

Willi schäkerte gern mit den Schwestern.

„Gerade auch wenn mir's dreckig geht. Aber als Landser hast du kaum Chancen. Die meisten Mädchen sind bei den Ärzten in festen Händen."

„Nicht alle, Willi. Man sieht hier auch sehr hübsche polnische Hilfsschwestern!"

„Vergiss die! Viele Polinnen betreiben Spionage!"

Mein Misstrauen war nun geweckt. Pünktlich 8 Uhr vor dem Frühstück erschien täglich ein polnischer Friseur zur Nassrasur. Uns die Kehlen durchzuschneiden wäre für ihn kein Problem gewesen. Der Mann war ganz harmlos.

Auf meinem Nachttisch stand ein postkartengroßes Foto meiner Verlobten. Das Bild schenkte mir Selbstvertrauen und Zuversicht.

Ich sah es an, wenn ich Schmerzen hatte, unter Entzugsproblemen litt, wenn es mir richtig dreckig ging. In solchen Momenten bewirkte das schmale, klare Gesicht dieser jungen Frau mit den ausdrucksvollen Augen und dem dunklen Haar Wunder, und ich fühlte mich von aller Last befreit.

„Du hast ein schönes Mädchen, die Männer werden hinter ihm her sein, pass auf sie auf", hatte Willi mir geraten.

„Seit wann bist du mir ihr zusammen?"

„Ich habe Anneliese Guth am 3. Dezember 1943 kennen gelernt. Für Leipzig war das ein denkwürdiger Tag. In der darauf folgenden Nacht versank die Stadt durch ein angloamerikanisches Flächenbombardement in Schutt und Asche!"

Anneliese Guth

Es wurde ein schöner Tag für den schwer verwundeten Soldaten Werner Kleine. Bei der Morgentoilette kursierte die frohe Botschaft noch als Gerücht. Ein Assistenzarzt ging von Bett zu Bett und bestätigte es. „Beeilung, in zwanzig Minuten ist Chefarztvisite! Wir brauchen Platz für neu Verwundete. Transportfähige werden in Heimatlazarette verlegt", verkündete er.

Auch der Oberstabsarzt hatte es eilig. Hastete - umringt von Ärzten, Schwestern und Pflegern - von Bett zu Bett; studierte Röntgenaufnahmen, prüfte Fieberkurven. Beugte sich über Willi Dötsch und sagte freundlich: „Sie dürfen vorläufig noch bei uns bleiben."

Für mich nahm er sich Zeit. Ließ den Verband öffnen, betrachtete die Einschusswunde akribisch, fand, sie nehme einen relativ guten Heilungsverlauf, sah den Schreibstubenfeldwebel an und nickte bejahend mit dem Kopf:

„Der Mann ist transportfähig!" Winkte mir kurz zu und stelzte davon.

Kurz darauf rief einer aus der Verwaltung: „Ich verlese die Namen der Abgänge. Die Aufgerufenen werden anschließend zum Lazarettzug gebracht."

Mein Name stand auf der Liste ganz oben. Endlich war es so weit. Ich komme nach Hause, ich erhalte Genesungsurlaub, ich habe es geschafft. Ich war glücklich.

Willi Dötschs Enttäuschung saß tief. Er versuchte, sich das nicht anmerken zu lassen. Wir tauschten Adressen aus und versprachen uns, Kontakte zu halten.

„Mach's gut, Werner, vielleicht sehen wir uns mal wieder, hoffentlich." Das klang eher traurig. Wir hatten uns auf den ersten Blick gemocht.

„Würde mich freuen, Willi, komm schnell auf die Beine", gab ich zur Antwort und strich ihm über den Kopf.

Endlich ging es im Sanitätsfahrzeug mit Sirenengeheul „tatü tata" zum Warschauer Hauptbahnhof. Auf den Gleisanlagen war die Verladung schon voll im Gange. Warten können. Geduld haben. Alles wird gut.

Einem glücklichen Zufall war es zu verdanken, dass ich im Lazarettzug einen oberen Liegeplatz bekam, der mir Überblick gewährte und freie Sicht bot während der Fahrt und auf den Bahnhöfen.

Noch erfüllt vom angenehmen Geruch frisch bezogener Doppelbetten streckte ich mich aus und dachte an Anneliese.

Warschau. Auf einer Trage liegend eingeliefert in ein Krankenhaus. Nach fünf Wochen wieder in einen Lazarettzug verfrachtet.

In Erinnerung bleiben die langen Reihen der Krankenbetten und mit Verwundeten überfüllte Säle. Auch schmutzige Bahnhofsgebäude und ein unendliches Netz von Schienen. Ich habe fast einen Monat in Warschau gelebt und nichts von dieser Stadt gesehen, ärgerte ich mich.

Ein Reichsbahnbeamter durchquerte unser Abteil.

Wohin kommen wir, wohin geht der Transport?", wurde er bestürmt.

„Über Lodz, Tschenstochau nach Oppeln, Brieg und Grottkau", verriet er.

Der Zug tuckerte tatsächlich tage- und nächtelang durch Polen und Oberschlesien. Ab deutscher Grenze kam es, wo freie Bettenkapazitäten vorhanden waren, zu stundenlangen Wartezeiten. Behutsam wurden Verwundete ausgeladen.

Ankunft in Grottkau. Die Bahnhofshalle war mit Blumen und Fahnen geschmückt. Uns erwartete ein überwältigender Empfang. Abordnungen verschiedener NS-Organisationen hatten Aufstellung genommen, ein uniformierter Frauenchor stimmte ein Lied an. Hilfreiche Hände streckten sich uns entgegen. Rot-Kreuz-Schwestern verteilten Blumensträuße und Süßigkeiten. In den Gesichtern der Frauen stand Betroffenheit und Anteilnahme, die mich berührten. Ein dicker Ortsgruppenleiter bestieg ein Podium und hielt eine zündende Rede: „Kameraden, vertraut dem Führer! Habt keine Zweifel! Der Krieg wird gewonnen!"

Das Reservelazarett Grottkau war das reinste Sanatorium. Schon der Anblick heller Gebäude, schöner Terrassen und weißer Gardinen vor lichtdurchfluteten Räumen versprach Ruhe, Erholung, Genesung. Die Krankenzimmer wirkten einladend. Ärzte, Schwestern und Pfleger behandelten uns wie Privatpatienten, verbreiteten eine bis dahin ungewohnte Zuwendung. Doch nicht genug der Freude. Nach einer Woche erhielt ich ein Telegramm: „Eintreffe 6. juli-stop-anneliese." Eine Nachricht, die einschlug wie eine Bombe aus Schokolade.

Ich konnte mein Glück nicht fassen. Meine Verlobte wollte zu Besuch kommen; die Beschwernisse der weiten Reise auf sich nehmen. Nur im Traum vorstellbar! Grottkau lag südöstlich von Breslau. In schlaflosen Nächten konnte ich daran nicht glauben.

Am 6. Juli, bei schönem Wetter - man hatte mich im Garten auf eine Liege gebettet - döste ich nachmittags vor mich hin. Plötzlich hörte ich ihre dunkle, vertraute Stimme. Anneliese stand vor mir, strahlte mich an und flüsterte mir ins Ohr:

„Da bin ich!"

Entzückt betrachtete ich ihre aparte Erscheinung, die knabenhafte Figur, die schönen Beine. Ihr in die Augen zu sehen war wunderbar. Sehnsüchtig hatte ich sie erwartet, nun brachte ich kein Wort heraus. Stumm hielten wir uns umschlungen. Der Sonnenschein im Garten schien auf sie gerichtet. Mir war, als ginge das strahlende Licht von ihr aus.

Für eine Woche, und zum ersten Mal in unserem Leben, hatten wir Zeit für uns. Über alles Mögliche, angefangen vom Arbeitsalltag bei den Junkers-Werken bis hin zu unseren Lebensperspektiven nach dem Krieg, konnten wir uns in Ruhe unterhalten. Wie würde sich unsere Zukunft gestalten, und was für ein Leben könnte das sein? Wir genossen jede Stunde, als sei sie unsere letzte. Hand in Hand und in uns versunken tauschten wir verliebte Blicke.

Man amüsierte sich über uns, aber es berührte uns nicht. Sie hatte die weite Reise auf sich genommen, das machte mich glücklich. Wir waren unendlich verliebt. Aber nicht eine Stunde allein.

Anneliese Guth in Grottkau

Anneliese erregte mit ihrem sorgfältigen Make-up Aufmerksamkeit. Unbeabsichtigt? Nein. Bewusst negierte sie den NS-Spruch: „Die deutsche Frau schminkt sich nicht". Puder, Parfum und Lippenstift galten als verwerflich.

„Im Breslauer Bahnhof musste ich anzügliche Bemerkungen über mich ergehen lassen", erzählte sie mir aufgebracht.

„Sei nicht verstimmt", sagte ich bittend.

Nach dem Krieg verwandelte sich Anneliese in eine elegante Frau mit Haarknoten, die sich die Augenbrauen ausrasierte und durch exquisite Garderobe Aufsehen erregte. Von diesem Zeitpunkt an nannte ich sie Nell.

20. Juli 1944

Über Radio kam die Nachricht vom Attentat auf Adolf Hitler.
Stündlich wurde verbreitet:

„Unser geliebter Führer hat überlebt!" Adolf Hitler erlitt nur geringfügige Blessuren. Vier Teilnehmer der Besprechung im Führerhauptquartier wurden tödlich verletzt. Unmittelbar nach der Explosion begann die Fahndung nach den Tätern. Ein Untersuchungsausschuss von 400 Beamten wurde gebildet.
   Der Widerstand wird blitzschnell zerschlagen. Das Deutsche Volk wird die gemeinen Feiglinge unbarmherzig verfolgen und ihre Familien in Sippenhaft nehmen. Die Prozessführung liegt beim Präsidenten des Volksgerichtshofes Roland Freisler. Im Misslingen des Attentats sieht der Führer eine 'Bestätigung des Auftrags der Vorsehung', sein Lebensziel weiter zu verfolgen. Das Offizierskorps, der Adel und die Sozialisten gelten als Verräter."

Während Annelieses Besuch blieb das Attentat Mittelpunkt aller Gespräche. Das alles beherrschende Thema.

Nie zuvor war so viel Nähe zwischen Anneliese und mir. Wir versuchten uns dem zu entziehen, was um uns und draußen geschah. Wir lebten in einer anderen Welt. Die Tage vergingen wie im Fluge. Als Anneliese abreisefertig vor mir stand, fiel uns der Abschied schwer.
   „Das ist nur eine kurze Trennung", versuchte sie zu trösten.
   „Wer weiß, wo ich noch landen werde."
   „Sei doch nicht traurig", bat sie.
   Ihre Hände berührten mein Gesicht. Dann riss sie sich los und lief die Treppen hinunter. Sie drehte sich nicht mehr um. Ich winkte, bis ihre schlanke Gestalt nicht mehr zu sehen war.

Die Front rückte näher. Die Nachricht von der Verlegung aller Patienten in rückwärtige Krankenhäuser traf die Ärzte und Schwestern der Bettenstationen unvorbereitet.

„Das Reserve-Lazarett Grottkau wird in der ersten Woche August neuen Aufgaben zugeführt", besagte ein Aushang der Verwaltung. Was immer das heißen mochte.

Am 4. August 1944 wurde das Lazarett geräumt. Die Transporte zum Bahnhof waren vormittags abgeschlossen. Von einigen Schwestern verabschiedete ich mich mit Umarmungen.

Nach dem aufwendigen Empfang, den man uns in der Bahnhofshalle bei der Ankunft bereitet hatte, blieb sie nun menschenleer. Der Lazarettzug, mit den üblichen einfachen Doppelstockbetten ausgestattet, setzte sich nach gut organisierter Verladung sanft ruckelnd in Bewegung.

Am gleichen Tag begann der erste Volksgerichtshofprozess gegen Beteiligte am Attentat vom 20.Juli 1944.

Als Ziel des Lazarettzuges darf man sich nicht eine bestimmte Stadt mit einem aufnahmebereiten Krankenhaus vorstellen. Über Breslau, wo kein freies Bett zu bekommen war, ging die Fahrt nach Hirschberg, dann quer durch ganz Deutschland. In Dresden keimte Hoffnung auf. Aber der zuständige Bahnhofsarzt winkte energisch ab: „Unsere Kliniken sind total überfüllt!"

Bei der Einfahrt in den Leipziger Hauptbahnhof bekam ich Herzklopfen. In den Vorhallen ragten die ramponierten Fassaden noch immer drohend in den Himmel. Zerborstenes Gestein türmte sich übereinander, sah aus wie gesprengte Felsbrocken.

Die Ausladung und den Abtransport vieler verwundeter Kameraden beobachtete ich mit gemischten Gefühlen. Gewiss, zu diesen Glücklichen hätte ich gern gehört. Ich aber blieb im Zug und tuckelte nun durch den Leipziger Norden. Durchquerte das riesige Gelände der Junkers Flugzeug- und Motorenwerke AG.

Besonders im Nordwesten war zu sehen, welche Zerstörungen die Bombenangriffe auf die Werke der Leipziger Luftrüstungsindustrie angerichtet hatten. Manchmal bröckelte noch Beton von tristen Industrieanlagen. Auf dem Flughafen Mockau hingen verbogene Stahlgerüste. Große Hallen der Junkers-Werke waren vernichtet worden.

Wie gebannt starrte ich auf das Verwaltungsgebäude. Es war intakt. Anneliese arbeitete im 2. Stock. Tippte sie vielleicht gerade auf der Tastatur ihrer Alder-Schreibmaschine, der sie eine Lockerung des Handgelenks zu verdanken hatte? Ahnte sie, wie nahe ich ihr war?

In diesem Moment stieg der Strahlenkranz der Sonne auf und überzog das Fenster, hinter dem ich sie vermutete, mit einem Leuchten.

Die Reise ging weiter. In Richtung Westen. Durch zerstörte Städte und vorbei an zerbombten Industrieanlagen. Ansichten zum Jammern. Ruinen. Zerstörungen. Immer wieder. Nichts anderes als Ruinen. Der Zug hielt auf fast allen Bahnhöfen. Längere Aufenthalte bedeuteten, dass Verwundete ausgeladen wurden.

9.August. 3 Uhr nachts. „Iserlohn!", schallte es über die Gleise eines unversehrten Bahnhofs. Der Transportführer stellte dem herbeieilenden Offizier die übliche Frage: „Gibt es noch unbelegte Krankenbetten im hiesigen Raum?" Nach suchendem Blick auf eine Liste gab es eine positive Auskunft:

„Nicht hier, aber in der Nähe", lautete sie überraschend. Mein Name wurde mit aufgerufen. Die Fahrt im Sanitätsfahrzeug war kurz.

Das Reserve-Lazarett Menden steht auf einer leichten Anhöhe. Weithin sichtbar bietet es feindlichen Bombenflugzeugen ein gut erkennbares Ziel, dachte ich, als sich die Eingangstür hinter uns neu eingetroffenen Patienten geschlossen hatte. Der betongraue Gebäudekomplex erwies sich während der Zeit meines Aufenthalts und im

Vergleich mit anderen Krankenhäusern als angenehmer Genesungsort, atmosphärisch wie eine Kurklinik.

„Sie kommen ins Turmzimmer, erklärte die Oberschwester, "das wird nur mit Schwerverwundeten belegt." Die lagen teilnahmslos in ihren Betten, nickten kurz zurück und hatten genug mit sich selbst zu tun.

„Rechts neben dir, das ist Peter Hennig", sagte ein Pfleger, „der fühlt sich jetzt schon besser. Links liegt Gerhard Trimborn, dem geht es noch ziemlich schlecht."

„Was haben sie abbekommen?", fragte ich. „Peter eine Oberschenkelamputation. Gerhard laboriert seit Monaten an einem Bauchschuss. Ihm steht eine weitere Operation bevor."

„Morgen früh genießen Sie hier ein Panorama. Vom Turmzimmer aus hat man einen schönen Blick über die Stadt Menden", prophezeite die Nachtschwester und zog schwungvoll die Verdunklungsrollos runter.

Bei der Frühvisite kam Unterarzt Dr. Schaum an mein Bett und wunderte sich:

„Ihre Krankenpapiere fehlen, liegen vermutlich noch im Lazarettzug. Das zwingt uns umfangreiche Nachuntersuchungen auf. Einige müssen in Iserlohn vorgenommen werden." Das Fehlen meiner Unterlagen machte mich zu einem Problemfall.

„Was wirst du nach dem Krieg machen?" wollte mein Bettnachbar Peter wissen.

„Ich möchte irgendeine selbstständige Tätigkeit ausüben. Einen Buchladen aufmachen oder eine Firma gründen, etwas in dieser Richtung", antwortete ich. „Und später, wenn ich über das notwendige Geld verfüge, erfülle ich mir meine Kindheitswünsche. Dann reise ich nach Rom und Athen, nach Tunis, wo unweit Karthago lag, und nach Konstantinopel, dem heutigen Istanbul. In Troja und Mykene will ich auf den Spuren Heinrich Schliemanns wandeln und seine Ausgrabungsstätten aufsuchen. Zukunftsmusik wirst du sagen, ich weiß. Vielleicht wandere ich auch aus. Nach Südamerika oder Afrika, mal sehen."

„Und welche Pläne hast du?"

„Ich bin Schlagzeuger. Mit Leib und Seele. Ich will ein Tanzorchester gründen und berühmt werden. Du wirst von mir hören!"

Merkwürdig. Schon wieder war mein Bettnachbar ein Berufsmusiker. Peter klagte bei jeder Visite über ein starkes Schmerzgefühl am amputierten Glied. „Als wäre mein Bein noch dran, ich verstehe das nicht", jammerte er. „Ich fühle jeden einzelnen Zeh, jeden Nerv."

„Der Phantomschmerz begleitet Sie noch Monate, vielleicht Jahre", sinnierte der Stationsarzt.

„In diesen Fällen können wir nicht helfen, damit müssen Sie leben." Peter hatte sich damit abzufinden.

Herr Oberstabsarzt Dr. Ochs, stets glatt rasiert, das Haar akkurat gescheitelt, war stolz auf seine Karriere und fühlte sich anderen Menschen überlegen. Das ließ schon sein Tonfall erkennen. Von einer Narbe entstellt, die über die linke Wange bis zum Nasenflügel verlief, wirkte das kantige Gesicht maskenhaft.

„Warum setzt der immer so ein wölfisches Grinsen auf?", fragte Peter verwundert.

„Das wird nicht beabsichtigt sein", vermutete ich, „ist vielleicht die Folge eines Streifschusses."

Dr. Ochs duldete keinen Widerspruch. Während seiner Kurzauftritte bei den Visiten hagelte es Belehrungen des Unterarztes.

„Herr Kollege Schaum, bezogen auf eine weitere Bauchoperation bei Trimborn versucht man als Arzt Komplikationen bereits im Anfangsstadium zu vermeiden."

„Ich stimme Ihnen zu, Herr Oberstabsarzt, und werde meine Patienten aus diesem Blickwinkel künftig noch aufmerksamer beobachten", versprach Dr. Schaum unterwürfig.

Die Herren traten an Peters Bett. Der Unterarzt wirkte verschüchtert und äußerte sich vorsichtig:

„Herr Oberstabsarzt, die Amputation wurde auf dem Hauptverbandsplatz vorgenommen. Nach meinen Erfahrungen saubere chir-

urgische Arbeit. Am Stumpf verläuft der Heilungsprozess zufrieden
stellend."

Der Chefarzt beugte sich tief über Peters Körper. Nach vorsichti-
gem Abtasten erklärte er:

„Stimmt, ausgezeichnet! Dass der Mann frontuntauglich bleibt,
ist allerdings bedauerlich!"

Der Herr im weißen Kittel verließ das Zimmer missgelaunt mit
herabhängenden Mundwinkeln. Mein Bettnachbar zur Linken flüsterte mir zu:

„Dr. Ochs schickt alles an die Front, was noch einigermaßen
kriechen kann. Der schreibt gnadenlos jeden k.v.!"

„Woher willst du das wissen?"

„Vom Pflegepersonal. Das ist durchgesickert und hat sich längst
überall rumgesprochen."

"Ein Fanatiker wie Dr. Ochs bleibt für mich die Ausnahme, behauptete ich.

„Hör zu, Gerhard, ich verdanke mein Leben den Chirurgen. Die
operieren draußen auf den Hauptverbandsplätzen in Russland bei
Tag und Nacht. Die leisten Übermenschliches. Das sind Ärzte aus
Berufung!"

„Absolut"!, pflichtete Gerhard mir bei.

Muttel und Uschi standen plötzlich an meinem Bett, unerwartet
und tausendfach willkommen.

„Wir mussten dich sehen. Hauptsache, die Züge fahren noch,
dachten wir, da nimmt man Wartezeiten und längere Aufenthalte
gern in Kauf", sagte meine Mutter und strich mir sanft über den
Kopf.

„Diese anstrengende Fahrt durch Ruinenlandschaften und bombardierte Städte habt ihr meinetwegen auf euch genommen", staunte ich und konnte mein Glück kaum fassen.

„Für ein langes Wochenende", sagte Uschi und umarmte mich.

„Wir mussten hier erst zum Rathaus, um eine Sondergenehmi-
gung zu erhalten."

„Warum?"

„Weil wir außerhalb der vorgeschriebenen Besuchszeiten zu dir wollten", fügte sie hinzu.

„Das wundert mich nicht", sagte ich. „In Deutschland muss alles seine Ordnung haben, da herrscht Reglementierung!"

„Reg dich doch bitte nicht auf. Wir sind dankbar und froh, dass du wieder in der Heimat bist", versuchte Uschi zu beschwichtigen.

„Habt ihr schon eine Unterkunft?"

„Wir wohnen privat und haben ein schönes Zimmer", erfuhr ich.

„Auch mit den Vermietern haben wir Glück. Das sind sehr sympathische Leute", bestätigte Uschi.

„Ich will mich nicht beklagen", sagte ich, „aber von Menden und Iserlohn lernte ich - ausgenommen des schönen Blicks von meinem Fenster auf die Stadt - genau wie bei den Lazarettaufenthalten in Dünaburg, Tilsit, Warschau und Grottkau nichts anderes kennen als weiß bezogene Betten, nach Chloroform riechende Korridore und sterile Behandlungsräume."

Die beiden Frauen saßen stundenlang geduldig an meinem Bett.

„Wie sieht unsere Wohnung jetzt aus, gab es neue Luftangriffe?"

„Unverändert. An Stelle der eingestürzten Wohnzimmerwand trennt uns nun ein Vorhang von den Nachbarn", berichtete Uschi.

„Das Leben in Trümmern gehört für Deutsche heute zum Alltag", ergänzte meine Mutter.

Wir tauschten Erinnerungen aus und sprachen sorgenvoll über die Zukunft. Mich quälte ein ganz bestimmter Gedanke.

„Hoffentlich komme ich vom nächsten Fronteinsatz nicht als Einzelgänger zurück."

„Wie meinst du das?"

„Viele Heimkehrer kommen mit Wunden an der Seele zurück und werden an Ängsten leiden, an Alpträumen, manche zu Anfällen von Gewalt neigen. Meine Erfahrungen und Erinnerungen werden mich von anderen Menschen trennen. Mir ist bewusst, Erlebnisse verarbeiten zu müssen, die für andere nicht nachvollziehbar sind. Ich muss mich damit auseinander setzen."

„Sprich mit Kameraden darüber, die ähnliche Probleme haben. Und zerbrich dir jetzt nicht den Kopf über Dinge, die womöglich gar nicht eintreten", bat meine Mutter.

„Ich versuch's. Wie geht es Papa?"

„Er bewacht noch immer Holländer, die zum Zivildienst nach Deutschland zwangsverpflichtet wurden", sagte Muttel und sah Uschi dabei vielsagend an.

„Was ist los?" Meine Schwester lächelte verlegen.

„Ganz einfach. Papa hat einen mit zu uns nach Hause gebracht, und wir haben uns ineinander verliebt", sagte sie leicht errötend.

Am Tag darauf reisten sie ab.

„Heute wird wieder ein Lazarettzug erwartet, deshalb müssen einige Patienten in ein Behelfslazarett verlegt werden", erklärte Unterarzt Schaum. Das hieß, ich musste das Turmzimmer verlassen und mich von Peter und Gerhard verabschieden.

In der Endphase des Krieges galten andere Regeln. In dieser Situation konnte es nützlich sein, über starke Herzbeschwerden zu klagen.

Gewiss. Eine Schule konnte schnell und mit wenig Aufwand in eine Behelfs-Klinik verwandelt werden. Man stellte Betten und Nachtschränkchen in die Klassenzimmer und gewann zusätzliche Krankenräume.

Auch das Teillazarett Lyzeum gehörte zum Reich des Oberstabsarztes Dr. Ochs. Nun lag ich als einer unter zehn Kameraden in einem ehemaligen Zeichensaal.

Was meine Herzbeschwerden betraf, so wurde im Kreiskrankenhaus Iserlohn ein so genannter Kaufmännischer Versuch bei mir durchgeführt.

Unter Assistenz von zwei Medizinstudenten musste ich literweise Wasser durch die Kehle rinnen lassen, was sich bis weit in die Abendstunden hinzog. Trinken im Liegen, trinken im Sitzen, trinken im Stehen. In diesen Positionen mussten Pulsmessungen durchgeführt werden. Dann trabten die beiden mit mir in verschiedenen Tempi treppauf, treppab. Schmale, gerade Gänge entlang, vom Licht der Neonröhren an den Decken kühl erhellt.

Mein Puls wurde hochgejagt und in kurzen Zeitabständen kontrolliert. Das Ergebnis blieb mir verschlossen. Der Stationsarzt im Rang eines Assistenzarztes erlaubte mir aber ganztägig aufzustehen. Endlich. Nach Monaten.

Im Brustton tiefer Überzeugung erklärte er: „Durch Bewegung an frischer Luft lassen sich Ihre Erschöpfungszustände schnell überwinden!"

Am 5. September 1944 wurde ich ins Geschäftszimmer gerufen. Dr. Schaum übergab mir einen großen Briefumschlag. Sein Tonfall ließ mich aufhorchen:

„Sie werden morgen einen 14-tägigen Genesungsurlaub antreten. Danach haben Sie dem zuständigen Truppenarzt Ihres Ersatztruppenteils in Bautzen Ihre Entlassungspapiere abzugeben! Ist das klar?"

„Jawoll, Herr Unterarzt!"

Dass Krankenpapiere nicht mehr über den Postweg an die Ersatztruppenteile verschickt, sondern jedem Patienten persönlich mitgegeben wurden, ließ auf chaotische Verkehrsverhältnisse und den Zusammenbruch der Postzustellungen schließen, die das tägliche Flächenbombardement von britischen und amerikanischen Luftverbänden verursacht hatten.

Peter stocherte appetitlos in seinem Kartoffelsalat herum und zeigte sich wenig erfreut, als ich an sein Bett trat, um mich zu verabschieden.

„Ich bin auf dem Sprung, mach's gut Peter, vielleicht sehen wir uns mal wieder."

„Na klar, Werner, bis dahin habe ich längst eine gut sitzende Prothese!"

„Ganz gewiss! Und wo steckt Gerhard?"

„Wird in diesen Minuten operiert."

„Grüß ihn bitte von mir!"

„Mach ich!"

Genesungsurlaub in Leipzig

Nach dem Abendessen - ich war noch immer sehr geschwächt und litt bisweilen unter Drehschwindelgefühlen - brachte mich ein Sanitätsfahrzeug nach Hagen. Im Stadtzentrum aufheulende Sirenen zwangen uns, überstürzt einen Luftschutzkeller aufzusuchen.

Danach standen wir stundenlang an den Gleisanlagen. Der Zug kam irgendwann, das war wie ein Wunder. In der Dunkelheit konnte man auch hier das Ausmaß der Kriegsschäden erkennen. Im Ruhrgebiet hatten die Bomben der Briten und Amerikaner weite Ruinenfelder hinterlassen. Was würde mich in Leipzig erwarten?

Trotz Nachtfahrt und gespenstischer Kulisse genoss ich diese Reise. Ich fuhr nach Hause. Ich fuhr auf „Genesungsurlaub". Mich überkam das Gefühl tiefer Dankbarkeit. Nach monatelangem Bettliegen wieder aufrecht stehen und gehen zu können war beglückend.

Das eine oder andere Mal verließ ich auf verdunkelten Bahnhöfen den Zug zum Füßevertreten. Auf dem Weg zu meinem Platz schlenderte ich an offen stehenden Türen vorbei, betrachtete Mitreisende, sah in Abteile, wo Soldaten wie Hühner aufeinander hockten, und passierte zugige Waggonübergänge auf der Suche nach Zigaretten.

Im Morgengrauen zogen draußen Holzhäuschen vorbei. Kleingärten mit eingezäunten Blumenbeeten. Vororte. Schrebergärten. Leipzig kündigte sich an. Gleich würde sie kommen, die Schreckenskulisse. Ich wusste, dass mich im Norden ein furchtbares Szenario erwartete. Schon tauchten Häuserzeilen auf, die gespenstisch in den

Himmel ragten, deren Dächer von abgeregneten Stabbrandbomben abgebrannt oder von den Druckwellen der Luftminen abgedeckt worden waren. Von den meisten Gebäuden standen nur noch die Außenwände. Fenster wie weggeblasen oder das zerbrochene Glas notdürftig mit Plastikfolie verklebt. Rostige Eisenplatten dienten Mietskasernen als Zäune. Überall herabgestürzte Betondecken. Mobiliar war den Menschen nicht geblieben, die zwischen den Trümmern hausten. Leipzig als eine überdimensionale Trümmerlandschaft anzutreffen deprimierte mich jedes Mal aufs Neue.

Waren die Ziele von Luftangriffen nicht mehr die Werkshallen der Rüstungsbetriebe? Galten die Brandbomben nun in erster Linie der Zivilbevölkerung? Es sah so aus.

„Leipzig Hauptbahnhof!" Die Lautsprecheranlage funktionierte noch. Kaum zu glauben. Die riesige Halle von Luftminen dezimiert. Das monumentale Gebäude in ein Trümmerfeld verwandelt.

Kein Stein mehr auf dem anderen, dachte ich schockiert.

„Wann ist denn das passiert?", fragte ich einen Bahnbeamten.

„Am 7. Juli, einem Freitag. Seitdem müssen die Aufräumungsarbeiten hier ununterbrochen fortgeführt werden", seufzte er.

Wo man hinsah: Uniformen. Allein sie bestimmten das Bild: Hitlerjungen schleppten Holzbohlen. Kriegsgefangene hantierten mit Loren. Arbeitsdienstmänner bauten Behelfsstege zu den Bahnsteigen.

Auf dem Vorplatz wartete ich geduldig auf die Linie 11. Die Benutzung der Straßenbahnen war - entgegen weit verbreiteter Gerüchte - für Uniformträger noch immer kostenlos. Auf meine Frage schüttelte die Schaffnerin erbost den Kopf und sprach aufgebracht von „typischer Feindpropaganda".

Die Strecke bis zum Connewitzer Kreuz kannte ich seit meiner Kindheit. Ich wusste, welche Ruinenbilder mich seit dem 4. Dezember 1943 erwarteten.

Hauptbahnhof Leipzig, durch Volltreffer zerstört

Der Königsplatz - neben dem Augustusplatz einer der beiden schönsten und größten Plätze Leipzigs - war nur noch ein Trümmerfeld. Man sah das ausgebrannte alte Grassimuseum und die Fassade des ehemaligen jüdischen Warenhauses Ury. Die zusammengestürzten Gebäude der Markthallen ragten als gespenstische Kulisse in die Luft. Von tiefen Sprengtrichtern, die Luftminen in den Boden gerissen hatten, waren die meisten inzwischen mit Erde und Sand aufgefüllt worden.

Wie all die furchtbaren Verwüstungen beseitigt und die historischen Gebäude wieder errichtet, wie das vertraute Stadtbild neu erstehen könnte, war nicht vorstellbar.

In der Meusdorfer Straße wurde ich freudig empfangen.

„Anneliese wartet sehnsüchtig auf deinen Anruf", verriet meine Mutter mit verschmitztem Lächeln.

„Sie erwartet dich so bald als möglich bei ihren Eltern."

„Wunderbar. Und wie geht es euch?"

„Gerade mal so durchkommen ist alles, was man sich im Moment vornehmen kann", antwortete sie tapfer lächelnd. „Man lebt nur noch von heute auf morgen."

„Und wo ist Uschi?"

„Oben in der zweiten Etage, sie absolviert bei Hoyers ihr Pflichtjahr[1]."

„Im gleichen Haus, wie praktisch."

Den Entlassungsbefund aus Menden öffnete ich vorsichtig unter Dampf. Den letzten Absatz las ich laut vor:

Pat. ist angehalten fleißig Atemübungen zu machen.

In guter Allgemeinverfassung wird K. nun entlassen mit dem Urteil: dfg. k.v. zur Ers. Truppe.

W.D.B.: Ja, nicht gemeldet, da im Einsatz verwundet.

Ein 14-tägiger Urlaub wurde seitens des Chefarztes bewilligt.

Das G.-Buch lag nicht vor.

Der Chefarzt: Dr. Ochs,

Oberstabsarzt

Der Abteilungsarzt: i. V. Dr. Schaum, Unterarzt

---

1 Ähnlich dem heutigen Zivildienst

„Den Krankenbericht mit nach Bautzen zu nehmen wäre Dummheit. Jeder Truppenarzt, der ihn liest, würde mich in den nächsten Transportzug nach Russland stopfen!", sagte ich ernüchtert.

Ich besuchte unsere Hausbewohner und Nachbarn. Alle freuten sich, dass ich wieder in Leipzig war.

Seit meinem letzten Aufenthalt hatte sich die Stimmung in der Bevölkerung verändert. Das ließ sich auch an den abgehärmten Gesichtern ablesen.

Die Frauen, auf sich allein gestellt, trugen die Last des Krieges nun schon seit Jahren, standen Schlange in den Läden, bangten um ihre Männer und fanden nachts keine Ruhe, von den Sirenen in die Luftschutzkeller gerufen.

Siegeszuversicht war kaum noch anzutreffen. Mit der Vernichtung der 6. Armee bei Stalingrad schien die letzte Begeisterung für Eroberungsfeldzüge verflogen. Heldentum war nicht mehr gefragt. Als Folge der militärischen Niederlagen und Rückzüge herrschte eine düstere Endzeitstimmung. Allgemeiner Tenor war, dass der Krieg nicht mehr lange dauern könnte, allenfalls noch ein paar Monate. Die täglichen Veränderungen des Frontverlaufs in Richtung Deutsches Reich wurden mit gemischten Gefühlen verfolgt.

„Die Russen stehen schon vor Warschau und Reval", sagte mein Vater beunruhigt. „Bald werden sie auch Ostpreußen erobern."

„Wie verhalten sich die Parteifunktionäre?" fragte ich ihn.

„Die meisten unverändert im sturen Glauben an den Führer. Unser Blockwart hier in der Meusdorfer Straße sorgt nach wie vor für Ordnung im Haus, neuerdings auch noch als Luftschutzwart. Aber selbst Herr Kohl hat sich inzwischen in einen zahnlosen Löwe verwandelt."

Mir gegenüber zeigte sich der Blockwart indessen unverändert.

„Von zunehmendem Defätismus kann überhaupt keine Rede sein", ließ er mich wissen, und ein gewisser Stolz war herauszuhören. „Ganz im Gegenteil, die Moral blieb intakt. Bomben erzeugen Hass auf den Feind", resümierte Herr Kohl.

Der hauptamtliche NS-Funktionär war gut informiert. Den Werdegang und die politische Einstellung der Hausbewohner kannte er aus der Vorkriegszeit. Aber er war kein Denunziant. Der Blockwart respektierte mich als Frontsoldaten. Nach einem Blick auf meine Kriegsauszeichnungen verzichtete er auf die üblichen Durchhalteparolen.

„In Kürze kommt das Raketenwunder 'V-2' zum Einsatz. Mit der Vergeltungswaffe nimmt der Krieg die Wende", versicherte er, und das klang irgendwie erleichtert.

Herr Kohl riss mit ernstem Gesicht den rechten Arm zum Führergruß auf Kopfhöhe und entfernte sich eiligen Schrittes.

Ein Treffen mit meinem Jugendfreund Sascha Puppa erwies sich als überflüssig. Wir wussten uns nicht mehr viel zu sagen. Das lag an mir. Seit dem Russlandfeldzug hatte sich mein Leben in ungewöhnlichem Maße verändert.

Nicht weniger auch das von Ursula Hoyer. Meine Jugendliebe war Mutter einer Tochter mit Namen Uta. Bei einer flüchtigen Begegnung im Treppenhaus wechselten wir nachdenkliche Blicke zu belanglosen Worten.

In der Zeitung „Leipziger Neueste Nachrichten" war zu lesen:
Erste V-2-Angriffe richten sich gegen London und Antwerpen. Die „fliegenden Bomben", Raketen, die durch fünffache Schallgeschwindigkeit nicht geortet werden können, sind erfolgreich eingesetzt worden.
Herr Kohl durfte sich freuen.

„Volkssturm entsteht. Nach einem Erlass Adolf Hitlers können nun alle 16 bis 60-jährigen, nicht der Wehrmacht angehörenden Männer bei der Landesverteidigung eingesetzt werden", las ich am 26. September während der Rückreise nach Bautzen.

*

Diese Stadt war von Luftangriffen nicht betroffen. Unversehrt wie eh und je stand auch die Kantkaserne. Das bewährte Schema, nach dem ein Soldatenleben im Krieg organisiert wird, war mir zur Genüge vertraut: Ausbildung, Fronteinsatz, Verwundung, Lazarett, Ersatztruppenteil, Genesungsurlaub und ärztliche Begutachtung zwecks Feststellung des „Tauglichkeitsgrades".

„Kriegsverwendungsfähig" bedeutete Abstellung zu einer Marscheinheit mit anschließender „Verladung" zum Fronteinsatz.

„Garnisonsverwendungsfähig Heimat" versprach für begrenzte Dauer ruhigen Dienst bei einem Landesschützen-Bataillon.

„Dienstunfähig" war gleichlautend mit „Entlassung aus dem Wehrdienst" und gelang allenfalls bei „Vorzeigen des Kopfes unter dem Arm". Die Genesungskompanie in der Kantkaserne kannte nach wie vor keinen Dienstplan. Es gab noch eine gewisse Rücksichtnahme auf das Befinden verwundeter Soldaten. Wie bei meinem Aufenthalt im vergangenen Jahr, lief hier alles in nachsichtiger Ruhe ab.

Bei geöffneten Fenstern schallte aus der Marschkompanie während der Exerzierstunden das abgedroschene Unteroffiziersgebrüll zu uns herüber. Kasernenhofbrutal und grimmig, rufend oder schrill, sich überschlagend im „Jawoll". Wer das anhörte und selbst erlebt hatte, dem war für alle Zeiten geholfen, ein dankbarer Zivilist zu sein.

Der Truppenarzt unterzog sich nicht der Mühe, mich gründlich zu untersuchen, warf ein paar Blicke auf noch nicht vernarbte Wundnähte und entschied:

„Nach Lungendurchschuss und viermonatigem Lazarettaufenthalt nun Rekonvaleszenz. Empfohlen: Dienst in einer Landesschützeneinheit. Patient ist GfH." (Garnisonsfähig Heimat).

Mein Glück, dass ich den Mendener Entlassungsbefund einbehalten hatte. Wie erwartet, kam ich zur Verwundetensammelstelle nach Hoyerswerda. Im Kriegsgefangenenlager für französische Offiziere erbat ich ein Gespräch mit Herrn Major Flämig. Mein ehemaliger Lehrer zeigte sich überrascht und erfreut mich zu sehen:

„Mensch Kleine, wieder im Lande? Es trifft sich gut, dass ich am Wochenende Urlaub bekomme. Dass wir zusammen nach Leipzig fahren, wird sich gewiss einrichten lassen. Mit dem Arzt der Sammelstelle spreche ich noch heute."

„Gehorsamsten Dank, Herr Major", sagte ich und wusste hoch einzuschätzen, dass er einem ehemaligen Schüler zuliebe auf den Komfort der 1. Klasse verzichten wollte.

Im Zugabteil beantwortete ich präzise Fragen zur Situation meiner Verwundung und in welchem Frontabschnitt sie sich zugetragen hatte. Herr Flämig war ein aufmerksamer Zuhörer.

*

Das Landesschützen-Bataillon 369 Leipzig befand sich in der Schule Pestalozzistraße. Ich betrat das Geschäftszimmer, schlug hoch aufgerichtet vor einem Oberfeldwebel die Hacken zusammen und erwies ihm den Führergruß.

„Heil Hitler, ich bin hier Spieß und heiße Stamm", bekam ich lapidar zur Antwort.

Er nahm sich Zeit für meine Papiere, studierte sie sorgfältig und meinte trocken:

„Sie sind anscheinend nicht totzukriegen."

Oberfeldwebel Stamm hinkte steifbeinig zu einer Wand, die ganzflächig mit einem Leipziger Stadtplan überklebt war, zeigte auf eine Stelle, notierte etwas auf ein Formular und sagte im Befehlston:

„Sie kommen nach Engelsdorf ins Reichsbahnausbesserungswerk und bewachen dort kriegsgefangene Engländer. Im zentralen Barackenlager geben sie diese Mitteilung auf der Schreibstube ab!"

In Engelsdorf erwartete mich ein träger Unteroffizier Krause, dem ich zu locker daherkam und auf Anhieb unsympathisch war.

Die britischen Kriegsgefangenen lebten in der militärischen Welt von Distanz, Drill und Gehorsam. Absolut. Bewachern gegenüber kam Verachtung zum Ausdruck. Bei jeder Gelegenheit. „Keine Anbiederung durch Geschenke aus Carepaketen!", schien man ihnen eingetrichtert zu haben. Britische Korporäle verlangten auch in Gefangenschaft strenge Disziplin und kommandierten ihre Männer herum wie Rekruten.

Die riesigen Werkshallen lagen verstreut und gut getarnt weit voneinander entfernt. Um sie zu erreichen, mussten kilometerlange Strecken innerhalb des Geländes bewältigt werden.

Die Engländer hielten straffe Marschordnung und sangen ihre Soldatenlieder aus voller Brust. Sie arbeiteten willig, mussten aber wegen Fluchtgefahr ständig von Waffenträgern beaufsichtigt werden. Marschanstrengungen und die Aufsicht in zugigen Hallen brachten mich schnell an den Rand der Erschöpfung. Und so überlegte ich mir schon nach wenigen Tagen, bei welcher Gelegenheit ich den britischen Kriegsgefangenen Adieu sagen konnte.

Ein Zufall sollte mir dabei helfen. Nach dem zehnten anstrengenden Tag in Engelsdorf schlief ich auf der Chaiselongue von Annelieses Eltern erschöpft ein. Aus Mitleid brachten es die Frauen nicht übers Herz, mich zu wecken.

Als ich am nächsten Morgen meine Situation begriff, gab es nur einen Rettungsanker: Oberfeldwebel Stamm. Ihn musste ich unterrichten, bevor Unteroffizier Krause eine offizielle Meldung wegen „unerlaubtem Entfernen von der Truppe" starten konnte. „Krause wird mich mit Freude ans Messer liefern, das ist ein ganz scharfer Hund", klärte ich Anneliese auf.

Wie von Furien gepeitscht hastete ich die Steubenstraße entlang, dann quer durch die Parkanlagen. In der Schule Pestalozzistraße sauste ich die Treppen hoch, stürzte wie ein Gejagter ins Geschäftszimmer, baute mich vor dem verwunderten Spieß auf und begann ihm, nach Luft ringend, meine Lage zu schildern.

Mit vor Aufregung zittriger Stimme quälte ich die Worte heraus:

„Herr Oberfeld, es war mir heute nicht möglich, meinen Dienst in Engelsdorf anzutreten. Einziger Grund ist mein Lungenschuss, der nach viermonatiger Lazarettbehandlung nicht ausgeheilt werden konnte. Gestern abend schlief ich total erschöpft zu Hause ein und erwachte erst heute Morgen. Ich bitte mir zu glauben, dass es nicht in meiner Absicht lag, mich ohne Ihre Zustimmung aus Engelsdorf zu entfernen!"

Stamm, dessen pralle Leibesfülle die Uniform nur unzureichend verbergen konnte, ließ sich in den Stuhl fallen und rief nach seinem Gefreiten:

„Müller, bring uns einen Aschenbecher und Streichhölzer!"

„Jetzt rauchen wir erst mal eine", sagte der Oberfeldwebel und lehnte sich gemütlich in die Lehne, „ich habe Ihnen aufmerksam zugehört."

Er zeigte Verständnis:

„Infanteriegeschoss?"

„Jawohl, Herr Oberfeld!"

„Also, unerlaubte Entfernung von der Truppe, das ist Quatsch. Die liegt erst vor, wenn sich ein Soldat aus seiner Dienststelle bis zu drei Tage - an der Front einen Tag - entfernt, und man ihm nachweisen kann, dass er nicht zurückkehren wollte. In Ihrem Fall trifft das überhaupt nicht zu. Wir machen jetzt einen Schlussstrich hinter Engelsdorf, das regle ich telefonisch. Für Sie habe ich einen anderen Posten. Diesmal sind französische Kriegsgefangene zu bewachen. Melden Sie sich umgehend in der Melchiorstraße beim Obergefreiten Bormann. Die genaue Adresse geben wir Ihnen mit!"

Mein Gott, das war die Rettung. Ich hätte dem Oberfeldwebel um den Hals fallen können! Hetzte lieber zur Straßenbahn und fuhr zu meinem Vater.

„Da hast du schnell gehandelt und Glück gehabt, gratuliere", meinte er anerkennend.

„Und was die Melchiorstraße anbelangt, nun, der Ortsteil Neuschönefeld gehört nicht gerade zu Leipzigs feinsten Wohngegenden, aber das spielt überhaupt keine Rolle."

Papa schlug die Titelseite der „Leipziger Neuesten Nachrichten" auf und las mir einen Artikel vor:

Am 16. Oktober haben sowjetische Truppen die ostpreußische Grenze überschritten; in Gummbinnen kam es durch asiatische Untermenschen zu grässlichen Morden, Plünderungen und Vergewaltigungen.

„Wer zwischen den Zeilen lesen kann, weiß, was auf uns zukommt", sagte er niedergeschlagen.

Die Melchiorstraße erinnert an den Leipziger Buchdrucker Melchior Lotter, den ersten Drucker der Lutherischen Bibelübersetzung.

Die ehemalige Gaststätte war zweckmäßig umgestaltet worden. Im Wachtlokal stand vor den Fenstern ein Schreibtisch mit zwei Stühlen. Hinter dem Tresen ragten zwei Doppelstockbetten in den Raum, und wie versteckt in eine Ecke entdeckte man einen kleinen gusseisernen Ofen.

Den Saal mit vergitterten Fenstern erreichte man durch einen langen schmalen Korridor. Über den Liegestätten der Gefangenen wölbte sich eine runde Kuppel. Das Licht, das den großen Raum erhellen sollte, fiel spärlich aus trüben Lampen, die an der Decke hingen und bei Stiefelgetrampel herumbaumelten. Eine in den Hof führende Tür war zugemauert. Vorsichtshalber, wegen Fluchtgefahr.

Heinz Bormann sprach fließend französisch, seine Stellung als Wachtpostenchef war dadurch gut abgesichert. Ende zwanzig, schütteres Haar, große Hakennase, war er einer dieser intellektuellen Verweigerer, die militärische Verantwortung allenfalls auf niederer Basis tragen wollten.

„Danke, mein Mannschaftsrang genügt mir", wies er eine diesbezügliche Frage brüsk zurück.

Der Obergefreite kannte jeden einzelnen Gefangenen persönlich. Und die Mentalität der Franzosen nicht weniger.

Französische Kriegsgefangene in der Melchiorstraße

Bormann war ein Frauenheld. Das erkannte ich schnell. Am Telefon ließ er sich häufig verleugnen. Natürlich sei es Schuld der Anruferinnen. Das wären Damen, die ihn am laufenden Band belästigten und mit Vorwürfen quälten, rachsüchtige Weiber, die Aussprachen mit ihm forderten. Er konnte alle Register seines Charmes ziehen, imponierte durch rhetorische Höhenflüge und führte auf erotischer Ebene beschwichtigende Gespräche. Dass Bormann ein Sonnyboy war, ließ sich seinen Reaktionen entnehmen. Nach telefonischen Klingelzeichen mit Signalwirkung verließ der Herzensbrecher das Wachtlokal überstürzt und ohne die geringste Rücksichtnahme auf dienstliche Belange. In Sachen Liebe unterwegs, verschwand er wortlos aus unserem Blickfeld.

Bormann war noch nie an der Front gewesen. Über die Ursachen verlor er kein Wort. Es wurde vermutet, dass ihn eine unheilbare Krankheit davor bewahrte. Abrupte Schweißausbrüche und ständig feuchte Hände ließen auf eine Tuberkulose schließen.

In Engelsdorf hatte zwischen Bewachern und Gefangenen eine eisige Atmosphäre geherrscht. Hier, in Neuschönefeld, lebte man ungezwungener. Beide Seiten akzeptierten die Vorschriften und waren entschlossen, das Beste aus ihrer Lage zu machen. Man gab und nahm. „Alles hat zwei Seiten, selbst die Wahrheit", sagte Bormann. Und so gab es auch verschiedene Versionen dessen, was gut oder schlecht für die Gefangenen und ihre Bewacher war.

Die Wachtposten übersahen das eine oder andere, und die Franzosen ließen manchmal scheinbar unbeabsichtigt eine Tafel Schokolade oder ein Päckchen Zigaretten auf dem Schanktisch liegen.

Im Wachtlokal Melchiorstraße war vom Krieg nur wenig zu spüren. Er blieb vor der Tür. Wir lebten so schön wie in einer Oase. „Wie der liebe Gott in Frankreich", kommentierte es Bormann.

Mein Leben konnte nicht schöner sein. Nach Absprachen konnte ich mich an drei Wochentagen nachmittags im Elternhaus aufhalten und die Abende mit Anneliese verbringen.

Uschi lebte im siebenten Himmel der Liebe und schwärmte von ihrem holländischen Freund Gerard.

„Du musst ihn unbedingt kennen lernen", bat sie und erzählte, wie schwierig es sei, heimliche Treffen zu ermöglichen.

„Papa versucht alles und riskiert dabei eine Menge, ich bewundere ihn", sagte sie dankbar.

Um ihren Wunsch zu erfüllen, besuchte ich meinen Vater nach Dienstende im Lager Heiterblick. Im Unterschied zu den Baracken der Kriegsgefangenen waren die der Zivilarbeiter nicht von Stacheldraht umzäunt.

„Dürfen Fremdarbeiter das Lager eigenmächtig verlassen?", fragte ich.

„Theoretisch schon, aber was sollen sie draußen? Das Völkerschlachtdenkmal hat jeder von ihnen gesehen. In Lokalen sind sie unwillkommen und fürchten Kontrollen."

„Wie findest du Uschis Freund?"

„Das ist ein großer, blonder, sehr sympathischer Holländer, der dir gut gefallen wird", äußerste Papa überzeugt.

Die meisten Fremdarbeiter amüsierten sich beim Kartenspiel, einige saßen, andere lagen auf ihren Betten und rauchten. Uschis Freund erkannte meinen Vater und erhob sich höflich von seinem Bett.

„Das ist mein Sohn Werner", wurde ich vorgestellt.

„Ich heiße Gerard Mevers-Scholte", antwortete er knapp.

Ich streckte ihm meine Hand entgegen und fühlte einen kräftigen Händedruck. Dann machte ich einen dummen Fehler.

„Wie kamen Sie nach Deutschland?", fragte ich unbedacht.

Nach einer längeren Pause antwortete er leise: „Mein Vater versteckte mich auf unserm Hausboot. Man hat mich verraten, gefunden und als Zivilarbeiter verpflichtet!"

Ein Landsmann von ihm mischte sich ein:

„Ich saß im Kino. Alle Männer wurden mitgenommen. Ich trage noch die Sachen, in denen ich verhaftet wurde!"

Andere mischten sich ein, redeten und redeten.

Plötzlich war alles still. Schweigen, Nachdenklichkeit, Schuldgefühle? Nach unschlüssigen Minuten erkannten wir die Ausweglosigkeit der Situation, entschlossen uns zum Aufbruch und wechselten noch ein paar belanglose Worte.

„Dein Vater ist ein guter Mensch, er möchte uns helfen", sagte Gerard, „ich verdanke ihm viel, Grüße an Uschi."

An der Tür drehte ich mich noch mal nach ihm um. Er hob die Hand. Ein verstohlenes Winken zum Abschied. Meinem Vater standen die Sorgen ins Gesicht geschrieben.

„Was soll daraus werden, Werner?"

„Wir müssen abwarten und das Beste hoffen!"

Unsere Franzosen arbeiteten im „Graphischen Viertel". Dessen Bild bestimmten verschiedene Baustile der Gründerzeit. Die gewaltigen Geschäftshäuser von Firmen wie Breitkopf & Härtel, Koehler & Volkmar, Bernhard Meyer, Philipp Reclam jr., Oskar Brandstetter oder Theodor Knaur. Mehr als tausend Firmen des Buchhandels, dazu Hunderte von Buchdruckereien, Buchbindereien, Schriftgießereien, Klischee-Anstalten, Papierhandlungen und Farbfabriken waren hier ansässig. Die dazugehörigen Arbeiterwohnstätten befanden sich weiter ostwärts in Neuschönefeld, Neureudnitz und Neustadt.

Schon um 1884 waren in Leipzig nahezu 380 Verlage und Druckereien ansässig. Nicht nur Namen bedeutender Verlage und Großdruckereien, sondern auch Ausbildungsstätten für das Buchgewerbe und den Buchhandel sind untrennbar mit dieser Region der Stadt Leipzig verbunden. In dem gesamten Bereich entstand in einem Zeitraum von reichlich 100 Jahren - vom Anfang des 19. bis Anfang des 20. Jahrhunderts - eine nahezu beispiellose Ansammlung graphischer Betriebe, Buchhändlerstätten und Bildungseinrichtungen, wodurch Leipzig auch international als „Stadt des Buches" bekannt wurde.

Leipzigs „Graphische Viertel" war mir seit 1940 vertraut. Vor meiner Einberufung hatte ich in der Hospitalstraße bei Koehler & Volkmar volontiert, das war damals die größte Kommissionsbuchhandlung der Welt.

Die Gefangenen wurden in verschiedenen Betrieben der Gegend von uns abgeliefert. Ihre Arbeitszeit betrug 12 Stunden. Seit über vier Jahren waren sie dort als Drucker, Setzer oder Buchbinder beschäftigt, und die meisten hatten sich im Lauf der Zeit an ihren Arbeitsplätzen gute Kenntnisse der deutschen Sprache angeeignet.

Weil immer mehr Facharbeiter zur Wehrmacht einrücken mussten, wurden Kriegsgefangene zu einem wichtigen Teil der Belegschaft. Einige rückten sogar in Vorarbeiterstellen auf. Ohne Kriegsgefangene und Fremdarbeiter hätte die Produktion wichtiger Kriegsgüter nicht weitergeführt werden können. In der Großbuchbinderei Fischer, Kreuzstraße, ließ der Betriebsleiter nichts auf seine Franzosen kommen.

„Die haben hier die Luftangriffe miterlebt und verfluchen die Amerikaner und Engländer. Die meisten Franzosen haben sich nach den Bombenabwürfen beim Aufbau von Werkshallen und Instandsetzung zerstörter Maschinen engagiert beteiligt", lobte er.

Zu meinen Aufgaben gehörte es, erkrankte Kriegsgefangene zu ärztlichen Untersuchungen zu bringen. Manchmal konnten wir die Gelegenheit nutzen, ihnen die Sehenswürdigkeiten der Stadt zu zeigen. Das Völkerschlachtdenkmal wurde bestaunt, aber abgelehnt. Die Franzosen fanden es „terrible".

„Weil 1813 hier Napoleon besiegt wurde?", fragte ich etwas provozierend.

Heftiges Kopfschütteln, abwehrend: "Non, non!

„Ist gigantisch, germanisch Klotz!", rief einer.

Zu den routinemäßigen Aufgaben eines Kompaniefeldwebels gehörte neben der Übermittlung von Todesnachrichten an Angehörige auch die Ausstellung von Reisepapieren.

Der Kunststudent Gaston, ein perfekt deutsch sprechender Elsässer, erhielt im Geschäftszimmer seine Entlassungspapiere. Anschließend brachte ich ihn zum Hauptbahnhof.

Der Kettenraucher drückte hastig eine Zigarette aus und zündete sich sofort eine neue an: „Die Freiheit ist ungewohnt und auch komisch", sagte er zwischen zwei Zügen.

„Weshalb?"

„Ich kann das gar nicht beschreiben."

„An die Freiheit gewöhnt man sich schnell."

„Ich habe Tuberkulose", sagte er bedrückt. „Und wer mit einer tödlichen Infektionskrankheit nach Hause geschickt wird, hat nicht mehr lange zu leben."

Ich versuchte ihm Mut zu machen:

„Du wirst wieder gesund!"

Als der Zug langsam an mir vorbeifuhr, stand er am Fenster und winkte mir noch mal zu.

Gaston war ein netter Kerl. Seine Rötelzeichnung von Anneliese hing über meinem Bett und würde mich an ihn erinnern.

„Eine Adventsüberraschung?", fragte meine Mutter und überreichte mir einen Brief meiner Frontkompanie. Ich las:

Dienststelle mit Einschreiben

Feldp. Nr.: 02791 E   E.O., 24.11. 1944

Betr.: Verwundeten-Abzeichen in Silber für Gefr. Werner Kleine

Herrn Otto Kleine
Leipzig S 3
Meusdorfer Str. 76

Die Dienststelle übersendet als Anlage 1 Verwundeten-Abzeichen in Silber für Ihren Sohn, den Gefr. Werner Kleine mit der Bitte, dasselbe an seine jetzige Anschrift weiterzuleiten, da dieselbe der Dienststelle nicht bekannt ist. Besitzzeugnis wird als Anlage beigefügt.

Unterschrift
Oberfeldwebel

Anlagen

Am 7. Dezember nahm Bormann mich vormittags beiseite:
„Dein Vater hat angerufen. Fahr sofort nach Hause", sagte er.

Papa saß mit versteinertem Gesicht im Sessel, regungslos.
„Gerard ist tot", sagte er mit zittriger Stimme, „ich kann es nicht glauben!"
„Wo ist Uschi?" Muttel wischte sich Tränen aus den Augen:
„Sie hat sich eingeschlossen, weint und ist untröstlich."
„Wann und wo ist es passiert?", fragte ich meinen Vater.

„Gestern in den Abendstunden. Britische Mosquitos griffen das Universitätsklinikum an, sie trafen auch Krankenbaracken."

„In der Liebigstraße sind viele Krankenhäuser der Universität Leipzig. Wo genau war das?"

„Die Angaben dazu sind widersprüchlich. Vermutlich vor der Zahnklinik, weil zu diesem Zeitpunkt Fremdarbeiter von uns dort Aufräumungsarbeiten leisteten."

Uschi reagierte auf mein Klopfen und öffnete für einen Moment die Tür. Sie umarmte mich mit leerem Blick und tränenüberströmtem Gesicht.

„Wie gut, dass du Gerard noch gesehen hast", schluchzte sie und verschwand wieder in ihrem Zimmer.

„Das war ein guter Junge", sagte mein Vater.

„Der Tod eines holländischen Zwangsarbeiters durch britische Bomben ist besonders tragisch", fügte ich hinzu.

Muttel sagte fassungslos:

„Das hört nicht auf, niemals. Das geht immer so weiter."

Den Nachrichten von der Front ließ sich trotz aller rhetorischen Beschönigungen glasklar entnehmen, dass die Sowjets täglich weiter nach Westen vorrückten. Deutsche Generäle würden ihnen alles entgegenwerfen, was noch laufen und eine Waffe tragen konnte. Damit zeichnete sich ab, dass meine Zeit in Leipzig zu Ende ging.

In dieser Lage beschloss ich, für Anneliese eine Waffe zu beschaffen. Sascha Puppa besorgte eine Walther-Pistole Kaliber 7,65 Millimeter über dunkle Kanäle für 300 Reichsmark. Ich zeigte ihr die Handhabung und erklärte beschwörend:

„Annlie, im Moment allerhöchster Gefahr kann diese Waffe Leben retten!"

Sie schüttelte abwehrend den Kopf. „Das will ich mir lieber gar nicht erst vorstellen."

Oberfeldwebel Stamm ließ ausrichten, ich möge mich umgehend in der Geschäftsstelle bei ihm melden.

„Der Truppenarzt erwartet Sie am 15. Dezember pünktlich 9 Uhr. Sie haben sich zu einer Untersuchung auf Tauglichkeitsgrad vorzustellen", teilte er mir kurz und bündig mit. Meine Zeit in Leipzig lief ab.

Und so kam es, wie es kommen musste:

„Entspannen und tief einatmen", befahl der Arzt, ergriff das Stethoskop und horchte mich ab. Nach angemessener Pause hörte ich ihn sagen:

„Tief ausatmen." Dann kam im Tonfall des Bedauerns:

„Kv. Ich werde attestieren, dass Sie noch schonungsbedürftig sind. Mehr kann ich nicht für Sie tun, leider."

Muttel hatte es geahnt. Ich dachte an ihre Worte: Das hört niemals auf. Natürlich war ich restlos bedient.

Anneliese Guth und Werner Kleine

„Annlie, meine Befürchtung hat sich bewahrheitet, ich wurde kriegsverwendungsfähig geschrieben, die Frist in der Heimat ist abgelaufen", berichtete ich gefasst. Sie unterdrückte die Tränen und schmiegte sich an mich:

„Über die Weihnachtsfeiertage muss bei uns auch in der Verwaltung durchgearbeitet werden. Silvester wird sehr traurig für uns."

Am Abend darauf holte sie mich in der Melchiorstraße ab, völlig aufgelöst.

„Mein Chef hat mich wissen lassen, dass im Januar weibliche Angestellte als Nachrichtenhelferinnen eingezogen würden. Der Werksleitung habe die namentliche Nennung bis Ende Dezember vorzuliegen."

„Das fehlt uns gerade noch", sagte ich entgeistert.

„Die Einberufung beziehe sich ausschließlich auf ledige Personen; wäre ich verheiratet, könnte man mich 'bis auf weiteres' zurückstellen, glaubt mein Chef, und das klang wie ein guter Rat."

„Dann sollten wir umgehend das Aufgebot bestellen", beschloss ich, „in diesem Fall stünden mir sechs Tage Hochzeitsurlaub zu. Sag deinem Vorgesetzten, wir würden in Kürze heiraten."

„Das hört sich gut an." Anneliese wirkte sichtbar erleichtert und berichtete das bevorstehende Familienereignis gleich ihrer Mutter.

Frau Guth traf sich regelmäßig reihum mit ihren Kränzchenschwestern. Nicht mal Sirenengeheul vermochte die Damen davon abzuhalten.

Gudrun Hanschke habe erzählt, in Leipzig entstünden immer mehr Lager und Baracken für Zwangsverschleppte und Kriegsgefangene. „Manchmal schlurfen völlig abgemagerte und durch Krankheiten gezeichnete menschliche Wracks an einem vorüber, in Holzschuhen und erbärmlicher Kleidung", sei von Frau Windgen zu hören gewesen.

Anneliese kannte diese Bilder, seit sie bei den Junkers-Werken für die Lebensmittelkarten verschiedener Fremdarbeitergruppen zuständig war. Dieser Rüstungskonzern beschäftigte damals über 8000 Menschen allein in Leipzig. Die Abrechnungen mit der Stadtverwaltung waren kompliziert. Zulagen für Schwer- und Schwerstarbeit mussten auf das Gramm genau berechnet werden. Ausländische Zivilbedienstete und sowjetische Gefangene bekamen kein Fleisch.

„Russische und polnische Gefangene leben menschenunwürdig. Die winzigen Essensportionen bewahren sie gerade noch vor dem Hungertod", erzählte mir Anneliese voller Mitleid.

Die Hochzeit

In den Tagen vor dem Hochzeitsfest rückte der militärische Zusammenbruch gedanklich in die Ferne. Meine Braut war in Hochstimmung:

Der schönste Tag im Leben einer Frau sei das, und deswegen bedürfe unsere Heirat auch sorgfältiger Planungen. Das beginne schon bei der Auswahl der Trauringe, plauderte sie munter.

„Weil es keine zu kaufen gibt, müssen Familienbestände umgearbeitet werden. Vati wird doch einen Juwelier kennen, der das machen könnte, bei seinen Verbindungen", wandte sie sich hilfesuchend an ihre Mutter. Eine gute Idee. Tatsächlich war das für einen ehemaligen Logenbruder glatt „Ehrensache".

Ein traumhaftes Hochzeitskleid hätte es sein sollen, selbstverständlich mit Schleier und Stickereien. Aber wo gab es das zu kaufen? Verleihgeschäfte für Festkleidung hatten mangels Nachfrage schon lange geschlossen.

Annlie gab sich selbstsicher.

„Lass dich überraschen!"

Für den Herren durfte das äußere Erscheinungsbild nicht schlichter sein. In Uniform zu heiraten kam nicht in Betracht. Lieber schlüpfte ich in meines Vaters Frack, obwohl er mir ein wenig zu eng war.

„Die Gäste werden wir aus dem 'Führerpaket' und der 'Sonderzuteilung für Eheschließungen' bewirten können, die neben Konserven verschiedener Art auch Bohnenkaffee enthält", klärte Frau Guth uns auf.

„Und wegen der Torten spricht Mutti noch mit der Frau des Konditors", glaubte Annlie mich beruhigen zu müssen.

Das geheimnisvolle Tuscheln zwischen Tochter und Mutter fand erst am Hochzeitstag ein Ende.

„Ich werde sehr aufgeregt sein, wenn ich die Stufen zum Standesamt Schleußig hinaufgehe, aber jeden Schritt genießen", verriet die Braut.

Den Abend vor der Hochzeit verbrachte ich bei ein paar Bierrunden in meinem Elternhaus. Muttel war elegisch, Uschi traurig und oft geistesabwesend. Poltern wäre albern gewesen. Es war Krieg. Ein kalter Winter. Der Atem dampfte. Deutschland lag in Trümmern. Wir aber heirateten.

Meine Großeltern hatten weder Eiseskälte noch Schneefälle davon abbringen können, aus Annaberg anzureisen, um die Hochzeit ihres Enkels mitzuerleben.

Großmutter Minna Klemm, eine kleine hutzelige Frau, ging auf die siebzig zu. Ihre vornübergebeugte Haltung, auch der gebückte Gang waren Folge einer Osteoporose.

Die Gespräche drehten sich um das Brautpaar, den Frontverlauf, betrafen den Volkssturm und die zunehmend schlechter werdende Versorgung mit Lebensmitteln.

Opa Rinaldo Klemm, im 67. Lebensjahr, war eine beeindruckende Persönlichkeit. Nun gut, Großväter waren damals Patriarchen.

Die nachfolgende Generation schätzte Lebenserfahrungen und hörte auf gewichtige Stimmen. Meinen Opa kannte ich seit frühester Kindheit mit Vollglatze und schwerhörig. An seinen Kaiser-Wilhelm-Bart erinnere ich mich bis heute. Auch an den aufrechten Gang des Berufssoldaten und die betont steife Sitzhaltung. Auf Wanderungen nach Böhmen hatte er mich oft mitgenommen. Dem Familienoberhaupt zu Ehren - und nicht zur Erheiterung meiner

Klassenkameraden - trage ich seinen italienischen Vornamen Rinaldo.

Am 6. Januar 1945 um 10 Uhr wurde unsere Trauung standesamtlich vollzogen. Anneliese, im eleganten schwarzen Kostüm, war sich ihrer Wirkung durchaus bewusst.

„Trauzeugen sind die Väter der Brautleute?", fragte der Beamte leicht irritiert. Die Amtshandlung war kurz und nüchtern.

„Zur bleibenden Erinnerung an diesen bedeutsamen Tag in Ihrem Leben" wurde uns eine Dünndruckausgabe von Adolf Hitlers „Mein Kampf" überreicht. Der Standesbeamte verabschiedete uns mit zum Führergruß erhobenem Arm.

Während sich die Braut vor der kirchlichen Trauung noch schminken und frisieren lassen musste, eilte ich ins Blumengeschäft. Der Hochzeitsstrauß war wunderschön. Ein Traum aus weißem Flieder und roten Rosen.

Mein Schwiegervater trumpfte mit einer Überraschung auf. Vor dem Hauseingang stand eine festlich geschmückte Pferdekutsche.

Hochzeitskutsche

Annelieses Hochzeitskleid durfte nicht vor dem Einsteigen bewundert werden. „In der Sonne strahlt es am schönsten", hatte sie verraten. Und wirklich. Meine Braut sah atemberaubend aus. Sie nestelte an ihrem Schleier und lachte mich an:

„Gefalle ich dir?"

„Du siehst bezaubernd aus!" Ich war hingerissen.Unter dem blauem Himmel türmte sich viel Schnee. Über Leipzigs Straßen bei Sonnenschein im Hochzeitsschlitten zu gleiten, vorüber an winkenden Passanten, das erinnerte an Friedenszeiten, das fanden wir romantisch.

In der Bethanienkirche - im Volksmund Zitronenpresse genannt - saßen ein paar ältere Gemeindemitglieder in den Bänken, es erwarteten uns aber auch Bekannte und Nachbarn.

Hinter den die Schleppe tragenden Blumenstreukindern Uta Hoyer und ihrer Freundin, betraten meine Großeltern, die Oma gestützt auf einen Spazierstock, das Gotteshaus.

Kaum hatte die Hochzeitsgesellschaft ihre Plätze eingenommen, begann Annelieses Jugendfreund Jochen Windgen, Cellist am Gewandhausorchester, ein Stück zu spielen, das ich nicht kannte.

Der Pfarrer, etwas rundlich, dunkle Hornbrille, strahlte Ruhe aus, freundliche Abgeklärtheit und Zurückhaltung. Wie das bei Brautleuten üblich ist, hatte er vor der Zeremonie noch ein Gespräch mit uns geführt.

Der Geistliche stand in sich versunken vor dem Altar, geleitete uns dann gemessenen Schrittes zu zwei davor aufgestellten Stühlen.

Eingangs sprach er über die schwere Zeit des Bombenkrieges und die „Lasten, die er uns auferlegt", und beendete den ersten Teil seiner Rede mit den Worten:

„Jeder, der sein Leben durch Feindeinwirkung verliert, hinterlässt jemanden, der ihn geliebt hat!"

Seine Hochzeitspredigt begann mit dem Dank an Gott für seine Liebe, appellierte an unsere Treue und beklagte, dass beides heutzutage keine Selbstverständlichkeit mehr sei. Und dann stellte er die

Fragen, die mit „Willst du" beginnen und in denen es „lieben, achten und ehren heißt und in guten und in schlechten Tagen".

Annlie hauchte ihr Ja, und ich wiederholte es mit kräftiger Stimme. Nach den Ja-Worten spielte Jochen noch einmal.

„Bach", flüsterte Anneliese mir zu.

Unter dem Orgelspiel beim Verlassen des Gotteshauses wischten
sich unsere Mütter noch ein paar Tränen aus dem Gesicht. Draußen
nahmen wir die Glückwünsche von Bekannten entgegen. Im Treppenhaus der Steubenstraße 35a hatten Hausnachbarn rote Nelken
verstreut.

Hochzeit von Anneliese und Werner Kleine

Meine Schwiegermutter hatte für den kleinen Kreis der Gäste eine festliche Tafel gedeckt und den Esstisch mit Sesseln und Stühlen umstellt, die mit neuem braunem Leder bezogen waren.

Als die dampfenden Schüsseln mit dem Rinderbraten hereingetragen wurden, gab meine Mutter ihre Gedanken preis:

„Der köstliche Geruch macht mir ein schlechtes Gewissen. Viele Menschen in den Ruinen haben kaum Nahrung, und aus den Leitungen fließt nur noch selten Wasser." Beredtes Schweigen.

Opa Rinaldo war ein der freien Rede mächtiger Herr, der nach der Suppe ans Glas klopfte, aufstand, seine Stimme erhob und die Zuhörer nach wenigen Minuten wortgewaltig fesseln oder zum Lachen bringen konnte. Seine mit Humor gewürzte Festansprache wurde mit viel Beifall bedacht.

Kurt Götze, der jüngste Bruder meiner Schwiegermutter, übernahm diesen Part für Annelieses Seite. Onkel Kurt, Reserve-Offizier, hatte den Ersten Weltkrieg überlebt, in dem zehn Millionen Soldaten den Tod gefunden hatten. Er war bis zu ihrer Ausbombung im Dezember 1943 in der Rüschenfabrik seines Vaters tätig gewesen. Johanna Götze, seine Frau, war nicht anwesend; sie musste einen hartnäckigen Durchfall im Bett mit Kamillentee auskurieren.

Auch Kurt Götze war ein glänzender Redner mit vielleicht etwas übertrieben feierlichen Betonungen. Seine Worte zum Thema „die christliche Familie im Krieg" gingen zu Herzen. Der Satz: Im Krieg gibt es mehr Solidarität zwischen den Menschen und „eine andere Intensität des Lebens", regten zum Nachdenken an, wurden beifällig aufgenommen und applaudiert.

Befürchtungen, dass es zwischen den distinguierten Familien Guth und Götze einerseits und den spontaneren, lebendigeren Klemms und Kleines Irritationen geben könnte, erwiesen sich als überflüssig und nahmen, soweit sie überhaupt vorhanden waren, keinen Einfluss auf die festliche Stimmung.

Die Gespräche der Hochzeitsgäste drehten sich um die alltägliche Misere der Versorgungsschwierigkeiten, wie sie nach Bombenabwürfen fatal in Erscheinung traten. Doch das beherrschende Thema war das bedrohliche Vorrücken der sowjetischen Armeen.

Gerards Tod lag wie ein Schatten auf diesem Tag. Wie zu erwarten blieb Uschi gedankenabwesend und traurig. Mein Schwiegervater paffte eine Zigarre nach der anderen, manchmal verschwand sein Gesicht hinter Qualmwolken. Nach längerem Schweigen zerdrückte, nein, zerstampfte er wütend einen Stummel im Aschenbecher und verkündete wütend:

„Das Deutsche Reich steht vor der Kapitulation. Da melde ich mich doch nicht mehr beim Volkssturm. Freiwillig folge ich keiner Aufforderung. Im 60. Lebensjahr müssten die mich schon holen!"

Mein Vater nickte zustimmend mit dem Kopf.

„Die Russen stehen vor unseren Grenzen, was kann da alles auf uns zukommen?", fragte er, und über sein Gesicht huschte ein Schatten, dann ein wehmütiges Lächeln.

Meine Schwiegermutter erwähnte das ausgelegte Gästebuch: Bitte schreiben Sie etwas hinein, auch wenn es nur der Name sein sollte", bat sie und freute sich, als es vor dem Aufbruch auch ein paar Eintragungen gab.

Bis spät in die Nacht hinein weiter zu feiern war der Lage nicht angemessen. Fliegeralarm blieb uns erspart. Nicht aber das anzügliche Grinsen und das Späßchen von Brautvater Guth, als wir uns ins Schlafzimmer zurückziehen wollten.

„Die Matratzen sind leider nicht mehr ganz neu."

Am 12. Januar, nach nächtlichem Fliegeralarm und Aufenthalt im Luftschutzkeller, schaltete Anneliese Radio London ein.

Die wichtigste Meldung besagte: „Heute begann die sowjetische Großoffensive gegen Deutschland." Dann kam:

„Sowjetische Truppen brachen an der Weichsel aus, setzten im Norden zur Eroberung Ostpreußens, in der Mitte zum Angriff auf Berlin, im Süden zur Besetzung Schlesiens an."

Die unterirdischen Gewölbe mussten immer häufiger aufgesucht werden. Das führte zwangsläufig zu einer Kellergemeinschaft. Mein Schwiegervater sprach von Bunkermentalität.

Hauswirt Patschke und seine Frau solidarisierten sich mit ihren Mietern und zeigten eine bis dahin ungewohnte Gesprächsbereitschaft. Frau Vogel, die mit dem schlafenden Baby im Arm und dem vierjährigen Jungen immer zuletzt kam, erhielt verständnisvollen Zuspruch. Frau Hänsch mit über 80 Jahren wurde treppauf, treppab von Frau Patschke gestützt. Parteigenosse Päßler aus der 3. Etage kam nur bei angekündigten Luftangriffen in den Keller und blieb auch in brenzligen Situationen wortkarg.

Hermann Päßler, ein Herr mit Charakterkopf, im besten Mannesalter vom Dienst am Vaterland zurückgestellt, lebte in einer Wohngemeinschaft mit den Damen Münz.

„Die ersten Jahre war Päßler Liebhaber der Mutter, jetzt schläft er lieber mit ihrer Tochter", verbreitete Frau Hänsch gehässig.

„Der Päßler verkündet gar keine Durchhalteparolen mehr", wunderte sich Herr Patschke, „keine Rufe nach Vergeltung, kein Hass mehr."

„Der hört auch Radio London", behauptete mein Schwiegervater.

Während Anneliese manchmal mit mir herumalberte und mich neckte, was Mutti Guth amüsiert beobachtete, machte ihr Ehemann ein Gesicht abgrundtiefer Verdrossenheit. Spät war es wieder geworden, verdammt spät. Bis morgens um vier Uhr im Keller, dann hockten wir uns noch vor das Radio.

Die Hochzeitsbilder fand Anneliese enttäuschend, schüttelte verärgert den Kopf, meinte sarkastisch: „Im Brautkleid sehe ich auf diesen Bildern aus wie ein radschlagender Pfau. Bin ich nicht fotogen genug?"

In Bautzen würde ich wieder in dieser Militärwelt leben. Mich hinter grauen Mauern an bellende Kommandos, strenge Gesichter,

Furcht einflößende Blicke, entschlossene Bewegungen und die Grußpflicht zu gewöhnen haben. Mich einer SMG-Gruppe zugehörig fühlen müssen. Zum Töten verpflichtet, von Schuld entlastet, weil die Verantwortung geteilt ist. Einer bringt die Munition, einer schießt, einer gibt den Befehl.

Der Blick hinter die Kulisse der Kaserne zeigte die Wirklichkeit. Ich würde mir wieder die Frage stellen: Was mache ich hier? Und antworten: Ich will hier raus! So wie mein Opa und Papa den Ersten, möchte ich den Zweiten Weltkrieg überleben.

Bormann, nicht übertrieben feinfühlig, erzählte wieder einen dieser unsäglichen Witze, über die ich nicht lachen konnte. Trotzdem. Die Zeit mit ihm in der Melchiorstraße würde mir in Bautzen vorkommen wie der siebente Himmel.

Bormann hob gegen seine Gewohnheit mal den Telefonhörer ab.

„Kleine sofort zum Spieß", informierte er mich knapp.

Der Nebel hing bodennah über der Stadt. Die trostlose Ruinenlandschaft verstärkte das ungute Gefühl. Der Schreibstubengefreite, das Haar unter reichlicher Verwendung von Brillantine sorgfältig gescheitelt, flüsterte mir zu:

„Gute Stimmung in der Geschäftsstelle. Der Spieß steht vor einem Offizierslehrgang mit anschließender Beförderung."

Tatsächlich. Der mächtigste Mann in der Kompanie war bester Laune. Oberfeldwebel Stamm, die Haare weit von einer Frisur entfernt, verfolgte, über eine Russlandkarte gebeugt, eine rot eingezeichnete Linie.

„Von hier aus erfolgt unsere Gegenoffensive", erklärte er mir stimmungsfroh, „wir brauchen", schlug mit der Faust auf den Tisch, „entschlossene Kämpfer und endlich wieder militärische Erfolge! Sie bekommen sechs Tage Hochzeitsurlaub, fahren Sie weg?", wollte er wissen.

„Jawohl, nach Annaberg, zu meinen Großeltern", antwortete ich.

„Ski und Rodel gut", lachte Stamm.

Leipzig, adieu!

Meine Tage in Leipzig waren gezählt. Die Neider würden frohlocken: „Der hielt sich schon immer für das Gelbe im Ei, das hat er nun davon." Die Freunde würden denken: „Der arme Kerl, nach drei Verwundungen nun wieder an die Front, das hat er nicht verdient."

Der Abschied rückte näher, die Familie enger zusammen, die Umarmungen wurden inniger, die Berührungen von Anneliese zärtlicher und machten den Ablauf der Zeit von Tag zu Tag bewusster. Die herzliche Fürsorge meiner Mutter und die gefasste Haltung meiner Schwiegereltern, bei denen ich offiziell nun wohnte, das wehmütige Lächeln meines Vaters und, seit Gerards Tod, die traurigen Augen meiner Schwester waren nicht zu übersehen.

Trotz allem stand uns noch etwas Schönes bevor. Wir durften uns auf einen Kurzurlaub in Annaberg freuen. Auch wenn in ausweisloser Kriegslage von Unbeschwertheit, wie sie zu einer Flitterwoche gehörte, nicht mehr die Rede sein konnte.

„Es gibt keine Gerechtigkeit, weder durch die Justiz noch im wahren Leben", hatte mein Schwiegervater zu bedenken gegeben und mit den Worten: „Niemand weiß was dir noch passieren kann", auf Gütertrennung gepocht.

Und so musste noch vor meiner Abreise sein Logenbruder Konrad Müller aufgesucht werden, um notariell beglaubigen zu lassen, „dass die Nutznießung und Verwaltung an dem eingebrachten Gute der Ehefrau Anneliese Kleine, geb. Guth, ausgeschlossen sein soll, und so beantragen wir Eintragung der Ausschließung im Güterrechtsregister des Amtsgerichts Leipzig". Hoch lebe das Juristendeutsch.

Ich bekam Alpträume. Die Gruselgefühle, die mich beim Anblick der Leichenname vor Witebsk befielen, entstammten der Angst, selbst einmal so auszusehen.

„Ich bin keiner, den die Götter lieben und früh holen wollen", versuchte ich Anneliese zu beruhigen. „Ich bin einer, der aus der Reihe tanzt. Auf mich trifft eher das Wort zu: Unkraut vergeht nicht!"

In Wahrheit beschäftigten mich Gedanken an die Zukunft. Der Ausblick auf Bautzen und was danach kam war zwar düster, aber nicht ganz hoffnungslos.

Ich konnte mich auf meinen Instinkt verlassen und auf viele Monate Fronterfahrung. Auch würde mir helfen, dass ich die Gabe besaß, Menschen für mich zu gewinnen und Zusammenhänge schnell zu erkennen. Das sei nicht erlernbar, sondern Teil des Charakters, glaubte Anneliese. Nun gut.

In der Kaserne würde ich mich wieder auf Vorgesetzte einzustellen haben, deren einzige Existenzberechtigung bisher in der Schikanierung ihrer Untergebenen begründet war. Diese Herren kamen nun endlich selbst an die Front und würden dort in drangvoll-miefiger Enge hautnah bei ihren Männern Todesängste auszustehen haben. Mit „Aufgepasst Leute, alle mal herhören!" war es dann nicht mehr getan. Die Front, das war eine andere Welt.

„Mach's gut, junger Ehemann, komm auch mal nach Wurzen rüber", sagte Bormann zum Abschied, und sein Lächeln geriet zu einem breiten Grinsen. Nahe waren wir uns nicht gekommen, doch schien ich ihm Leid zu tun.

In der Unterkunft der Franzosen roch es wie immer nach Rauch und Männerschweiß. Von der Tür aus winkte ich den Gefangenen zu und rief in den Saal hinein: „Adieu, hoffentlich könnt ihr bald nach Hause!"

Abschied. Über diesen Moment hatte ich viel nachgedacht und mich gefragt, was alles noch passieren würde, bevor der Krieg zu Ende war.

Beim letzten Besuch meiner Eltern sagte mein Vater:

„Soldat zu sein war nie meine Sache, die meisten Unteroffiziere sind harmlose Wichtigtuer. Du wirst nun nicht mehr den Helden spielen, ich bin froh darüber."

Die Erleichterung war herauszuhören.

„Die Rote Armee hat am 22. Januar Insterburg, Allenstein und Deutsch-Eylau besetzt, der Krieg geht nicht mehr lange." Papas Stimme klang sorgenvoll.

„Es gibt widersprüchliche Angaben", antwortete ich ausweichend, „mein einziger Wunsch ist, dass wir die nächsten Monate überleben!"

„Auch nach diesem Abschied bleibt eine Wunde, die sich erst bei deiner Heimkehr wieder schließt", sagte meine Mutter leise und lächelte wehmütig.

„Uns bleibt nur zu hoffen, dass die Amis früher in Leipzig sind als die Russen", wünschte mein Vater.

Vor dem Einschlafen flüsterte ich Anneliese zu: „Ich verdanke dir verlorene Ängste. Mich treibt ein Überlebenswille, der für die kommenden Tage unabdingbar ist. Und mein Gefühl sagt mir: Wir werden überleben!"

Das Datum stand nun fest. Am 31. Januar würde ich zum Ersatz-Bataillon nach Bautzen versetzt. Königsberg stand inzwischen vor der Einschließung durch sowjetische Truppen. Was stand mir bevor? Falls die Rote Armee im gleichen Tempo ihren Vormarsch fortsetzte, wäre von der Lausitz aus die Front in ein paar Tagesmärschen zu erreichen. Mein Vater hatte mir einen Leitspruch auf den Weg gegeben:

PAROLE HEIMAT!

Epilog

Unsere Nachbarin Margarete Bayer veröffentlichte ihre Erlebnisse während des Bombenangriffs vom 3./4. Dezember 1943 erst ein halbes Jahrhundert später unter dem Titel VERSCHÜTTET in dem Buch: VERWUNDUNGEN - 50 Jahre nach der Zerstörung von Leipzig.

Ihr Bericht lautet:

Mit meinem Vater, dem Steinmetz Josef Bayer, 80 Jahre alt, war ich allein in unserem Grundstück und ging erst nach 1 Uhr ins Bett.

Ich wache auf, springe aus dem Bett und sehe nach Osten zu, es bewegt sich alles. Alarm haben wir keinen gehört. Rufe meines Vaters. Barfuß, in der Unterwäsche, sprang er aus dem Haus. Ich hole ihn wieder zurück. Unser Haus bebt weiter, ich finde nichts zum Anziehen. Kommt vom Süden her ein Flugzeug, vorn eine rote Kugel, etwas größer als der Mond, hinten am Schwanz links und rechts floss Phosphor brennend wie Fahnen, so weit man sehen konnte.

Das Flugzeug war tief über den Dächern. Bereits als ich meinen Vater zurückholte, standen in der Meusdorfer Straße überall die brennenden Christbäume.

Der Phosphor muss auf die Rudolf-Hildebrand-Oberschule geflogen sein, denn diese war weggebrannt. Wohnhaus scheint er keines mehr erreicht zu haben, denn die Häuser stehen ja heute noch. Nach diesem ersten Flugzeug, Wegemacher oder so ähnlich wurden diese genannt, setzte das Ausklinken der Bomben ein, grausam, grausam wie diese heulten, dann stürzte auf die Lößniger Straße eine Zehn-Zentner-Bombe, unser Haus wurde nach hinten geschoben, dann stürzte es zusammen. Mich hat's mitgewirbelt. Ich war weg. Die Nachbarn kamen und riefen, Bayers, lebt ihr, ich hörte dies wohl, war aber gleich wieder weg. Die Stimmen erkannte ich, aber rühren, die Augen bewegen, dies ging schon nicht mehr. Mein Vater gelangte inzwischen in das Nebenhaus, dort war mein Schwager mit seinen vier Kindern, diese fragten, wo ist Tante Gretel. Die schläft, sagte mein Vater, er konnte ja nicht wissen, dass ich wirklich am Einschlafen war. Ihn hatte der Sog aus dem Haus

gehoben, und so konnte er ins Nachbarhaus springen; dieses steht heu-
te nicht mehr.

Ein Neffe von mir, 14 Jahre alt, ging mich suchen. Er rief nach mir,
auch dies hörte ich. Mich hatte es unter mein Bett geschoben, und auf
dieses war der Haussims gestürzt. Mein Neffe konnte mich vorziehen
und auf die Beine stellen, dann erst kam ich wieder zu mir.

Am 20. Februar 1944 war mein Lebensretter bei seiner Oma mit sei-
ner Schwester Christa, 15 Jahre alt, auf Besuch übers Wochenende. Am
Sonntagmorgen kommt ein Angriff, und die beiden Kinder wurden mit
noch zwölf Hausbewohnern erschlagen. Ich war einige Tage in Bayern
und habe den Angriff nicht miterlebt, sicher hat mein Neffe Dieter nach
mir gerufen. Ich konnte nicht mehr einschlafen und sah den Buben im-
mer mit zerschlagenem Kopf. Dies wurde dann auch gesagt, als man
ihn und seine Schwester mit Oma geborgen hatte.

Während des Zweiten Weltkriegs starben mehr als 8 Millionen deutsche Soldaten. Zehn Millionen kehrten aus Gefangenschaft zurück - die letzten 1956.

Russland wird inzwischen als ein gigantischer Armeeschrottplatz begriffen. Mittlerweile strömen Tausende Einheimische an den Wochenenden in die Wälder, um die Reste des Zweiten Weltkriegs auszugraben. Die meisten begnügen sich dabei mit simplen Orden und Ehrenzeichen und machen sich an Soldatenfriedhöfe und Massengräber heran.

Das Ausbuddeln und Fleddern von toten Soldaten hat sich offenbar zum Volkssport gemausert: So berichtet ein Mitarbeiter des Volksbundes Deutscher Kriegsgräberfürsorge im Jahr 2002, dass bei einer Besichtigung von 137 Friedhöfen im Kaukasus „etwa 60 bis 70 Prozent" geplündert worden seien. Insgesamt waren auf dortigen Schlachtfeldern zwischen 130.000 und 150.000 deutsche Soldaten gefallen. Orden wie das Eiserne Kreuz bringen selbst in Russland zwischen 10 und 50 Dollar ein; der durchschnittliche Monatslohn liegt bei 134 Dollar.

Durch das Plündern der Gräber können „Tausende Schicksale nicht mehr geklärt werden", schätzt Peter Gerhard, stellvertretender Leiter der „Deutschen Dienststelle für die Benachrichtigung der nächsten Angehörigen von Gefallenen der ehemaligen deutschen Wehrmacht" (Wast).

„Dieses Buddeln ist nichts anderes als Grabräuberei", schimpft Gerhard.

Von Bielefeld aus organisiert der Russlanddeutsche Wladimir R. Bergungsexpeditionen durch Osteuropa. „Um Leichen geht es doch nicht, nur um Material", sagt der Techniker lapidar.
(Quelle: DER SPIEGEL Nr.32/5.8.2002)

Tempi passati

Waren die fünf Jahre Militärzeit nur verlorene Jahre, oder habe ich aus ihnen etwas für das Leben gelernt? Gewiss. Wartezeiten in Kauf nehmen zu müssen, ergo Geduld. Verhaltensweisen zu analysieren hilft Probleme zu lösen. Ausweglose Situationen zu erkennen und Überlebensstrategien zu entwickeln.

Die meisten Kasernen - auch die in Döbeln und Bautzen - stehen noch. Sie haben den Krieg und danach 34 Jahre Nationale Volksarmee (NVA) gut überstanden. Die ehemalige Kantkaserne Bautzen beherbergt in ihren Mauern seit Beginn der neunziger Jahre die Landespolizeischule Sachsen.

Nun bin ich 80 Jahre alt, werde seit über zwanzig Jahren von meiner zweiten Frau Annette verwöhnt und umsorgt, habe am 24. Juli 2001 den über alles geliebten Sohn verloren und lebe nicht mehr in der Angst vor dem Sterben. Aber bis zum letzten Atemzug werde ich wissen, dass nichts so furchtbar sein wird wie der Tod junger Menschen im Krieg. Und nichts mehr so schön wie der 8. Mai 1945, als er nach vielen schrecklichen Erlebnissen endlich vorüber war.

Bildquellen

Teil I

Archiv des Autors, S. 8, 24, 34, 45, 58, 70

Nation Europa Verlag, 96414 Coburg, „Der Reichsarbeitsdienst", S. 23, 30

Teil II

Archiv des Autors, S.79, 94, 114, 131, 152, 172, 178, 189, 197, 199, 200, 205, 208, 210, 212, 239, 251, 260, 278, 297, 300, 312, 316, 337, 344, 348, 350

Archiv Herbert Kern, Leipzig-Mölkau, S. 178

Ansichtskarten aus Privatbesitz, S. 89, 114, 129, 181, 250

Geschichte der 56. Infanterie Division 1938 – 1945, Skizzen S.161, 216

Landespolizeischule Sachsen, 02625 Bautzen, S. 175

Unipart-Verlag Stuttgart. „Zweiter Weltkrieg in Bildern", S. 146, 150

Verlag Kunst und Touristik Leipzig GmbH, „Verwundungen – 50 Jahre nach der Zerstörung von Leipzig", S. 265, 328

Verwendete Literatur

Teil I

Nation Europa Verlag, 96414 Coburg, „Der Reichsarbeitsdienst"

Teil II

Der Spiegel 32/5.8.2002

Geschichte der 56. Infanterie Division 1938 – 1945, Auszüge

Chronik des 20. Jahrhunderts

Verlag Kunst und Touristik Leipzig GmbH, „Verwundungen – 50 Jahre nach der Zerstörung von Leipzig"

Verlag im Wissenschaftszentrum Leipzig: „Wiederbelebung Ostvorstadt"